美元陷阱

THE DOLLAR TRAP

［美］埃斯瓦尔·S.普拉萨德◎著

（Eswar S. Prasad）

刘寅龙◎译

中国科学技术出版社

·北 京·

本书中文简体字版通过 GRAND CHINA HAPPY CULTURAL COMMUNICATIONS LTD（深圳市中资海派文化传播有限公司）授权中国科学技术出版社在中国大陆地区出版并独家发行。该内容由普林斯顿大学出版社授权使用。未经出版者书面许可，不得以任何方式抄袭、节录或翻印本书的任何部分。

北京市版权局著作权合同登记　图字：01-2022-2254。

图书在版编目（CIP）数据

美元陷阱 / （美）埃斯瓦尔·S. 普拉萨德著；刘寅龙译. -- 北京：中国科学技术出版社，2022.5（2022.10 重印）

书名原文：The Dollar Trap: How the U.S. Dollar Tightened Its Grip on Global Finance

ISBN 978-7-5046-9524-6

Ⅰ.①美… Ⅱ.①埃… ②刘… Ⅲ.①美元－研究 Ⅳ.① F827.12

中国版本图书馆 CIP 数据核字 (2022) 第 064646 号

执行策划	黄　河　桂　林	
责任编辑	申永刚	
策划编辑	申永刚　方　理	
特约编辑	乔明邦　杜天宜　魏心遥	
版式设计	王永锋	
封面设计	东合社·安宁	
责任印制	李晓霖	

出　　版	中国科学技术出版社
发　　行	中国科学技术出版社有限公司发行部
地　　址	北京市海淀区中关村南大街 16 号
邮　　编	100081
发行电话	010-62173865
传　　真	010-62173081
网　　址	http://www.cspbooks.com.cn

开　　本	787mm×1092mm　1/32
字　　数	310 千字
印　　张	13
版　　次	2022 年 5 月第 1 版
印　　次	2022 年 10 月第 2 次印刷
印　　刷	深圳市精彩印联合印务有限公司
书　　号	ISBN 978-7-5046-9524-6/F·1002
定　　价	98.00 元

（凡购买本社图书，如有缺页、倒页、脱页者，本社发行部负责调换）

黄益平

北京大学国家发展研究院副院长、中国人民银行货币政策委员会前委员

国际货币体系必须改革，这一点在学界、业界及政界达成了一定的共识。现在的问题是：虽然美元体制有问题，但没有更好的选择。康奈尔大学经济学教授埃斯瓦尔·S. 普拉萨德在其新著《美元陷阱》中就为大家指出了这样一个严酷的事实。作者的主要观点是：在可预见的将来，美元还将继续保持国际储备货币的地位，世界经济被卡在这个"美元陷阱"里了。

姚 洋

北京大学国家发展研究院院长

随着中国经济在世界地位的上升，人民币的国际化步伐加快。然而，人民币国际化不可能一蹴而就。普拉萨德的书提醒我们，美元的地位不是在短期内建立起来的，也不可能于一时一刻之间就被摧毁。认真研读这本书，对于推动人民币的国际化具有重要的参考价值。

朱 宁

清华大学国家金融研究院副院长、上海高级金融学院副院长

国际储备货币的地位是权利也是责任。作为全球日益重要的经济和金融体系，中国的崛起可以从普拉萨德教授书中汲取关于美国经济金融体系的丰富经验和教训。

任志刚

香港金融管理局前总裁

《美元陷阱》以深邃的目光直视国际货币体系的弊端，并揭示出让某些人心安理得却让其他人坐卧不安的结论。那些跌入陷阱的人还有希望摆脱困境、寻找安全的逃离之路。为了显示美元不可或缺的地位，其护道者不仅还有采取行动的时间，更不缺乏采取行动的政治愿望。

劳伦斯·萨默斯（Lawrence Summers）

美国国家经济委员会主任、美国财政部前部长、哈佛大学前校长

本书值得所有关心美元未来和国际货币体系的人关注。

努里埃尔·鲁比尼（Nouriel Roubini）

《末日博士鲁比尼的金融预言》（Crisis Economics）作者之一

本书以极具说服力的论述驳斥了美元统治地位即将寿终正寝的传统观点。凭借优雅的文笔，普拉萨德对当前掣肘全球金融体系的各种矛盾进行了深刻解析，并告诉我们，攥在美国手里的王牌，依旧可以让美元在未来很长一段时间内高枕无忧。

卡门·莱因哈特（Carmen M. Reinhart）

世界银行集团副行长兼首席经济学家

哈佛大学肯尼迪政府学院国际金融学教授

　　就在美国货币政策在全球引发的余波尚未平息之时，《美元陷阱》从权威角度剖析了美元在国际货币体系中扮演的角色。本书关于资本流动和储备货币历史兴衰的讨论，让我们潜入金融危机时代跌宕起伏的深水区，一看究竟，也为我们思考美元的未来提供了一张路线图。每一位对国际金融这艘巨轮未来航线感兴趣的读者都会发现，这是一本难能可贵的巨著。

斯蒂芬·罗奇（Stephen Roach）

耶鲁大学高级研究员、摩根士丹利亚洲区前董事长

　　普拉萨德回答了 2008 年金融危机以来最困难但最重要的问题：作为全球头号储备货币，美元长期以来享受着超乎寻常的畸形特权。他的观点显然极具说服力：这种地位不可能在短期内发生变化。不过，他还是给读者留下了独立思考的空间，美元的统治地位将何去何从，或将在何时走到尽头？

穆罕默德·埃尔-埃里安（Mohamed A. El-Erian）

安联首席经济顾问、太平洋投资管理公司前首席执行官

　　普拉萨德认为，当前愈发不稳的均衡态势必须以协调国内政策为基础，为此，他提出了一些颇有建设性的重要对策，这或许会让政策制定者与投资者豁然开朗。显然，对每个关心美元全球地位的人来说，这都是一本不可多得的佳作。

黄益平

北京大学国家发展研究院副院长
中国人民银行货币政策委员会前委员

人民币不会很快取代美元

2007—2008 年，美国次债危机爆发，美元国际地位的可持续性成为国际经济界的一个热门话题。2009 年年初，时任中国人民银行行长周小川发文提出国别货币担当国际货币角色的内在逻辑矛盾，更是将国际货币体系改革问题的讨论推向了新的高潮。同时，联合国秘书长任命一个以诺贝尔经济学奖得主、哥伦比亚大学经济学教授斯蒂格利茨为主席的国际专家委员会，探讨国际货币体系的未来。中国社会科学院院士余永定也是这个委员会的委员。

最早系统性地对美元国际地位的可持续性提出疑问的是耶鲁大学经济学教授罗伯特·特里芬，他的结论可以简单地概括为：美元价值要稳定，就很难长期承担国际货币的责任。但如果美元要承担国际货币的责任，美元的价值就无法稳定。这就是所谓的"特里芬两难"。用通俗的语言来说，既然美元要发挥世界货币的功能，就需要向全世界不停地释放流动性，而最为易行的方法就是通过经常项目逆差，即进口远远超过出口。但这同时也意味着美国对外的负债将不断增加。而随着世界经济不断增长，对美元流动性的需求越来越大，美国只能通过越来越大的经常项目逆差来提供流动性。一旦美国经济负债达到相当的高度，国际市场就会对美元价值的可持续性产生怀疑。

后来的很多学者对"特里芬两难"做了修正，经常项目逆差并非美国向国际经济提供流动性的唯一渠道，海外援助、投资、贷款等同样可以达到这个效果。即便这个问题可以得到解决，另一个问题更难解决：负责制定美元货币政策的美联储只关注美国经济状况，只向美国国会负责。但美联储制定的政策却会实实在在地广泛影响到世界经济，也就是说，美联储决策的外部溢出效应非常明显。这就是我们通常说的"美国感冒，大家跟着吃药"。前一段时间，美联储实施量化宽松政策，现在开始退出，它做"实施"与"退出"决定的时候考虑的就是美国的经济状况，这已经成为当今世界经济最大的不确定因素之一，有些国家的经济甚至已经被吓出了毛病。

因此，由国别货币承担国际货币功能的这种制度安排，有很多内在的缺陷。国际货币体系必须改革，这一点在学界、业界及政界达成了一定的共识。现在的问题是：虽然美元体制有问题，但没有更好的选择。康奈尔大学经济学教授埃斯瓦尔·S.普拉萨德在其新著《美元陷阱》中就为大家指出了这样一个严酷的事实。作者的主要观点是：在可预见的将来，美元还将继续保持国际储备货币的地位，世界经济被卡在这个"美元陷阱"里了。

次债危机期间以及之后的经历也清楚地验证了普拉萨德的观点。每当全球金融风险提高，国际金融市场对"安全资产"的需求增加，美元作为全球储备货币的地位就被进一步增强，即便在美国次债危机加重时也是如此。道理很简单，这个世界上还没有出现比美国国债更安全的金融资产。正如普拉萨德所指出的，很多国家不喜欢美元继续统治国际金融市场，但他们干预外汇市场、积累外汇储备，最后却进一步支持了美元的国际地位。

在很多新兴市场经济中，确实有人担心央行持有过多的外汇储备，主要就是美国国债，这些资产未来能否保值是个问题。过去十几年，很多央行开始分散投资，但最后都得不偿失。不是风险太高，比如欧元区资产，就是流动性太差，比如新兴市场国债。最后发现还真是没有比美元更安全、流动性更充裕的市场。

假如世界经济放弃美元作为国际货币，用什么呢？周小川和斯蒂格利茨都建议强化国际货币基金组织的特别提款权（SDR）①，这个建议有一定的革命性，但实施起来难度也很大。目前的 SDR 只是几个主要货币汇率的加权平均，其实并没有独立的汇率。更重要的是，目前没有任何以 SDR 计价的资产。如果要把 SDR 改造成国际储备货币，那至少得有一个全球央行，无论是新建一个机构还是改造国际货币基金组织，都不是一件容易的事情，起码从政治上看短期内毫无可能性。那么另一种选择是走向多元国际储备货币，比如将来由美元、欧元和人民币共同承担主要国际储备的责任。应该说，这个可能性要大于另外建立一个超国别的货币。不过，现在的问题是欧元已经自身难保，虽然目前还不至于垮台，但起码短期内很难发挥更大的国际作用。

那人民币能否承担这个历史责任呢？短期内恐怕也无这个可能。我曾和普拉萨德同时作为研究人员参与亚洲开发银行研究院关于人民币国际化的课题，我们在这点上的看法完全一致。国内外有不少专家觉得美

①特别提款权（Special Drawing Rights，简称SDR或SDRs，本书统一使用SDR）是由国际货币基金组织（IMF）创造的一种国际储备资产。

元已经日薄西山，下一个就该轮到人民币了。特别是目前中国已经是世界第二大经济体，很快将超过美国成为世界最大的经济体，人民币的国际地位上升几乎是指日可待了。殊不知，经济规模只是国际金融体系的众多变量之一，有时候甚至还不是最重要的变量。二十世纪初，美国的经济规模已经超过了世界第二、三、四大经济体（即英国、德国和法国）之和，但美元并非最重要的国际货币。美元地位的崛起，得益于1913年成立的美联储促进了金融问题的解决，还得益于第一次世界大战，美国向交战双方提供融资，终于让美元走向了世界。

曾任国际货币基金组织研究员的经济学家王戴黎、中国经济体制改革研究会副会长樊纲和我曾经做过一个数量分析，测算人民币在今天的国际储备货币体系中能占多少份额？我们首先用其他储备货币国家的数据做了一组回归，然后代入中国的数据来做测算。假如经济规模是唯一决定因素，那么人民币在国际储备体系中的比重也许可以达到12%，但如果决定因素包含了金融市场的规模、深度、汇率的灵活度、资本项目的开放度以及经济自由度等，所测的人民币占比就会不断下降。如果把所有因素都放入模型，今天人民币在国际储备体系中的比重大概是2%。横向比较，这可能是一个比较合理的数字。而如何从2%升到12%，这将是一个十分艰巨的任务。我们需要保持经济增长，提高开放度，促进金融市场化，甚至政治改革。即便所有这些都做了，人民币是否就能取代美元成为主要的国际储备货币，也很难说。

普拉萨德的新著指出了一个很多人不愿承认的事实：美元还将主宰世界经济。当然，普拉萨德并非只是那个指出皇帝没穿新衣的小孩，曾作为国际货币基金组织的高官、全球最著名的国际金融问题专家之一，他对这个问题的思考、分析都富有深意。**特别值得指出的是，普拉萨德**

也是一个中国经济专家，曾经在国际货币基金组织担任中国处处长多年，对中国经济有十分丰富的观察，更有相当独到的见解。这样一本兼具理论、市场与政策的新著，值得大家仔细阅读、体会。

货币乱战时期,
哪里才是财富资产的避险天堂?

2013 年夏天,在我完成《美元陷阱》一书的创作时,美元的强劲势头及其继续作为全球储备货币霸主的地位似乎还在摇摇欲坠,令人难以捉摸。毕竟,2008—2009 年美国房地产市场的崩盘几乎彻底摧毁了全球金融体系。凭借大规模经济刺激计划(大量增发美元,提高公共债务),美国得以苟延残喘。然而,全世界仿佛依旧将美元视为最安全的货币天堂。

两年过后,"美元统治论"依旧大行其道,唯一的变化是这种事态似乎已不再是偶然;今天,美元的统治地位在很大程度上已成为理所当然的事情。当然,末世论者大有人在,依旧有人在不遗余力地叫嚣美元价值及其作为全球储备货币的时代即将一去不复返。他们始终在喋喋不休地宣扬,美元正在加紧对全球金融的控制。而现实是,从加权指标来看,2014 年美元对贸易伙伴的货币增值约 8%。在这一年里,美元对其他主要货币都确有增值。不过,美元价值并非本书要讨论的重点,因为影响美元价值的因素往往并不能体现长期性的宏观经济基本面,然而,对美元资产需求的持久性强势增长，却足以说明美元的替代者还远未出现。更有说服力的一个事实是，作为体现其避风港价值的主要指标，美元在全球外汇储备中的份额在2014年年底也缓慢提升至63%。

对于美元的统治地位，我所列举的原因也一直在不断发酵。由于美国对金融安全性资产的需求迅猛增长，以及这种资产在美国以外的供给净额持续萎缩，导致美国成为此类资产最重要的供给者。

自2013年以来，困兽犹斗的日本银行就一直在为了避免通货紧缩和增长停滞而挣扎，但其努力皆因其他政策无法提供足够支撑而收效甚微。居高不下的债务水平严重制约了日本的财政政策，其债务规模已超过GDP的250%，而盼望已久的对劳动力市场和产品市场进行的结构性改革却始终未能兑现。日本银行曾大举买进债券、股票及其他资产，试图以此向本国经济注入更多流动性，并压低日元对其他货币的汇率。尽管它确实实现了这些目标，但对日本的经济增长或通胀率却影响甚微。

2015年1月，欧洲央行（ECB）也动用了自己的"火箭筒"。面对巨大的抗紧缩压力、欧元区增长失速以及德国和法国等核心经济体衰退，欧洲央行宣布将在2015年3月启动量化宽松计划。按照该计划，欧洲央行每月将买进价值600亿欧元的金融资产，包括欧元区政府债券、欧洲金融机构发行的债务凭证及企业债券。该计划将持续到2016年9月，但如果彼时的通胀率依旧低于欧洲央行设定的2%目标水平，该计划将继续实行。尽管量化宽松计划曾在2015年年初一度压低欧元币值，但以提振消费者和投资者信心来扩大市场总需求的希望最终还是落空了。2015年1月，希腊左翼联盟在希腊大选中获胜，这进一步加剧了人们对新一届希腊政府放弃改革承诺，并试图就其公共债务重新谈判的担忧。尽管欧元区领导人维护欧元区稳定的声音始终强劲有力，但欧元区分裂的晦暗前景似乎正变得越来越明晰。经济上举步维艰，市场日趋动荡不安，使得日本及欧元区显然已无力担当避风港的角色。

2014 年，美国的宏观经济形势同样发生了变化，但与日本和欧元区不同，美国面对的是一种向好变化。与其他主要发达经济体及新兴市场形成鲜明对比的是，美国逐渐成为唯一显示出积极增长动力的主要经济体，其劳动力市场已迅速从危机和经济衰退的创伤中愈合。

进入 2015 年，尽管通胀压力减弱，工资增长速度趋缓，但美联储依旧是唯一有可能在近期实施紧缩性货币政策的主要央行。就业稳定增长与失业率下降开始让人们更加担心，如果将紧缩性货币政策推迟得太久，美联储就会在控制通胀方面落得太远。尽管长期通胀预期始终维持在美联储的目标范围内，而且油价在 2014 年下半年的大跌也缓解了市场价格的上涨，但这些担忧还是带来了政策难题。此外，美国的经常项目赤字也大幅下降，从 2006 年的 6% 降至 2014 年的 2% 多一点。这意味着，美国已大大减少了对其他国家的债务需求。

所有这些进展的结果是，主要发达经济体的非传统货币政策加剧了资本流动的波动和货币市场的震荡。地缘政治的不确定性，以及乌克兰和中东地区的紧张局势，则成为又一个引发全球金融市场动荡的不安因素。美国与其他发达经济体在商业周期条件上的差异，以及在货币政策观点上的分歧，同样成为加剧不确定性的根源。实际上，在未来若干年内，唯一可以肯定的是，全球金融市场必将充满不确定性。

由于担心这些因素带来的鞭梢效应，新兴经济体只能见机行事，继续累积外汇储备。他们很清楚，当资本流入本国时，即使不犯任何错误，这种流入也很可能轻而易举地转化成流出，因此他们刺激本国央行极力干预外汇市场，在避免本币升值的同时，扩大外汇储备。至于 IMF 以提高新兴经济体投票权的改革尝试，也在 2015 年年初戛然而止。由于在不附加诸多条件下获得 IMF 贷款的希望再次落空，新兴市场经济体对 IMF 的信心已跌入谷底。这加剧了新兴市场经济体的"自我保险"欲望，即通过积累硬通货币储备，规避货币市场的波动性。尽管俄罗斯等国在 2014 年曾因经济衰退压力而大量消耗外汇储备，但就总体而言，新兴市场经济体的外汇储备在当年依旧增加了 3 000 亿美元。

新加坡和瑞士等开放型小国虽拥有深度金融市场并对金融流动高度开放，却同样无法规避市场波动性的影响。到 2015 年 1 月，作为瑞士的中央银行，瑞士国家银行（SNB）的外汇储备已超过 5 000 亿美元。其储备资产规模已达到瑞士 GDP 的 80% 左右，这一比例远超过其他央行，但也加大了风险头寸，进而削弱了瑞士国家银行的独立性。欧洲央行的量化宽松政策有可能导致更多的安全性资产注入瑞士，因此，瑞士国家银行的政策突变让国际货币市场遭遇了地震式冲击。

2011 年 9 月，瑞士国家银行便对瑞士法郎的汇率设置上限，也就是说，本币升值不得超过 1.2 瑞士法郎兑换 1 欧元的汇率范围（对这一汇率指标，瑞士法郎数字的减小就意味着它的升值）。此举意在防止因瑞士法郎升值而导致瑞士对外竞争力被削弱。但这背后的含义则体现为，瑞士国家银行不得不强力干预外汇储备，以遏制瑞士法郎升值。2015 年 1 月 15 日，瑞士国家银行突然取消汇率上限，此举令全球金融市场陷入恐慌。瑞士法郎对欧元及其他货币大幅升值，无数投资者、货币交易机构和金融机构再次跃跃欲试。原因很简单，那就是任何人都未曾预见到瑞士国家银行会如此轻而易举、毫无征兆地背弃自己的承诺。

与此同时，新加坡也面对着货币升值的压力，这不仅严重影响其经济发展，也增加了坊间对通货紧缩的担忧。2015 年 1 月底，作为新加坡的央行，新加坡货币管理局（MAS）宣布将采取措施减缓新加坡元的升值速度，这自然也预示着更强力的外汇市场干预及更多的外汇储备积累。

对瑞士国家银行这种一向循规蹈矩的传统型央行而言，取消汇率上限实属反常，这种极端激进的举措显然预示着全球金融已进入不可预测的动荡时期。新加坡货币管理局的动作则进一步表明，为避免本国经济陷入绝境，各国央行都不得不采取积极措施。

最终结果是，尽管美国正在试图将公共赤字降到可控水平，举借新债的速度已明显低于危机爆发后的衰退时期，但其他国家对美国国债的需求却日渐强劲。2014 年，公开交易的美国联邦政府债券增加了 3 000 亿美元，包括各国央行在内，来自其他国家的投资者却将他们持有的美国国债数量增加了 4 000 亿美元。面对如此强劲的需求，10 年期美国国债的基准收益率也从 2014 年年初的 3%（年化利率）下降至当年年底的 2.2%，并在 2015 年 1 月底进一步降至 1.7%。换句话说，全球投资者仍然将美元，尤其是美国国债视为最终的安全避风港。

尽管美元巩固了其作为统治性储备货币的角色，但诸多因素的变化或将对此带来长期影响。正如本书所预言，人民币在国际金融和贸易中的地位正在不断提升。根据环球银行金融电讯协会（SWIFT）的研究显示，到 2014 年年底，人民币已成为全球第五大主要支付货币。它在国际支付中占据的比例约为 2%，其交易规模仅次于欧元、美元、英镑和日元。包括法兰克福和伦敦在内的很多主要金融中心均已成为人民币清算中心。

此外，由于阿根廷和俄罗斯等国家亟须用硬通货偿还以外币计价的债务，使得中国有机会为这些国家提供资金支持。通过与相关国家央行签署双边货币互换协议，中国为这些央行提供了充足的人民币流动性。

但人民币还不属于可自由交易并转换为其他货币的可兑换货币。不过，这些国家依旧将中国在危难时刻提供的帮助视为友谊之光。中国以金融工具推进其经济与战略目标的成功做法，终将提升人民币在全球金融中的地位。此外，中国还在逐步推进各项改革：开放资本账户、实行汇率自由浮动以及发展金融市场等。这些改革无疑将为人民币成为名副其实的储备货币奠定基础。

尽管人民币成为国际性货币乃至全球储备货币的前景一片光明，但在缺乏政治、机制和法律等配套性制度改革的条件下，人民币成为安全避险货币的未来似乎仍旧遥不可及。

无论是当下，还是在可预见的未来，美元仍将不可动摇地岿然屹立于全球金融舞台的中央。

埃斯瓦尔·S.普拉萨德

美元，不得已的避险天堂

在 20 世纪的大部分时间里，美元始终统治着庞大的全球金融帝国。近年来，美元的王者地位似乎越来越不稳固。1999 年，欧元横空出世，并给美元带来了极大威胁。但它的威力正在逐步消退。今天，中国的人民币迅速崛起，并被看作美元的强大对手。

2008 年，全球金融危机爆发，美国成为重灾区。毫无疑问，美元不可能在一夜之间光芒散尽，但危机激发了人们对美元即将失去世界头号储备货币地位的猜想。其中的逻辑似乎完全可以自圆其说。美国政府债务与 GDP 的比值已创下"二战"以来的新高，且似乎即将走向上升轨道。作为美国的中央银行，美联储当仁不让，不遗余力地将大把货币注入美国金融系统，试图刺激经济复苏。此外，全世界都心知肚明，美国的政府失灵已掣肘政策的有效性。所有因素结合在一起，注定会引发一场经济衰退，并加剧美元地位的恶化。

与上述观点相悖的是，本书语出惊人地得出了另一条结论：全球金融危机强化了美元在国际金融体系中的王者地位。在过去相当长的一段时间里，美元作为一种记账单位和价值交换的载体，它的角色确实有所弱化。随着金融市场和技术的发展，绕开美元并直接以其他货币进行跨境金融交易的计价和结算越来越容易，而这必然会减少全球对美元的需求。相比之下，美元作为储备货币的功能却更有保障。以美元计价的金融资产（尤其是美国政府债券）依旧是保值型投资者的最爱。

在未来很长时间内，美元依旧是最重要的储备货币，尤其是对暂时还没有给口袋里的钞票找到更好机会的人来说，美元无疑是最安全的避风港。事实一再证明，在国际金融领域，一切事物都是相对的。

本书兼具叙述和分析，共划分为四个部分。

第一部分：美元陷阱的前世今生

第一部分汇总了支撑本书主题的诸多观点。第 1 章作为序幕，介绍了全球金融领域自 2008 年以来发生的一些神奇而不可思议的巨变。尽管美国的金融市场已濒临崩溃，经济正在走向深远而持久的衰退，但经济活动的先后顺序却和很多人预想的背道而驰。

第 2 章简要介绍了本书主题，讲述了美元在"二战"后成为头号储备货币的起源以及随后经历的跌宕起伏。在历史上，美元在全球货币体系中的主导地位曾屡遭威胁，但最终结果总是有惊无险。作为全球金融市场最受欢迎货币的供给者，美国得以继续挥霍"嚣张的特权"。其他国家的投资者乐此不疲地购买以美元计价的金融资产，这让美国政府和家庭得以凭借廉价负债维系他们的高消费。

实际上，无比庞大的经常性账户赤字，意味着大规模地对外举债，也是最近才出现的新现象。而且它又恰好与最新一轮的金融全球化大潮不期而遇，它们共同将国际金融流动推上了新高度，并在20世纪90年代初掀起了一波狂澜。事实证明，这些现象是相互关联的。在本书讲述的一系列事件中，不断升温的跨国资本流动，尤其是新兴市场经济体之间的资本流动扮演了重要角色。

第二部分：剧前铺垫

本部分通过对一些基本概念的分析，为读者理解全书提供了一个清晰的路线图，这些概念也是分析国际货币体系的基础。对此，我们将着重讨论当前国际金融体系中的一些分歧，这些备受争议的话题也构成了本书主题。

第3章简要介绍经济学家研究国际资本流动的基本理论框架以及构成这一框架的主要元素，并阐述了出现数据冲突的诸多方式和原因。比如说，按照国际资本流动理论，资本应该从富裕经济体流向贫穷经济体，而现实却恰恰相反。尽管现实中的数据与理论预测相互矛盾，但这个分析框架为我们认识当前全球金融架构的缺陷提供了有价值的参照系。这也使得我们必须对资本流动方向、结构和波动性进行深入研究。全世界的金融市场之间的关联性越来越紧密，这些话题也就产生了更大的现实意义。

事实上，对于曾严格限制资本流动的新兴市场经济体，即便是全球金融危机都未能让他们放松金融资本跨境流动。第4章指出，新兴市场经济体迅速融入全球金融市场一体化的程度越来越高，这已影响到他们的外部资产负债表。新兴市场经济体已经能够改变其外部债权的基本形态，从单纯的负债转向更为安全的资本流入，如外国直接投资（FDI）。尽管货币危机对他们的破坏性已大不如前，但这些经济体却要面对不断增加的资本流动带来的危险，不仅包括更高的通胀率，而且资产市场的繁荣—萧条周期也会因资本流动而加剧。

第5章，我们将探讨当下日趋重要的"安全性资产"，即能保护投资者本金安全，流动性相对较强且便于交易的投资类别。尽管此类资产的供给已出现萎缩，但金融市场开放度的提升和资本流动波动性的加强，增加了这些国家对这类资产的需求。与以往相比，新兴市场经济体有着更强烈的动机积累外汇储备，以应对资本流动的波动造成的一时之需。

按照传统观点，一定的储备规模足以帮助本国经济免遭全球性危机带来的溢出效应，但本轮全球金融危机却彻底击碎了这种观点。即便是那些拥有大量储备的国家也不能独善其身，在危机期间，就在他们倾力保卫本币免遭厄运时，却突然发现，本国储备在短期内迅速缩水。此时此刻，许多新兴市场的政策制定者似乎在哀嚎：我们的储备规模永远都不够用。

除此之外，包括日本这样的发达经济体在内，很多国家开始深度干预外汇市场，以限制本币升值，保护出口竞争力。干预外汇市场导致他们的储备规模进一步扩大，而积累的储备又需要以兼具安全性和流动性的资产为载体。在这个过程中，政府债券通常被置于首位。此外，在全球金融剧烈震荡时，私人投资者同样需要安全性资产。

拥有庞大金融市场的美国已成为全球最大的安全性资产供给者。进入后金融危机时代，欧元区、日本、英国以及其他主要经济体举步维艰，长期苦于应付增长乏力预期以及急剧发酵的债务负担，因此，他们的政府债券似乎也变得岌岌可危。于是，一方面是安全性资产的需求激增，另一方面是供给持续萎缩。

由于安全性资产缺少合适的替代品，使得全世界的官方投资者与私人投资者都在变本加厉地依赖以美元计价的金融资产。在人们眼中，代表美国政府的美国国债依旧是全世界最安全的金融资产。正是这种不可救药的依赖性，逐渐酝酿出美元陷阱的雏形。

这种债务像滚雪球一样积聚，甚至危及美国财政的偿付能力，此时，其他国家再继续购买美国政府债券又是否理性呢？第6章，我们将阐述其他国家投资者，尤其是中国和其他新兴市场经济体的央行，依旧在自愿地投身于这场由美国精心策划的游戏。尽管它貌似真实，但实则是一个大骗局。在已发行的美国联邦政府债券中，其他国家投资者持有了约一半的数量。他们持有的比例相当高，自然会诱使美国政府减少其偿债义务，而方法就再简单不过了：只需增发钞票，即可减少这些债券的价值，而这无异于对其他国家投资者的负债进行违约。当然，这种做法毫无吸引力可言，因为它必然会推高通胀率，进而影响美国国内投资者乃至美国经济。

我的观点是，美国国内存在一种极其微妙的政治均衡机制。它让其他国家投资者有足够理由相信，美国不会以制造通胀的方式损害他们持有的美债价值。而且一旦通胀率剧增，美国国内持有债券的群体就会形成一股强大的政治力量，让现任政府付出惨重代价。这就相当于为其他国家投资者提供了一份担保：其持有的美国债券价值将得到保护。

中国与其他国家仍然感到焦虑不安，因为除了美元资产之外，他们无法为其储备找到更安全的去处。而另一个令人不安的前景又加剧了原有的顾虑：作为全球头号储备货币，美元依旧强劲，但长期内发生贬值的可能性极大。中国与其他主要新兴市场未来的生产率增长速度仍将高于美国。因此，一旦全球金融市场尘埃落定，美元极有可能回归21世纪初经历过的渐进式贬值轨道。

换句话说，在最终估出其持有的美元资产时，其他国家投资者收回的本币资产注定会缩水。当然，要取得这种在他们看来代表安全性和流动性的资产，其他国家投资者就必须付出一定代价。当他们源源不断地为这种赤字财政提供资金时，也就是在纵容和加剧美国的骄横奢靡。

第三部分：逃离陷阱的制度顶层设计

随着各国经济之间的联系愈发密不可分，冲突与合作的空间也不断扩大。而各国经济最终走上冲突之路，还是合作之道，必将对储备货币的全球性配置带来重大影响。在本书第三部分，我们指出现有国际经济合作的基本框架几乎形同虚设，冲突取代了合作，成为国际经济事务常态。在这个部分里，本书介绍了一些相关资料的来源，甚至包括一些非正规渠道，比如维基解密，从而让读者有机会了解国际金融政策中一些令人匪夷所思的内幕。

美国和其他发达经济体倾向于变本加厉地使用各种非常规货币政策：增发钞票刺激本国经济增长，保护本国金融体系。这些举措激化了国家间的经济冲突，同时，最大的副作用就是本币贬值。货币贬值是一场"零和游戏"，如果一种货币贬值，就必然会有其他货币升值。于是，当其他国家央行采取对策阻止本币升值时，率先推行贬值政策的国家，实际上就是在挑起货币战争。

在第7章里，我们将探讨关于货币战争的种种言辞及其背后实质。具有讽刺意义的是，有些国家通过干预外汇市场阻止本币升值，而此举自然会增加外汇储备。归根到底，他们的对策再次巩固了美元作为头号储备货币的地位。

也有人担心货币战争最终将演化成一场更具灾难性的"负和游戏"，所有玩家都深受其害。如果某些措施获得了短期利益，却最终损害到国际贸易与金融秩序，那么，所有国家都难逃厄运。因此，协调一致的集体行为更符合所有国家的长期利益。

在第 8 章里，我们将追忆往事，回顾金融危机爆发前那次旨在缓解全球货币冲突的努力，最终是如何以失败而告终的。尽管有关此番努力的言辞颇为积极，但有一点毋庸置疑：各国领导人都未能将共同利益置于本国局部利益之上。这段插曲足以表明，尽管某些经济政策的全球性协调似乎不可或缺，但现实却一再证明，在实践中，这种协调无异于黄粱一梦。

在全球金融危机水深火热之时，由主要发达经济体和新兴市场经济体组成的二十国集团（G20）再拾协调政策。第 9 章介绍了这个多样化的大型组织在危机关键时刻取得的某些重要成果，但合作最终还是流于破产。为摆脱美元束缚，新兴市场曾试图建立各种内部协调机制，但收效甚微。

为了背水一战，某些新兴市场也曾尝试采取暂时性资本控制，即对流入和流出本国的资本进行限制，以期保护本国经济免遭资本流动剧烈震荡的肆意侵袭。第 10 章介绍了资本控制政策的变迁历程。今天，各种控制手段屡试不爽，也越来越得心应手，只要能找到充分理由，譬如担心外国资本流入会危及本国银行体系或资本市场，实施资本控制就不会被视为违反国际准则。事实却证明，这种自我保护机制在实践中的效果并不理想。新兴市场除了继续增大外汇储备之外，几乎没有其他任何选项，此时，他们只能借助庞大的外汇储备，作为抵御资本流动和币值波动的缓冲器。

第 11 章描述了一些创建全球安全网的尝试，其目的在于防御危机及其他极端震荡时期的影响，进而减少本国不得不借助积累外汇储备而实现自我保险的动机。IMF 创建了新的贷款机制，确保危机时期的资金支持。这些机制在内涵上更接近保险计划，而不像传统贷款项目要求成员国必须满足很多苛刻的政策条件。事实上，这些保险计划的参与者寥寥无几，或许是因为这些国家认为，寻求 IMF 资助会让他们颜面扫地吧。

当然，IMF 并不是唯一还在积极奋争的参与者。在金融危机期间，美联储同样为几家其他国家的央行打开资金闸口，使得他们的商业银行突遇美元匮乏时，美国能迅速提供资金支持。这种特殊情况下的信贷支持根本就不足以满足美元的全球需求。

由于个别国家为规避自我保险需求而采取的行动皆不成功，本书将简要介绍一种简单的全球性保险计划，这种计划或许能解决很多理论上困扰集体行为方法的基本问题。不过，对于这种在技术上简单易行，长期或将彻底推翻当前制度结构的政策建议，当下世界似乎还远未做好接受准备。美元陷阱的威力依旧强大无比。

第四部分：货币战争

在本书的最后一个部分里，我们对美元的潜在对手进行了评估，并归纳出美元可能面对的若干前景。一方面，世界各国都希望通过积累安全性资产而实现自我保护；另一方面，美国又能提供这种貌似安全的资产，而且规模也足以满足现时需求。这表明，美元的地位仍然牢不可破。不过，美元的对手已开始摩拳擦掌。

第 12 章以批判的态度评述了有关人民币将取代美元的观点，并指出这种天花乱坠的宣传并无根据。尽管中国已成为世界第二大经济体，并有可能在未来 10 年内成为世界第一大经济体，中国政府也在积极推进人民币国际化使用，本章也认同人民币将逐渐成为一种行之有效的储备货币的观点，但受金融市场发展的限制以及治理和法律结构的影响，人民币还不可能成为其他国家为寻求保值而接受的主要储备资产。

显然，人民币绝不是唯一有望在全球舞台上扮演重要角色的货币。第 13 章介绍了其他几种货币、黄金和比特币等货币替代品的未来前景。随着全球金融市场的进一步整合和技术的突飞猛进，在不借助美元的情况下，两个国家直接以各自货币完成跨境贸易和金融交易的交割将变得越来越简单可行。由此可见，第 12 章和第 13 章的主要结论是，作为价值交换媒介，美元以中间人身份完成国际交易的重要性可能会有所减弱，但作为价值储备的载体，美元的地位在可预见的未来依旧坚不可摧。

尽管本书对美元的未来持乐观态度的理由多于担忧，但全球货币体

我们专门留出这间屋子，供那些敬仰强势美元的人前来朝拜

资料来源：Michael Maslin/The New Yorker Collection/www.cartoonbank.com.

系的均衡却弱不禁风。第14章分析了可导致美元跌下王者宝座的若干临界情况。个别情况确有可能发生，但要完全摆脱美元的纠缠绝非易事。任何一个国家遭遇金融震荡，该国投资者就会重新投入美元的怀抱。

第15章指出，除了金融市场的巨大规模和强大的综合实力之外，美国还拥有其他大多数国家只能望其项背的优势。这些优势主要体现为稳健的公共、政治和法律制度，强大且能自我纠错的机制，以实现制度间的检查和均衡。

全书的诸多脉络最终汇聚为一个结论：在未来的若干年内，美元注定还将继续占据全球储备货币的王者之位。以美元为中心的均衡体系似乎已风雨飘摇，全球经济正在酝酿一场更大的灾难。大多数人感到意外的是，人们对这场灾难的担心，反而让这种貌似不稳定的均衡变得愈加稳定。

至于本书的结论到底是令人宽慰还是让人烦恼，我想，还是让每个读者自己去感受吧。

∞ | 目 录

第一部分　美元陷阱的前世今生

第 1 章　美元荒唐剧：摆在陷阱前方的迷魂阵　　3

美元崩盘的预言似乎显得活灵活现　　4

荒诞的世界：灾难制造者为何成了安全庇护所?　　12

第 2 章　嚣张的特权：美元的底气从何而来　　15

刀口嗜血：安全性资产的供需盛宴　　17

美国的底气：特立独行绝不是例外　　19

国际协调等同于白日做梦　　20

嚣张的美元如何走上巅峰之路?　　22

任性的"败家子"：由他国埋单的挥霍史　　26

价值储存：美元留守世界舞台的救命稻草　　31

资本流动模式的变迁　　34

第二部分　剧前铺垫

第 3 章　卢卡斯之谜：待解的资本逆流悖论　　　**39**

当理论遭遇现实　　　42

穷国养富国困局下的畸形资本流动　　　45

资本逆流而上的现实谜题　　　49

第 4 章　救赎还是毁灭：固守信条的新兴市场　　　**59**

国家资产负债表的良性管控　　　61

好资本与坏资本　　　66

新兴市场对高风险负债退避三舍　　　71

传统风险依然如故，新型风险浮出水面　　　73

再安全的避风港也不可能永远风平浪静　　　77

第 5 章　货币储备的安全性诉求　　　**79**

人民币：被冤枉的升值？　　　80

硬通货币储备的"金钟罩"效应　　　83

保尔森口袋里真有"大火箭筒"？　　　85

加强火箭筒：新兴市场乐此不疲　　　92

驾驭野性的火箭筒绝非易事　　　94

安全性使然：对政府债券趋之若鹜　　　99

火箭筒是要付出代价的，即使从来不用　　　105

安全性资产是否会变成风险性资产？　　　108

第 6 章　**万亿美元大骗局**　**111**

越膨胀越脆弱：不安全的安全性资产　114

押注美元，新兴市场是否心有余悸?　121

刀不血刃：美元贬值造成的财富转移　127

不是谁都能像美国那样保持债务可持续　138

山姆大叔"嚣张的特权"　139

浪漫的法郎遇到硬不起来的英镑　143

陷阱加深　145

第三部分　逃离陷阱的制度顶层设计

第 7 章　**新货币战争激战正酣**　**149**

QE 时代货币战争上演　151

从亚当·斯密到凯恩斯：未曾间断的货币战　160

货币战争：国家资本狩猎新玩法　163

既伤及无辜又伤及自身：颇具嘲讽的货币大战　173

无节制的货币战何时停歇?　179

宏观经济政策施展无法承受改革之痛　185

第 8 章　**探寻货币战争的休战之路：IMF 与中国的世纪大战**　**189**

虚无缥缈的多边协商机制　191

IMF 向中国扔出炸弹　193

作茧自缚的 IMF：向中国开出罚单最终自缚手脚　195

第 9 章　**现实很骨感：不靠谱的全球政策协商**　　**205**

　　从协调到被协调　　209

　　不甘心的 IMF 试图东山再起　　215

　　顾此失彼：均衡化标准终究胎死腹中　　220

　　金融监管缺失及普遍性的政策差异　　224

第 10 章　**灵药还是毒药：新兴市场资本控制之殇**　　**227**

　　资本控制强势回归，迫不得已还是势在必行？　　228

　　只有对症下药，没有万能灵药　　238

　　在资本流动漩涡中寻找平衡点　　241

第 11 章　**漏洞百出的安全网：货币互换和保险基金就能补上？**　　**243**

　　强势美元造就力度空前的货币互换　　244

　　齐心协力打造更大的火箭筒却再次徒劳　　255

　　如何灵活应对狡黠多变的 IMF　　260

　　全球保险基金：解决经常账户失衡的良药？　　265

　　纸上谈兵：国家性保险何时才能付诸实施　　272

第四部分　货币战争

第 12 章　**人民币国际化：中国是否已经做好准备？**　　**277**

　　跃跃欲试的人民币，咄咄逼人的美元对手　　278

　　人民币国际化的三大"拦路虎"　　280

中国开放资本账户的时机和路线图   281

艰难的人民币国际化：以香港为基石，以亚洲为立足点   288

成为主要储备货币，人民币还需长途跋涉   291

金融市场的发展深度成为最大掣肘   295

势如破竹：正在起飞的人民币   297

人民币向 SDR 发起冲击   301

最后的冲刺：世界需要国际化的人民币   311

第 13 章　觊觎美元宝座的其他对手   **317**

储备货币多样化，未来经济更美好？   319

金砖五国"货币起义"无疾而终   326

百花齐放：其他信用支撑的储备资产崛起   330

全球储备货币备选：SDR 能否撼动美元"王者之位"？   337

"安全性资产"弹性供给，稳定性转瞬即逝   340

第 14 章　谁将引爆美债核弹？   **343**

引爆美元暴跌的"黑天鹅"何时出现？   346

中国引爆美债核弹的假设   348

危险的乌龙球：美债核弹极有可能由美国引爆   352

海外融资力挺美元的历史插曲   355

撕掉"安全"面纱，继续加固沙堆根基   358

第 15 章　终极悖论：脆弱的货币体系孕育美元的稳定   **359**

嚣张的债务人也会与全世界分担痛苦   361

美国统治世界的逻辑 362

货币的未来：继续乱战还是一统天下？ 365

弱不禁风的平衡，无可奈何的美元陷阱 368

致　谢 369

附　录 371

第一部分
美元陷阱的前世今生

如火如荼的两党债务上限大战、几乎崩盘的房地产市场和金融市场、金融危机的猛烈冲击，这些本应该将美元击得粉碎的理由，却匪夷所思地巩固了美元的"王者之位"。

纵然全世界都知道美国金融市场是灾难的始作俑者，但面对危机时，所有货币仍然毫不犹豫地涌入美国寻找安全庇护所。

不经意间，美元陷阱已成为恶性循环的黑洞，而作为陷阱的布局者，任性的"败家子"一边承受着高额债务，一边却又在尽情地享受着由他国埋单的挥霍……

THE
DOLLAR
TRAP

第 1 章
美元荒唐剧
摆在陷阱前方的迷魂阵

———

事实之离奇往往胜于幻想，

因为幻想尚需依据现实之可能性，

而事实仅需顺其自然。

《傻瓜威尔逊》（*Pudd'nhead Wilson*）

马克·吐温

国际金融体系正在变得越来越像一部道德剧，只不过，主角是各国政府官员和各种各样的无赖，而鲜有英雄在其中发出声音。但美德并不一定是道德的回报，相反，过度的美德或许有害。务必关注情节的曲折变化，但现实的神奇之处或许超过任何一位作家的想象力。我们不妨看看发生在不久之前的一段剧情。

美元崩盘的预言似乎显得活灵活现

　　2007 年，美国已连续三年迎来了经常账户赤字，总额超过 7 000 亿美元，大约相当于美国当年 GDP 的 5%。经常账户赤字意味着，一个国家要依赖向其他国家借钱为本国的消费和投资提供资金。此时，外国投资者停止为美国提供资金的恐惧使美元在短时间内出现剧烈贬值的可能性陡然增加。也就是在这一年，在房价经过相当长一段时期的连续上涨之后，美国的房地产市场滑入低谷，这进一步加剧了人们对美国经济和美元的担忧。一时间，金融大鳄、权威经济学家、政府官员、媒体和国际财经机构纷纷发出美元崩盘预警。

坊间当时引用与索罗斯共同创建量子基金的吉姆·罗杰斯之言："如果时任美联储主席的本·伯南克让原本已飞速运转的印钞机再度加速，那么，我们就必定要面对一场严重的经济衰退。美元必将崩盘，债券市场必将崩溃。"很多财经分析家也加入了这场警惕美元危机的运动，他们在各种报告和采访中一再发出类似声音。德国主流杂志《明镜周刊》一位主编的警告更加血腥，他认为，此轮危机将成为经济领域的"珍珠港事件"，他指出，美国经济遭受的攻击或许是未来若干年内最容易预见的事件。

普林斯顿大学经济学教授保罗·克鲁格曼称，几乎所有人都相信，美国的经常账户赤字必将走到终点，而这个终点必将带来美元贬值……悬崖必将在某个时点突兀而至，此时，市场预期逆转，美元剧烈贬值。哈佛大学的肯尼斯·罗格夫（Kenneth Rogoff）指出，美元经常账户赤字迅速瓦解和美元剧烈贬值的风险正在不断发酵，我们最终将面临一场巨大的经济海啸。日本前财政大臣神原英姿曾警告，美元将在 2008 年大幅贬值。IMF 和世界银行均做出类似预警，如果美国不减少对国外资本的依赖性，极有可能诱发美元的无序贬值，并在全球范围内引发灾难性后果。

进入 2008 年，警报声已经此起彼伏。当时，美国的经济形势急转直下，金融市场的发展态势更是让美元崩盘预言显得活灵活现。此时，围绕美元展开的这部大剧却开始脱离脚本，变得一发而不可收拾。

一轮猛烈的资金狂潮居然涌向震中地带

2008 年 10 月，美国金融市场已开始波涛汹涌。在当年早些时候，美国房地产市场率先崩盘，9月，金融大鳄雷曼兄弟的破产，使恐惧和震荡传遍了金融体系的每个角落。公司债券市场接近冰点，股票市场正在崩溃，大型货币市场基金（Reserve Primary Fund）①已跌入深谷，其净资产已不足票面额，并时刻殃及整个货币基金市场。金融危机造成的震荡猛烈撞击着整个世界。

先例在历史的长河中不断重复出现，这也让人们清楚地看到即将发生的事情。当其他国家遭受金融危机或货币危机打击时，其后果几乎总是无一例外：无论是本国投资者还是外国投资者，都会一股脑地选择外逃，抽走资本，清仓本币。显然，金融危机绝不是温柔的敲击，它注定会给美元在全球金融中的统治地位带来致命一击。

不久，令人震惊的事情就发生了。一轮猛烈的货币大潮涌入这场危机的"震中地带"——美国。美国投资者抽回海外投资，而急于为囊中财富寻找庇护所的外国投资者，更是让这股资本流入大潮变得愈加迅猛。2008年9月到10月间，美国证券市场的资金净流入额（资金流入总额减去流出总额）达到了5 000亿美元，而且几乎全部来自私人投资者。这个数字超过当年前8个月美国证券市场净流入额的三倍多，且流入资金大多购买了美国财政部发行的政府债券。相比之下，包括德国和日本在内的其他发达经济体，同期则出现了明显的资金净流出。无论如何都应该大幅贬值的美元不仅没有贬值，反而相对于其他货币大幅升值。除日元之外，美国对其他主要储备货币也出现了升值。

随着市场需求的扶摇直上，美国国库券价格开始持续上涨。尽管美国政府为挽救金融市场和经济下滑而拟订了大规模政府支出计划，但利

---

①又译作基本储备基金或主要储备基金，它是金融危机之前美国最大的货币市场基金之一，在2008年8月持有的资产约为650亿美元。2008年9月17日，该基金宣布，其股份的净资产已减至不足1美元，部分原因是持有的雷曼兄弟公司7.85亿美元债务减到了零。

率依旧维持在低位运行。这显然与利率在此情况下的常规性反应相互背离，即当政府因为支出而增加负债时，利率往往趋于上调。但事实上，进入 9 月份之后，三月期国库券的收益率居然出现了负数。这就是说，为了享有获得这种债券的特权，焦虑不安的投资者甚至心甘情愿地倒贴钱购买。

海外危机袭扰，美国还能独善其身吗？

2009 年 11 月，遭受打击的全球市场缓慢复苏，而希腊的主权债务危机却开始发酵。希腊官方承认，国家财政已经破产，政府债务与 GDP 的比值高达 113%。根据欧元区成员国在 10 年前引入欧元时达成的协议，政府债务上限不得超过 GDP 的 60%，显然，希腊的债务规模已接近该上限的 2 倍。2010 年 1 月，欧盟委员会（UC）发布了一份措辞严厉的报告，称希腊官方估计的 2009 年预算赤字水平极有可能超过 GDP 的 12.5%，而且远超欧元区 3% 的上限。

随着事态发展，形势渐渐明朗：希腊面临着经济崩溃，而坊间对欧元区周边国家财政与银行问题的顾虑也持续发酵。最令人担忧的是爱尔兰和葡萄牙两国，当然，西班牙和意大利的形势同样不容乐观。

2010 年 5 月 2 日，欧盟委员会、欧洲中央银行（ECB）和 IMF 达成一致，采取一揽子计划对希腊实施救助。当年 11 月份，爱尔兰政府就债务救助计划与上述机构签署协议，一时间，欧元区其他周边国家或将开始对其主权债务违约以及加入一揽子救助计划的传闻不断涌现。

又一次，海外危机的余波传入美国，资金开始往美国回流。从 2009 年 12 月到 2010 年 11 月，主权债务危机席卷欧元区，债务规模与 GDP 的比值过高，随时可能触发灾难性后果，美国 10 年期国债的收益率应声下落，下跌幅度超过 1%，年收益率从 3.6% 跌至 2.5%。2010 年第三季度，欧元区债务危机持续发酵，近乎失控，美国证券市场的资金净流入额接近 1 800 亿美元。当年的前两个季度，美国证券市场的平均净流入额还只有 150 亿美元。在第三季度资金净流入额中，外国私人投资者约占 2/3；其余部分则来自各国央行以及其他官方投资者。

欧元区几近崩盘，美元却迎来戏剧性一幕

这股强大的离心力几乎让欧元区分崩离析，美元也即将迎来更具戏剧性的一幕。2011 年，政治上的玩火政策导致奥巴马总统控制的政府与共和党控制的众议院在债务上限问题上僵持不下。如果不提高债务上限，财政部就将丧失在金融市场上进行下一步融资所需要的信用，那样的话，政府将无力偿还债务，违约将成为无法规避的现实。[①]

但财政部说得已经很清楚，如果不提高债务上限，后果将是灾难性的，而推迟一些国家的债务，"优先"偿还另一些国家的债务，这种拆东墙补西墙的方案根本就无助于防止违约。为此，财政部特意发布报告厘清可能带来的后果：

> 如不能提高债务上限，必将引致一种灾难性后果……而这必然引发另一轮金融危机，并危及就业和所有美国公民的储蓄……毫无疑问，这将动摇人们对美国政府的信心和信任，而这恰恰是全球金融体系的支柱。

[①] 因为债务上限问题而争论不休并最终导致暂时技术性"违约"并不是没有先例，尽管违约的持续时间极为短暂。1979 年 4 月底，美国财政部就曾发生过未按时赎回短期国债的事情。当时的原因就是未能及时提高债务上限，并最终造成随后几次债券被迫推迟。

随着债务上限即将到来，对美国政府实施技术性违约的担忧给金融市场蒙上了一层阴影。但奥巴马总统却和共和党针锋相对，寸步不让，僵局一直持续到最后一刻。2011 年 7 月 31 日，星期日，双方最终就提高债务上限达成协议，并同意在未来 10 年，削减政府开支 2.4 万亿美元。该协议于 2011 年 8 月 2 日签署生效，也就是美国政府在理论上即将触及债务上限的前一天。但无论从哪个方面看，这笔交易都不可能一劳永逸地解决长期性赤字问题。

8 月 5 日，国际评级机构标准普尔（S&P）做出了人们意想不到的举动，将美国政府债券的信用等级从"AAA"下调为"AA+"，并对美国国债的长期评级展望继续维持为"负面"。标准普尔的报告指出，世界上最安全的金融工具已不再像以前想象的那么安全了。在就本次发表的下调信用等级的声明中，标准普尔是这样说的：

> 调低信用评级只是表明了我们的看法，即美国国会与政府最近就削减财政赤字达成一致的做法，还不足以稳定美国中期借债的形势……我们认为，有关提高法定债务上限的辩论由来已久，再考虑到与此相关的、针对财政政策的争论无不表明，短期内压缩公共项目开支，尤其是权益项目开支和增加收入等方面达成一致的可能性，远低于我们此前做出的评估，因此，有关争论还将继续，而且很难达成有决定性意义的结论。

换句话说，交易已经尘埃落定，而且丝毫不会改变美国债券的运行轨迹，美债的规模还在不可阻挡地继续攀升，直至连很多经济学家都认为太高，甚至达到不可持续的水平。随后，标准普尔继续围绕债务上限和财政谈判等政治问题对美国展开了狂轰滥炸：

> 最近几个月的政治玩火政策，已凸显美国在治理能力以及决策
> 的稳定性、有效性和可预见性等方面，还远不及我们之前的想象。

标准普尔采取的措施本应该给整个金融市场敲响警钟。理性最终将占据上风。美元注定会遭受应有的惩罚，贬值必然成为无法逃脱的归宿，而美国政府债券荒诞不经的低利率终将再度反弹，资本也将逃离美国。

事实未必如此。下调信用等级给美国债券市场带来了什么影响吗？影响的确很大，只不过和人们预想的相反。鉴于美国政府债务的处境已岌岌可危，10 年期国库券的收益率本应大幅上涨，但事实却恰恰相反，该收益率在当年 7 月到 9 月间反而下降了 1%。仅在 8 月和 9 月，美国债券市场的资金净流入额便猛增至接近 1 800 亿美元，而且主要来自私人资本。美元再次上演了几十年如一日的模式：天下太平时缓慢贬值，遭遇险境时反倒一路飙升。即便危险源自美国经济本身，也无法撼动这种模式。

孤独的舞者：财政悬崖上的奥巴马

2012 年总统大选即将拉开大幕，美国政坛的竞选辩论也变得异乎寻常地恶毒。民主党和共和党在经济与社会诸多政策上意见不合，以至于贝拉克·奥巴马和共和党候选人米特·罗姆尼勾勒出截然不同的治理框架。由于经济尚在危机中跌宕起伏，也使得经济问题成为本次竞选的焦点。而在金融市场上，最令人担心的，莫过于美国国会顶在自己脑门上的枪。如果不能在 2012 年 12 月 31 日之前就预算问题达成协议，一

系列增税及削减政府开支政策将自动生效，尽管这些政策会有效地遏制预算赤字，却有可能给美国经济带来沉重打击。全面削减开支与布什减税法案到期合并在一起，财政紧缩的预计规模可能会高达 5 000 亿美元。如其他条件不发生变化，相对于 2013 年 GDP 增长率 2.5% 的乐观预测，美国 GDP 将下降约 4%。换句话说，经济有可能进入新一轮衰退。

共和党不仅希望抢占白宫，更希望保住众议院多数席位，同时再取代民主党在参议院的多数席位。不管结果如何，大多数分析家笃定，在大选和下次立法会议开始前的国会会议上，理性必将回归主流。一旦大选结束，双方剑拔弩张的紧张局面就会缓和，随后，两党将协力规避财政和金融的双重困境。

2012 年 11 月 5 日，大选过后的第二天，睡梦中醒来的美国人再次发现，此前政治喧嚣的结果几乎丝毫未能改变长久以来的权力对峙。时间继续推移，进入 12 月份，预算谈判毫无进展，而且双方也愈加强硬。新法案让奥巴马总统底气十足，他声称，如不对富人增税，他绝不让步。共和党人认为政府的提议"一点也不严肃"，并认为双方在达成一致的道路上"毫无进展"。在无望解决眼下问题的情况下，美国经济只能在艰难中一步一步地走近"财政悬崖"。圣诞节和新年依旧没能盼来任何收获。直到 2013 年 1 月 2 日，双方才最终达成交易：从技术上讲，美国经济在这一天已跨过悬崖。

尽管这些事件发生于 2012 年秋季，但美国股票市场依旧起伏不定，因为每当人们看到交易即将达成的希望时，就会有其他障碍横亘在面前。但对于债券市场来说，10 年期政府债券的收益率始终岿然不动，整个期间均徘徊在 1.6% ~ 1.9%。与此同时，美元对其他主要货币的汇率几乎也未发生任何变动。2013 年 1 月，10 年期政府债券收益率小幅反弹，升至 2% 以上，引发人们对利率进入上行通道的担忧。但 10 年期政府债券的利率并未继续上涨，使之成为自 20 世纪 60 年代以来整体水平最低的一段时期。

荒诞的世界：灾难制造者为何成了安全庇护所？

美国财政的这出大剧一直延续到 2013 年，减赤计划终于在 3 月正式启动。按照这项减赤计划，到 2021 年，美国政府每年将削减公共开支约 1 000 亿美元，毫无疑问，这不仅会让美国民众承受压力，还将伤害本来业已复苏乏力的美国经济。而债务上限大战必将一再上演的预期，也加剧了人们对经济和政治僵局还将持续的担忧。尽管如此，10 年期美国国债的收益率始终围绕 2% 窄幅波动。甚至利率微弱上涨，就会引发坊间做出经济形势出现逆转，美国国债已不再受投资者推崇的预测。但事实证明，这些面对轻微震荡的恐慌性反应，显然有点夸大其词。

当然，如此低的利率也不可能长期持续。实际上，2013 年 8 月，10 年期债券的收益率即已缓慢回升至 3%。随着美国和其他地区的经济逐渐归于正常，美国国债的收益率极有可能进一步上涨，但这种上涨理应被视为正常情况。也就是说，它是相对于 10 年期债券在 2000—2007 年 "大缓和"期间的 4.5% 收益率而言的，当时，美国经济的年均增长率维持在 2.6% 左右，而年均通胀率约为 2.8%。换句话说，如果以 2013 年中期的超低利率为出发点，即便是利率大涨，也只能算得上是回归常态，而不能说脱离了美国国债和美元的基本面。

丝毫不感到意外的是，如果其他金融市场的震荡导致货币为寻求安全投资而回流美国，就会维持美国的低利率，并进一步推高美元价值。

正如我们在本章所述插曲中看到的那样，即便是在本国经济遭受金融和财政问题的双重掣肘情况下，美元依旧展示出坚不可摧的地位。

那么，我们如何才能逃脱这个上下颠倒、前后起伏、左右摇摆的"诡异世界"呢？就像我们在美国荒诞系列剧《疯狂世界》（*Bizarro World*）中所看到的那样。**当其他金融市场的硝烟促使货币涌入美国寻找安全庇护所，而美国金融市场恰恰是这些灾难始作俑者的时候，我们又该如何认识这个离经叛道的世界呢？** 其中玄机重重，谣言四起。

THE
DOLLAR
TRAP

第 2 章
嚣张的特权
美元的底气从何而来

——

盲人国里,
独眼称王。

《盲者之国短篇小说选集》
（*In the Country of the Blind and Other Selected Stories*）
赫伯特·乔治·威尔斯（H. G. Wells）

美元如何在世界经济舞台上成为主角？这段历程绝对是一个精彩纷呈的传奇故事。全球金融危机为何会强化美元的地位，就更加令人匪夷所思了。这并不是一个只与金融市场的局中人和嗜血金融灾难的经济学家们有关的神秘故事，甚至身处北京、约翰内斯堡或圣保罗的普通人都能感受到其中的影响。的确，不管出于自愿或是其他目的，绝大多数国家和个人都已被拉入这张由美元编织的大网，要想摆脱这张大网的束缚，显然绝非易事。这个故事的影响力不仅遍及今天我们生活的这个世界，还将影响未来全球经济的稳定性。

　　这个故事的核心要旨完全可以归结为一个问题：如果不是美元，那又能是什么呢？迄今为止，我们尚无法给这个问题找到一个合乎逻辑的答案。这就是几十年以来全球货币体系不得不面对的苦恼。假如还可以称之为"体系"，我们或许可以说，它也只是承担了一些职责，如管理资本跨界流动，调整货币之间的汇率，管理为国际贸易提供交易平台的金融市场、规则和惯例。

　　这个体系为什么如此依赖美元呢？令人百思而不得其解的是，始于

20 年前的全球金融整合大潮不仅没能提供任何说得过去的答案，反而让这个问题越发尖锐。当全球金融动荡时，投资者就会急于为他们的财富寻找一个安全的避风港。最终，他们总会无一例外地选择美元。当全世界都在争夺现金时，比如金融危机最严重时，投资者对美元的追逐也蔓延到世界的各个角落。摆在我们面前的现实是，在这个不完美的世界里，美元依旧是实力的代名词，至少相对于其他货币而言，情况的确是这样的。

刀口嗜血：安全性资产的供需盛宴

令人费解的是，全球金融危机最初由美国房地产市场崩溃触发，进而殃及美国经济和全球金融市场，但这场危机却进一步巩固了美元的统治地位。之所以会造成这个怪异的结果，原因在于，危机增加了全球投资者对安全性金融资产的需求，而其他国家对这种资产的供给却在持续萎缩，美国反而成为这种稀缺资产的主要供给者。因此，分析这种安全性资产的供求变化，肯定会让我们有所斩获。

金融危机的硝烟刚刚散去，欧元区债务危机的烽火便又点燃，当世界经济在一个又一个危机中艰辛爬行时，全球投资者就只能刀口嗜血了。然而，世界金融市场的麻烦还远不止于此：基础孱弱又缺乏有效监管的问题始终如影相随，而面对这些问题，政府和金融监管机构的对策又难以令人信服。这也增加了投资者对安全性金融资产的需求。**安全性金融资产有三个特征：一是至少可以保护投资者的本金；二是易于转换为其他货币；三是具有足够的流动性，甚至适用于大宗商品交易。**通常情况下，只有主要发达经济体的政府债券才能满足这些特征。目前，许多经济体的监管者都要求金融机构持有大量的流动性有价证券，作为安全性缓冲，防患于未然，这就进一步增加了对安全性资产的需求。

此外，新兴市场经济体继续增持美元资产作为其外汇储备，又在无形之中巩固了美元在全球金融体系中的王者地位。这些国家的政府面临的问题是，随着本国资本市场对跨境外国资本越来越开放，其国内经济受资本流动引起的波动的影响也越来越大。因此，这些国家将国际投资者看作只可同享福、不能共患难的朋友。经济繁荣时，他们带来的资本总会超过本国的需求，随之而来的就是通胀和资产泡沫等问题。一旦嗅到危机的气味，这些投资者就会拂袖而去，让资本流入国的资本市场和货币价值一落千丈。庞大的外汇储备则会给新兴市场的政策制定者带来一点信心，它们或许有助于更好地应对资本流动及币值波动。

截至2013年6月，中国的外汇储备已高达3.5万亿美元，除非世界毁灭，否则，中国的外汇储备或许足够应对一切不测之举。其他新兴市场经济体似乎还没有这样的底气，他们依旧有足够的动机增加储备，而手段无非是干预外汇市场，即用本币购买美元或欧元等使用广泛且易于交易的硬通货币。

此外，各国央行干预外汇市场还有另外一个动机：防止本币升值影响到出口产品在国际上的竞争力。有些像中国一样的新兴市场经济体长期受"重商主义"思想影响而大量持有储备资产。这些干预行为导致货币资产大量累积，于是，持有者就迫切需要将储备资产投资于安全性和流动性较好的金融工具，而这就会进一步增加对安全性资产的需求。

尽管对安全性资产的需求迅速增长，但其供给却在金融危机之后出现萎缩。这场危机给许多大型企业和银行带来了致命打击，其中有一些历史久远、声名显赫的机构也未能幸免。于是，投资者开始怀疑私人发行证券的安全性，即便实力雄厚的大公司或者金融机构发行的证券也不例外。在未来的若干年里，以中央银行和国家政府做担保且具有极高流动性的政府证券，依旧被视为唯一值得信赖的安全性资产。作为满足这些标准的资产之一，美国政府债券规模不断增长，这也让美国政府成为安全性资产的最大供给者。

显然，美国绝不是唯一提供以储备货币计价的安全性资产的发达经济体。但时至今日，即便是某些发达经济体的中央银行，譬如日本银行和瑞士国家银行（SNB）也做出了有可能造成本币贬值的货币操作。此外，为避免本币升值，他们还直接干预外汇市场。因此，这些国家不仅不能满足其他国家对安全性资产的需求，反而扩大了这一需求。

美国的底气：特立独行绝不是例外

这个故事显然不是在讲述"美国其实是一个例外"。相反，它只能凸显其他国家的疲软和全球货币体系在结构上存在的深层次问题。在全球金融体系中，美国之所以能特立独行，并不是因为其经济规模，而是因为其培育起来的一系列制度保证，如民主政府、公共机构、金融市场以及法律体系。尽管这些制度并不完美，但依旧是其他国家效仿的标准。

无论是深度（可用于交易的证券规模），还是流动性（证券交易量或成交量），在交易公司和政府债券[1] 方面，美国债券市场都是首屈一

---

[1]在本书中，"政府债券"包括由政府发行的各种期限的债务凭证。对美国而言，这个词涵盖到期日为 1 年或不足 1 年的短期国库券、期限为 2～10 年的中期国库券和期限超过 10 年的长期国库券。书中其他地方出现的"美国国债"和"美国国库证券"等词的含义与此相同。

指的。尤其是在规模和成交量方面，无论按何种指标考量，美国的国债市场都会让其他主要经济体的政府债券市场相形见绌。尽管美国联邦政府的债务规模已达到相当高的水平，而且还在继续增长，但本国与外国的美债投资者对他们的投资依旧信心满满。

那么，这样的信心又从何而来呢？美国政府系统的不同机构之间相互制衡，加上开放透明的民主程序，共同营造出投资者对美国公共部门的信心。美国的法律制度是非常严格的，无论地位高低，每个人都要受到法律约束。这也平添了外国投资者的信任感。只要投资于美国，他们就会得到公正的待遇，而且美国欠他们的钱，政治家永远都不会因一时头脑发热而把债务一笔勾销。

的确，在美国的投资不会被没收，但如何协调美元一如既往的强势与全球经济实力格局的持续转换，始终是一个无法逃避的问题。在本轮金融危机面前，以中国和印度为代表的新兴市场经济体的表现让发达经济体汗颜。

在有些方面，他们已经赶上甚至超过美国，如经济总量，并且正在削弱美国曾经长期享用的某些优势。然而，成熟的金融市场和始终充满活力的公共部门给美国带来的优势不仅显而易见，而且根深蒂固，因此，新兴市场经济体还不可能轻而易举地化解这些优势。或许，中国很快就将在经济总量上超过美国，但也仅此而已，因为其金融市场在短期内还不可能与美国同日而语。

国际协调等同于白日做梦

公共债务高位运行并持续增加，使得美国国内的经济形势江河日下，但这丝毫不会削弱美元的统治地位。的确，政治上的分歧致使美国无法以合理手段妥善解决长期赤字和债务问题。搁浅在沙滩上的主锚成了一个危险的信号，时刻提醒美国这艘经济巨舰，全球货币体系的任何风吹草动都可能让它迷失航向。

或许有人说，如果没有一种被广泛使用、普遍认同，而且能获得全球投资者信任的通用储备货币，全球的经济形势会更糟糕。显然，这种货币的背后必须有一套值得信赖、值得尊重的机制为依托。作为当前美国的中央银行，美联储就被人们视为这样一种机制，它完全能够凭借一己之力，化解全球金融体系的任何危机。如果金融市场需要美元，它就可以不受约束地发行任意数量的美元，这样一种能力不仅把美联储转化为美国金融体系值得信赖的贷款人，也成为全世界最后的救命稻草。美元或许已成为支撑国际货币体系的唯一力量。

然而，本书讲述的故事既不令人轻松宽慰，更谈不上让人欢欣鼓舞。**整个世界被束缚在一个极为脆弱的均衡点上，更为剧烈的金融震荡一触即发，而此起彼伏的冲击或让全球货币体系沿着最微弱的裂缝分崩离析。**诚然，通往更稳定的路径是存在的，就像经济学中其他很多复杂的问题一样，它的解决方案同样涉及形形色色的动机和集体行为。

在这个方案中，第一个要素就是让相关国家获得足够的动机，在财政改革和结构性改革方面做出艰难而合理的选择，而不是一味地依赖于廉价贷款。第二个要素就是解决协调问题，如果任由每个国家各自为政，就会导致他们只关心各自的短期利益，采取有损于集体利益的政策工具。在这个问题上，最现实的例子就是各国对宽松货币政策的普遍依赖性，而后果同样显而易见，那就是为实现真正复苏或促进增长，放弃更为基础性的改革。

的确，任何一个解决方案都不能轻而易举解决问题。本书所传递的基本观点则是借助于最简单，同时也是最冷静的对策。在国家层面实施政治体制改革就已经很困难了，国际层面上的协调几乎等同于白日做梦。因此，如果放弃不切实际的乐观幻想，以美元为中心的货币体系或许是当前最好的选择。这就让每个国家都有足够的动机，让日渐不稳定的均衡维持稳定。

要了解这种局面的渊源，历史无疑是最好的去处。

嚣张的美元如何走上巅峰之路？

在"二战"后的绝大部分时间里，美元始终是最重要的全球货币。据估计，自 19 世纪 70 年代，美国实际上已成为世界上规模最大的经济体。到 20 世纪初，美国成为全球贸易的最大参与者。然而，在没有中央银行，却有对跨境资本流动进行限制的情况下，美元在全球金融市场上的统治地位还远不及英镑。

早期，美元只是由美国私人银行发行的各种流通券的大杂烩，即便是政府接管流通券的印制之后，美国银行体系的不稳定依旧无助于树立美元的威信。

1913 年，美国通过《联邦储备法案》（*The Federal Reserve Act*），并创建了美国的中央银行：美联储，其主要目的就是提供更具弹性的货币供给和更有效的银行监管。美联储则为扩大美元在国际贸易和金融交易中的使用铺平了道路。

除了美国经济政策，还有一些其他因素，也加速了美元登上全球货币宝座的进程。比如说，"一战"爆发后，其他主要储备货币停止兑换黄金，以便于为筹备战争资金而印刷更多钞票，这就抬高了美元作为储备货币的地位。有些学者认为这个时点应该是在 20 世纪 20 年代初，但也有一些人称美元压倒英镑是"二战"后的现象。超过英镑以来，美元就一直盘踞在全球货币体系的中心。

"大萧条"过后，为了避免各国货币发生恶性竞争，阻碍世界贸易进程，"布雷顿森林体系"（The Bretton Woods System）在 1945 年正式确立了固定汇率制，美元的统治权得到了进一步巩固。按照该体系，其他主要货币的汇率紧盯美元，而美元按固定比率兑换黄金。

20 世纪 70 年代初，金本位制度寿终正寝，但这并未影响美元在全球金融体系中的领导地位。其他经济体的经济规模与美国的距离日渐拉大，美国金融市场逐渐成为世界上最大的金融市场，美元也越来越坚挺。

今天，大部分跨国贸易与金融流动相关的交易均以美元结算。在全球外汇储备中，绝大部分也是以美元形式持有的，而作为通行货币，美元更是得到了全球范围的认可和接受。

这就为美国大开方便之门，以至于人们经常不无蔑视地称之为"嚣张的特权"。长期以来，美国一直在寅吃卯粮，其消费和投资远远超过产出。美国从来不用担心向其他国家借不到钱，美元的王者地位令其永远都能以最便宜的利率卖出自己的债券。

由于这种债务均以美元计价，因此，美国在原则上可以随意减少对其他国家承担的债务压力。只要多印钞票，这种债务按通胀调整后的实际价值就会下降。其他国家很早就已经对这种嚣张的特权怨气满腹，而且一直呼吁摆脱这种以美元为中心的体系。

欧元坏了美元的大好事

欧元的出现被看作改变这种力量对比的希望。毕竟，它凝聚了欧元区国家的经济实力，而且这些国家的 GDP 总量已经与美国不相上下。"二战"过后，在欧元出现之前，美元从未遇到过真正对手，无论是英镑、德国马克和日元都只能远远跟在美元之后。1999 年 1 月 1 日，欧元诞生；2002 年，欧元以硬币和纸币形式开始正式流通，取代了欧元区 12 个创始国原有的本国货币。货币联盟是欧洲一体化进程中最关键的一步，只有实行货币一体化，才能整合欧洲的经济实力，再现欧洲对世界经济的影响力。

正如人们所料，在欧元出现的最初几年里，美元顷刻间便失去了往日的威风。无论是联盟内部，还是欧盟成员国与周边国家之间，欧盟的贸易规模均呈迅速扩张之势，这显著提升了欧元作为国际贸易主要结算货币的地位。代表美元对全球储备货币统治权最重要的指标——全球外汇储备中以美元持有的比例仅在 2000—2004 年便下降了 6%，而欧元的占比则相应提高。尽管这着实让人们兴奋了一阵子，但事实很快证明，这种转换只不过是以美元表示储备资产价值带来的结果而已。也就是说，欧元占比的明显提高，在很大程度上源自欧元相对于美元的升值，而不表示储备货币从美元向欧元的永久性转换。

不过，欧元迈向主导地位的步伐很快便戛然而止，它在全球外汇储备中的占比再未超过 30% 的上限。最近几年，美元的占比始终维持在62% 左右，而欧元的份额已经回落到 24%。当然，目前的欧元区危机四伏，甚至有分崩离析之势，更不用说挑战美元的霸主地位了。

从 2000—2010 年的后半期起，美元也开始遭遇其他货币的挑战。进入 21 世纪后，中国与其他新兴市场经济体的经济总量快速增长，也意味着其货币有可能接替美元的一部分使命。

美元的好日子似乎已屈指可数。然而，金融危机让整个故事发生了意想不到的转折。

全球恐慌指数上涨，资金便大量涌入美国

金融危机本应成为压倒骆驼的最后一根稻草，将美元赶下国际金融体系的王者地位。毕竟，引发这场危机的直接根源，就是几乎崩盘的美国房地产市场和金融市场。但就在美元行将退位之时，却经历了一段匪夷所思的境遇。如第 1 章所述，美国金融市场似乎已经行至崩溃边缘，并将全球一并拖入深渊，此时，人们不仅没有看到资金外逃，反而看到大量资金疯狂涌入美国。透过近代经济史的棱镜望去，金融危机期间发生的事情绝对是一场不折不扣的天方夜谭。当美国触发全球金融恐慌时，美元反而被视为最后的避风港。

美元到底有何非凡之处？实际上，危机期间，美元的经历只是它近年诸多遭遇中的一个典型写照。不妨看看一个反映全球风险水平的参数——芝加哥期权交易所市场波动性指数（Chicago Board Options Exchange Market Volatility Index），也就是人们经常说的 VIX。该指数衡量了以 S&P500 指数为基础的指数期权隐含波动率。通俗地说，它体现了对未来 30 天股票市场波动程度的预期。尽管 VIX 只预期美国股市的波动性，但由于它涵盖了美国的大多数上市公司，其中包括许多拥有全球性经营网络的跨国公司，因而，它逐渐成为反映全球市场风险度和投资者恐慌度的通用指标，又被称为"恐慌指数"。

只要任何一个主要经济体或地区的金融市场出现危机，且有可能殃及全球金融市场时，恐慌指数就会上升。2008 年 10 月，美国金融一度

濒临绝境，而当时的 VIX 也创下历史新高。2010 年 6 月，欧元区债务危机持续发酵，2010 年 9 月，美国债务上限僵局被打破，但美国财政危机的死结依旧未能解开，而 VIX 则相应地两次都出现了快速上升。

值得关注的是，不管 VIX 大涨是否可以归结为人们对美国或其他国家金融市场的担忧，最终带来的影响几乎都如出一辙。在该指数快速上涨的前后几个月里，资金均会大量涌入美国。通常情况下，这些资金都流向了美国国债，从而压低了国债的收益率。债券价格因需求旺盛而上涨，于是，债券的收益率或者说利率则会相应降低。尽管美国的利率水平较低，但资金流入意味着对美元的需求增加，这就抬高了美元相对其他主要货币的汇率。

总而言之，尽管美元的主人恰恰是造成这些麻烦的始作俑者，但美元始终是投资者逃避金融危机，寻求资金安全的首选。这似乎是一种令人迷惑不解的局面，因为人们始终认为，美国之所以能够维持高消费，依赖的就是其他国家投资者的慷慨解囊。依赖其他国家资本的美国本应该越来越脆弱，怎么能成为前者的安全避风港呢？

任性的"败家子"：由他国埋单的挥霍史

尽管美国的"败家子"名声由来已久，但是由其他国家为其埋单，供其挥霍的历史并不算长。这段历史的起点与最近一轮金融全球化大潮不期而遇，并在 20 世纪 80 年代中期越发明显。直到 90 年代初，美国的经常账户赤字才成为常态化事件。图 2.1 表明，在 20 世纪的大部分时间里，美国的经常账户始终保持着盈余或基本持平状态。但在 40 年代中期到 70 年代初，美国曾一度出现收支逆差。尽管其经常账户收支基本持平，但黄金储备已不复存在。按"布雷顿森林体系"，当时的美元可按固定汇率兑换黄金。

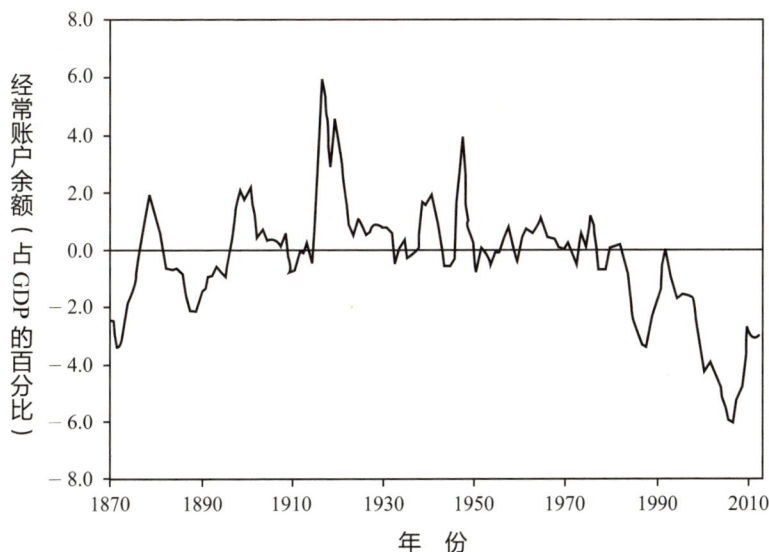

图 2.1　美国经常账户余额的历史回顾

数据来源：1960 年以前的数据见 Taylor（2002）；IMF 国际金融统计数据；《IMF 世界经济展望》（*World Economic Outlook*）。

　　从绝对值看，最近，美国经常账户才出现了长期巨额赤字。图 2.2 说明，自 20 世纪 80 年代以来，美国的经常账户赤字便一直维持在高位，而且以政府预算赤字的增加为起点。1990 年，尽管预算赤字依旧停留在高位，但经常账户的赤字却消失了。之后，经常账户赤字再度猛涨，并在 2006 年达到了 8 000 亿美元，而且这还是预算余额在克林顿总统执政期间（1998—2001 年）转为盈余情况下发生的。2002 年，预算余额再次转为赤字，而且赤字在小布什执政期间（2001—2009 年）持续增加。

27

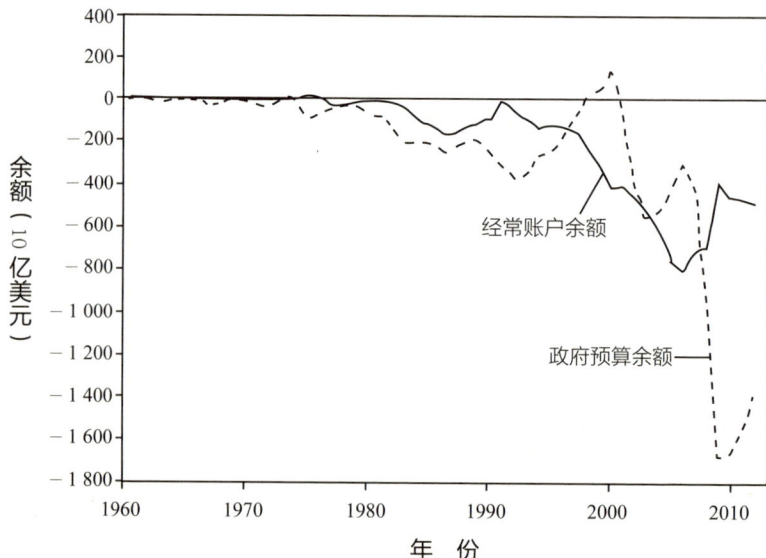

图 2.2　美国经常账户余额及政府预算余额（1960—2012 年）

数据来源：美国经济分析局。
注释：负数代表经常账户赤字或政府预算赤字。

随后，金融危机导致预算赤字出现爆炸式增长，2009—2012 年，年平均水平达到了 1.3 万亿美元。在这 4 年间，美国的公共债务增加了 5 万多亿美元。因此，在过去 10 年里，美国创造安全性资产的数量和其他国家主动购买这种资产的数量，呈现出你追我赶的加速增长态势。金融全球化也恰值此时开始，不同国家之间的跨境资本流动蜂拥而至。

弱不禁风的政治均衡

截至 2013 年 3 月，美国联邦政府对私人和外国投资者的负债达到了 10 万亿美元。在这些债务中，超过一半（5.8 万亿美元）为外国投资者持有，包括中央银行、养老基金之类的机构投资者和散户投资者。再加上社保信托基金（被视为政府机构）和美联储的债务，美国联邦政府的债务总额达到 16.8 万亿美元，而美国的年度 GDP 总额也仅为 16.5 万亿美元[①]。

很多人会认为，美国拥有无限动力去利用通货膨胀蚕食应偿债务的价值，因为在这种"隐形违约"带来的成本中，绝大部分最终由其他国家来承担。然而，无论是外国投资者还是本国投资者，他们的感觉似乎都是一样的：美联储不可能任由通胀率失控，而会竭尽所能地抑制通货膨胀。实施这种约束的原因之一在于，除去社保信托基金和美联储的债务，43% 的美国国债由本国国内投资者持有。

这种分配形成了一种微妙而脆弱的均衡。它足以向其他国家保证，利用通货膨胀对部分债务实施贬值的举措，也会受到国内政治和经济因素的制约。毕竟，通货膨胀会伤及某些强大的投票集团，譬如退休者，在他们持有的退休投资组合中，很大一部分属于固定收益投资。此外，通胀一旦爆发不仅会提升市场利率，增加政府的借款成本，还将增加政府对社会保险和其他与通胀率挂钩项目的投入。

因此，对于外国投资者来说，关心投资的安全性比追求美国政府债券的高收益更理性。

悖论升级

另一个悖论就此出现。在美国的示范作用下，主要发达经济体纷纷

[①] 截至 2013 年 3 月，美国联邦政府的债务总额已达到 16.8 万亿美元，净额为 12 万亿美元。2007 年年底，上述两个数字分别为 10.7 万亿美元和 6.4 万亿美元。债务净额分别由私人（2013 年 3 月为 10 万亿美元）和美联储持有（2 万亿美元）。在原则上说，美联储并不隶属于美国政府。上述披露的数字不包括美联储按回购协议持有的国债。有关详情见美国《财政部公报》(*U.S.Treasury Bulletin*)。有关美国政府债务的每日数据可以参见财政部官方网站：http://www.treasurydirect.gov/NP/debt/current。有关 2013 年第一季度按当前美元价值计算的 GDP 数字来自美国经济分析局。

加大公共债务规模。此外，这些国家的央行还将大把的货币注入经济循环系统，试图以此来刺激经济增长。在这些增发的货币中，一部分流入新兴市场经济体，并导致后者的货币出现升值。这种注水行为引发了货币战争。新兴市场为阻止本币升值，防止本国出口竞争力受到损害，必然会出手干预外汇市场。

在这个过程中，累积起来的大量外汇储备并不会让新兴市场感到痛苦，因为储备确实可以帮助他们防范未来可能发生的金融动荡，毕竟，美国执行的财政和货币政策正在加剧全球性金融风险。那么，这些用来救急的货币怎么处理才算安全呢？当然是将其转为美元资产！

毫无疑问，在认识这种全世界最重要的储备货币时，绝不应把美元的优势理解为它拥有远超其他货币的保值能力。尽管全球金融市场处于动荡时期，美元的价值的确会提高，但在过去的 20 年里，美元在总体上还是处于贬值趋势中。这也是美国贸易和经常账户双重逆差带来的必然结果，而且这种趋势很可能会在金融市场恢复以往的平静后继续。

显然，本币贬值是美国增加净出口，减少贸易赤字的必要前提。相对于美国，新兴市场的生产率更高，这意味着美元应在长期内对这些国家的货币保持贬值的态势。

对美元的这种预判只会加剧外国投资者面对的异常状况，尤其是对于以美元作为价值储藏手段的新兴市场央行。按照这种逻辑来看，如以本币衡量，这些投资者持有的美元资产存在大幅贬值的风险。即便按美元计量，美国政府债券的收益率也处于历史低点，也就是说，要获得美元资产带来的安全性，投资者就必须支付更高的价格。如果他们将这笔资金投资于收益率更高的其他资产，那么就意味着投资者需要付出巨大的机会成本。

生活不就是一部滑稽剧，而我们的故事不就是现实版的《疯狂世界》吗？剧中有一段情节，销售员热情洋溢地兜售一种罕见的债券，他的推销口号是这样的："快来买比扎罗债券吧？我保证会让你赔钱！"从长远看，某些美国之外的投资者（包括其他央行）似乎也很偏爱这种一反常态的推销术。滑稽剧中的一幕似曾相识：一个买到比扎罗债券的人，正在迫不及待地大声狂叫"太便宜了"！

价值储存：美元留守世界舞台的救命稻草

在全球经济大环境的变迁之中，美元同样不能置身事外。在许多层面上，全球经济正在经历着深刻变革，而其中带来经济和政治影响最大的就是主要货币为争夺控制权而展开的厮杀。新兴市场经济体实现了飞跃式增长，经济规模正在快速赶超发达经济体。有些新兴市场国家的货币对美元的地位觊觎已久，他们长期韬光养晦，终于在今天逐渐走进舞台的中央。

全球金融市场一体化程度逐步加深，这些变化终将让美元褪去昔日在国际金融领域的光芒，而这种衰退很可能集中体现在两个方面：结算功能和交换媒介功能。

美元作为全世界首选的国际贸易计价和结算货币的地位，随着时间的推移正在被弱化。各国央行密集签署双边货币互换协议，直接以本币作为双方贸易的结算货币。随着全球金融市场向着深刻化和复杂化的方向发展，利用双边货币互换协议完成贸易结算和规避外汇风险，将美元排除在外必将成为一种不可逆转的趋势。与此同时，仅以一种货币对石油等大宗商品计价的必要性也在不断减弱。

有些储备资产正在褪去光辉

尽管美元作为结算和交换载体的职能不断弱化，但它作为价值储藏手段的功能依旧牢不可破。在全球投资者的眼里，以美元计价的有价证券，尤其是美国政府债券，仍然是最安全的金融资产。当然，还有很多经济体的货币同样有值得信赖的央行做担保。在欧元区国家、日本、英国和瑞士等经济区，他们的高质量政府债券同样被投资者视为安全性资产。

不过，今天的许多债券已不再安全。2012 年 1 月，国际评级机构标准普尔将欧元区两个国家的信用等级调低一级：将奥地利和法国从 AAA 级下调至 AA+ 级。当年晚些时候，另一评级机构穆迪，则将法国政府的主权债务评级从原来的 AAA 最高评级下调一个等级。在解释此次信用等级下调的原因时，穆迪的用词极为尖刻，它认为法国经济"前景极端暗淡……长期经济前景受多种结构性挑战的负面影响，包括竞争力的持续性缓慢丧失，劳工、商品及服务市场的长期僵化等，因而对法国评级维持负面的长期经济增长展望"。

2013 年 2 月，另一种主要储备货币的最高等级也惨遭剥夺：穆迪将英国的主权债务评级下调一个等级，这意味着英国的增长前景暗淡，并将面临越来越沉重的债务压力。其他许多发达国家的境遇同样不容乐观。主要发达经济体的主权债务被纷纷下调信用等级，短期内带来的负面效应似乎很有限，通常表现为债务成本上升，至少最初是这样的。因为信用评级所包含的信息量并不多，而且早已被市场参与者广泛预测。然而，评级机构的举措毕竟会蚕食投资者的信心，对于以某种货币计价的储备资产而言，这种信心显然是衡量该储备资产安全性的前提。相比而言，投资者对美国主权债务的感觉似乎没有受到评级机构的影响，我们已经在第 1 章里探讨过这个问题。

单从规模和流动性来看，美国的政府债券市场很难找到可比对象。债务凭证的增加只会加剧其他国家与美国在这个方面的差距。比如说，如果以各级政府和私人公司发行且仍在流通中的债券市场价值计算，2012 年，美国国内债券市场的总规模已接近 33 万亿美元。这个数字甚至略高于欧元区、日本、瑞士和英国的总和。即便如此，我们也很难真正理解美国债券市场与其他国家债券市场之间的距离为何如此之大。

欧元区的债券市场已支离破碎。比如说，德国政府债券与希腊政府债券显然相去甚远。在欧元区的债券市场中，被看作安全性资产的仅限于欧元区核心国家发行的债券，如奥地利、德国、法国与荷兰。即便是对于上述的这几个国家，其安全性也仅仅是因为欧洲央行（ECB）曾多次暗示为这些债券提供担保。尽管日本政府债券的存量很大，但绝大部分由日本银行、养老金基金和其他机构投资者持有，因此，交易活跃的债券仅仅只占其中小部分。所有迹象表明，在其他主要发达经济体中，还没有哪种货币能在储备资产层面上与美元平起平坐，它们根本就不足以构成对美元地位的威胁。

更机智的对手已浮出水面

难道真的没有其他储备货币可以挑战美国，甚至削弱美元对国际价值储备手段的垄断地位吗？在全球金融危机时，国际投资者真的就没有其他的避风港吗？中国的人民币已经踏上国际化道路，这意味着，它将在全球贸易和金融交易中被更多地使用，而且人民币极有可能在未来 10 年内成为非常重要的国际储备货币①。不过，即便是在人民币获得这一

---

① 人民币的记账单位为元。为了便于比较，以英国货币为例，英国的法定货币为英镑，其记账单位为镑。本书中，"人民币"和"元"为同一含义。

地位之时，纵然中国的经济规模最终超过美国，我们仍然有足够的理由断言，到了那时，美元依旧是最重要的储备货币。

这背后的原因很简单，归根到底就是信心。尽管中国已经拥有了强大的经济实力和充满生机的经济运行机制，庞大的经济体量和低水平的债务规模的确令人称道，但在短期内，中国还不可能赢得外国投资者的充分信任，让他们可以高枕无忧地大量持有人民币资产。

毋庸置疑，在未来的若干年内，将有越来越多的资金流入中国，而且驱使其他国家投资者这样做的动机，无非是为了追求资产组合的多样化，而外国政府之所以会这样做，恐怕只是对一个快速增长的经济大国的示好。毫无疑问，这些资金流入中国，绝不是因为投资者为躲避其他金融市场的危机，而到中国寻找安身之处。尤其值得注意的是，中国的金融市场本身还不成熟，它同样面临各种各样的巨大风险。

随着中国与其他新兴市场经济体的逐渐成长，并在全球 GDP 和贸易中占据的份额不断增加，再加上他们的金融市场不断完善，这些国家的货币必将在国际金融领域中扮演越来越重要的角色。然而，它们不会取代美元。

资本流动模式的变迁

美元在全球金融体系中的垄断地位正在遭到围攻，而且似乎很容易找到极具说服力又完全符合逻辑的理由，例如美国公共债务与对其他国家债务规模的膨胀，美国宏观经济政策的无效，还有新兴货币的崛起。但摆在我们面前的现实却是，尽管美元在近些年遭遇了形形色色的威胁，却一一被化解。有些对手确实令人生畏，但对于美元作为最后避风港的地位，至少在目前还找不到真正的挑战者。

美国的优势体现于诸多方面，这些优势结合在一起，让其他国家难以望其项背。美国的强大，不只是因为他拥有巨大的经济体量，还有成熟的金融市场、完善的公共制度和有效的法律体系，这恰恰也是让其他国家信赖的根源。因此，在未来相当长的时期内，美元极有可能仍然是全世界躲避金融海啸的避风港。公共债务的巨大规模和持续向好的经济前景，不仅不能侵蚀美国作为投资避难所而享有的信誉，反而只会强化这一信誉。

当然，至于美国政府债券市场的成熟度和深度，也会招致一种令人不安的推论：公共债务的巨大规模必将引发市场对美国宏观经济失稳和美元未来的不确定性产生担忧。此外，还有一种普遍观点认为，**那些以低利率为美国债务埋单的资本流，最终会成为点燃金融危机的导火索，并将危机迅速传遍世界的每一个角落**。这种关于资本流动的负面效应的观点，引发了人们对全球货币体系实行根本性变革的争论。而美元在这个体系中的核心地位也因此受到质疑。

尽管美元依旧是全球金融体系的核心，但国际资本流动的本质和基本模式已发生了根本性变化，并对美元当前的地位和未来的前途产生了深远影响。无论短期还是长期，资本流动都会加剧货币价值的波动。为了更好地认识资本流动，首先需要更好地了解流动的根源。

新兴市场的崛起也对全球金融流动的结构产生了影响，因为这些快速增长的经济体正在全球经济领域中扮演着越来越重要的角色。在第 3 章，我们将回顾这个领域的历史，并引领读者走进这个矛盾纷呈、危机四伏的世界，探寻深不可测的国际金融体系。

第二部分

剧前铺垫

新兴市场投资条件的约束及对资本安全的追逐，使得穷国养富国的资本逆流怪象频频上演。

在全球金融市场一体化及金融危机的冲击下，新兴市场经济体如惊弓之鸟，保尔森的"火箭筒"更是使得新兴市场国家对外汇储备的积累发挥到无以复加的地步，争相增加"安全性资产"应对不时之需。

面对可能的美债违约及美元贬值的危险，新兴市场经济体似乎无暇顾及。在这场由美国精心策划的狩猎中，陷阱已经悄悄布下，只等猎物乖乖跳进。

第 3 章
卢卡斯之谜
待解的资本逆流悖论

———

检察官雅各布斯·布鲁索：欢迎各位。

我们可以经常换个思维。

现在，我要让你们了解最新情况。

我们也一无所知。

这就是你们得到的最新情况。

电影《粉红豹 2》（The Pink Panther 2）台词

实际上，所有经济学家都熟悉鲍勃·卢卡斯的研究成果。他又叫罗伯特·E.卢卡斯（Robert E. Lucas, Jr.），来自芝加哥大学，曾获得诺贝尔经济学奖。他是我的博士论文指导老师。在芝加哥大学研究生院读书时，我感到最惬意的事情就是去他那间烟雾缭绕的办公室（不过他现在已经不再吸烟了），也正是在那里，我学会了如何做经济学研究。卢卡斯不仅善于用简洁优雅的语言解答一些难题，更善于以简单明了的方式提出关键问题，并提供"肥沃的土壤"，激发后来的研究者去寻找答案。

在我即将离开芝加哥大学，走上第一个工作岗位时，卢卡斯正在创作一篇研究宏观经济学与国际金融关联性的重要论文。这篇论文通过一个简单而深邃的问题，引发了一轮迄今为止仍在探索的研究浪潮。

1990年，这篇仅有5页的论文发表在《美国经济评论》上，而题目就是卢卡斯提出的问题：资本为什么没有从富裕国家流向贫穷国家？在提出该问题的过程中，卢卡斯采用了标准的经济学理论思维模式，其逻辑既简单又有说服力。相对于中国和印度等相对贫穷的国家，日本和美国等相对富裕的国家是否拥有更多的工厂设备、机器和计算机等实物资本，但劳动力供给则相对匮乏呢？在劳动力与实物资本之比相对较高的发展中国家，每投入一单位的资本，就需要更多单位的劳动力与之相结合，才能提高劳动生产率。由此可见，资本应当从相对富裕的国家流向相对贫穷的国家。

罗伯特·E.卢卡斯，芝加哥大学经济学教授
1965 年诺贝尔经济学奖获得者

进入贫穷国家的资本流动转化为实物资本投资，这一转化应该会改善所有人的福利，来自富裕国家的投资者也会收获高于国内的投资回报率。贫穷国家则会受益于额外的资本流入，从而有利于推进投资和经济增长。最终，资本流动将随着资本劳动比在各国之间的趋同而停止。

当理论遭遇现实

正像卢卡斯指出的那样，现实远不同于这些预测。回顾20世纪80年代，从富裕国家流向贫穷国家的资本量极为有限，少得任何现有理论都无法给出合乎逻辑的解释。卢卡斯提出了一种可能：文盲较高和教育培训程度不足等因素导致发展中国家的劳动力质量相对较差。换句话说，与只考虑劳动适龄人口相比，如果按标准劳动力质量换算，贫穷国家与富裕国家在劳动力数量上的差距并不显著。

另一种可能的解释是"政治风险"，这个词的内涵非常广泛，但主要指欠发达经济体的政局不稳定或其他因素，可能导致外国投资者难以赚取利润，甚至丧失投资控制权的有关因素。尽管卢卡斯勾画问题极为干练，但答案远非无懈可击，因为他的说法不足以解释理论与现实之间的差异。

学院派经济学家向来不喜欢轻易放弃自己的精妙理论。当面对理论和现实脱节时，他们必然反击，而最常用的武器就是宣称现实与理论不匹配。此时，我们往往习惯于对现实吹毛求疵，担心现实能否像理论模型一样清晰直白。

卢卡斯的论文掀起了一股研究浪潮，促使更多人尝试回答：为什么国际资本流动的现实模式并不违背现有理论？相反，只要找到更好的数据，或对模型加以微调，便可解释两者的差异。比如说，多年以来，研究人员始终坚持，新兴市场存在很多导致其资本效率低于发达经济体的因素，包括不完善的基础设施，政局动荡可能导致外国企业被改造甚至被没收，腐败程度较高等。

这种说法的言外之意是，只关注有形资本与劳动力存量的比率还远远不够，根本就不足以确定：到底应该有多少金融资本从富裕国家流向贫穷国家？

20 世纪 90 年代，这项研究正在进行当中，随着发达经济体越来越多的投资者走出国门，寻找高于本国的投资回报率，流入新兴市场的私人资本出现了大幅增长。拉丁美洲和亚洲的许多发展中国家抓住机会，大力吸引海外投资者，增加资本流入量，而主要形式则是债务。这些债务大多是由外国银行提供的贷款，但也包括外国投资者购买的新兴市场的政府或企业发行的债券。然而，其中一部分资本被用于当地政府的挥霍性开支和私人家庭的超前消费，而没有用于可改善长期生产率的投资，如基础设施或厂房设备。

本书对国家或经济体的划分

在本书的大多数分析中，我们关注的经济体已达到最低的规模标准且已基本融入全球贸易和金融体系。为此，我将满足这些标准的国家或地区划分为两大类：工业化的发达经济体和新兴市场经济体。

我们不认为这两类经济体是截然分开的两大阵营。随着时间推移，它们之间的界限会逐渐模糊，甚至消失。很多昔日的新兴市场经济体，比如韩国、中国香港和新加坡，由于人均收入水平在过去几十年里实现了飞跃式增长，因而已成为名副其实的工业化的发达经济体。

事实上，正如很多人指出的那样，如果在纽约的某个机场登机，在北京或上海降落（更不用说中国香港或新加坡了），你或许会好奇地猜想，到底哪个国家更富裕、更发达呢？当然，在很多新兴市场经济体,大都市很难代表其他大多数地区居民的生活状态。

为了区分这两类经济体所包括的国家或地区,我们以 2012 年实现人均收入 16 000 美元为分界线,并以市场汇率将当地收入换算为美元。人均收入超过 16 000 美元的国家属于发达国家或地区。这里有一个特例,我们将沙特阿拉伯划入新兴市场国家,主要因为其经济严重依赖石油出口,而不代表其整体工业水平多么先进(这种分类方法也被许多国际机构采用)。新兴市场的人均收入通常在 1 000 ~ 16 000 美元。如采用购买力平价汇率(或称市场汇率)调整各国的生活成本差异,对应上述划分标准的分界线应为21 000 美元。

在分析过程中,我们选取的样本包含 29 个发达经济体和 29个新兴市场。总体而言,他们在 GDP、贸易额及资本流动中占到了全球 95% 的份额。在本书的大部分实证研究中,我们选取的经济体有:

发达经济体:澳大利亚、奥地利、比利时、加拿大、捷克共和国、丹麦、爱沙尼亚、芬兰、法国、德国、希腊、中国香港、冰岛、爱尔兰、以色列、意大利、日本、韩国、荷兰、新西兰、葡萄牙、新加坡、斯洛伐克共和国、斯洛文尼亚、西班牙、瑞典、瑞士、英国和美国。

新兴市场经济体:阿根廷、巴西、保加利亚、智利、中国、哥伦比亚、匈牙利、印度、印度尼西亚、约旦、哈萨克斯坦、肯尼亚、拉脱维亚、立陶宛、马来西亚、墨西哥、摩洛哥、尼日利亚、巴基斯坦、秘鲁、菲律宾、波兰、罗马尼亚、俄罗斯、沙特阿拉伯、南非、泰国、土耳其和乌克兰。

另外一些国家或地区对外国资本进行了不理智的投资，部分原因在于他们的金融体系薄弱，再加上任人唯亲和腐败等，导致这些资本被输送到与政府维持良好关系的企业，而不是效率最高的企业。当外国投资者开始对某些国家的政策感到担忧时，就会停止注资，并最终撤出资金。外国投资者抽逃资金的行为往往会引发一系列的金融危机，这种情况曾在亚洲和拉丁美洲的很多国家出现过。

1994 年，墨西哥发生了龙舌兰酒危机（The Mexican Tequila Crisis）。1997—1998 年，亚洲和俄罗斯发生了金融危机。在这两场危机尘埃落定之后，富裕国家的投资者开始对新兴市场移情别恋。与此同时，21 世纪的脚步悄然而至，国际资本流动在总体上呈现出匪夷所思的动态，甚至与资本流动方向的传统理论背道而驰。

穷国养富国困局下的畸形资本流动

就像流水一样，资本也应该由高处流向低处，即像卢卡斯假设的那样，从富裕国家流向贫穷国家。当然，一个国家一旦接收了这些资本，最终还要偿还他们对外国投资者承担的债务。为此，他们可以利用外国资本增加本国投资，提高经济增长速度，增加更多财富，进而创造出足够的财力，以偿还外国投资者的债务。按照这样的理论，资本输入国的净资本流入必须为正数。一个国家可能会在海外投资的同时，接收到更大的资本流入，最终按净值计算，这个国家就应该属于资本输入国。相比之下，资本输出国输出的资本则高于输入的资本。资本流动可以经由私人投资者，也可以通过中央银行等官方机构。

一个国家的经常账户余额是一个汇总指标，它反映了该国通过各种

渠道（官方和私人）实现的净资本流动情况（见图 3.1）。如果经常账户
为赤字，则表示该国是资本输入国，而盈余则表示该国为资本输出国。

$$经常账户余额 = \begin{cases} [生产（GDP）-消费]-投资 \\ 储蓄-投资 \end{cases}$$

经常账户盈余
储蓄 > 投资 → 资本输出国

经常账户逆差
储蓄 < 投资 → 资本输入国

图 3.1　经常账户与资本流动

　　我在 IMF 任职时，曾与 IMF 前首席经济学家、后来任印度央行行
长的拉格拉迈·拉詹（Raghuram Rajan）以及著名智库彼得森国际经济
研究所高级研究员阿文德·萨伯拉曼尼安（Arvind Subramanian）合作开
展过一次研究，并论述了一个其他学者很早就已关注的现象：在 21 世
纪的第一个 10 年里，资本实际是逆流而上。发达经济体普遍存在经常
账户逆差。这与传统理论完全背道而驰：富裕国家应该借钱给贫穷国家，
而不是向贫穷国家借钱。

　　尽管私人资本确实是在从发达经济体向下游流动，但已经完全被相
反方向的官方资本流动抵消。私人资本流动与官方资本流动的方向差异，
最终将影响到很多方面，本书随后对此展开讨论，不过，按照传统理论，
这两类资本流动都能促进经济增长。

　　毫无疑问，中国和美国就是颠覆传统理论的典型。按照人均收入计
算，美国大约是中国的 9 倍。多年以来，美国的经常账户始终存在庞大

的逆差。这意味着，美国的投资和消费总和超过其总产量（见图 3.1）。
我们还可以从另一个角度看到这个问题，即美国的储蓄（产出与消费的
差额）低于投资。这就需要有人替美国的消费或投资埋单，事实证明，
像中国这样的国家恰恰就在做这件事。2000 年以后，中国的经常账户均
为顺差。这意味着，在这段时间里，中国的产出超过消费与投资的总和。
不妨换一种说法，就是中国的储蓄超过了投资。在此期间，来自发达经
济体的私人投资者的巨额资本源源不断地流入中国，但中国官方资本的
流出额更大。

尴尬的角色扮演：资本输出国供给资本输入国

理论上，一个国家的经常账户余额每年都在发生变化，可以从赤字
转换为盈余，抑或相反。但实际上，赤字和盈余往往会维持很长一段时
间。当然，在认识资本输出和输入的总体状况时，我们也可以不只看每
年的经常账户余额，还可以换个角度，考察一定时期内的总额。如果一
国经常账户在一定时期内的总额为正数，那么，该国就是一个资本输出国；
如果为负数，则该国为资本输入国。

图 3.2 显示了 2000—2012 年的主要资本输入国。在这些国家中，
美国是最大的资本输入国，吸纳了来自全球其他国家 7.1 万亿美元的资
本流入，或者说相当于这些国家资本总输入量的 50% 以上。其他主要资
本输入国包括西班牙、英国、澳大利亚、意大利和希腊等发达经济体，
土耳其和印度等新兴市场。

图 3.3 表明，2000—2012 年，中国是世界上最大的资本输出国，占
全球资本输出总量的 16%，达到 2.2 万亿美元，德国和日本同样属于资
本输出大国。有趣的是，作为一个整体，欧元区本身在这一时期内的经

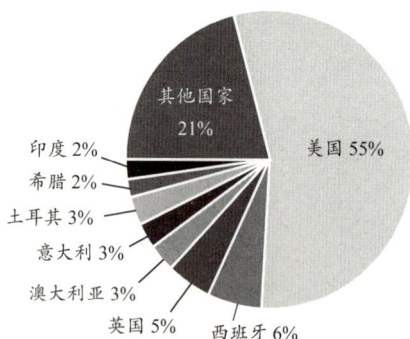

图 3.2　2000 — 2012 年的主要资本输入国

数据来源：《IMF 世界经济展望》（*IMF World Economic Outlook*），2013 年 4 月。

注释：对每个国家，经常账户余额（单位：10 亿美元）均为 2000—2012 年的汇总数。在此期间，总数为负数的国家被定义为资本输入国。汇总这些资本输入国的总额，即为全世界资本输入的总量。然后，按各国在该期间的总额占全球总量的占比，即为图中各资本输入国的比例。

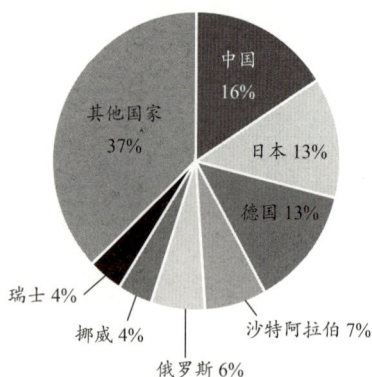

图 3.3　2000 — 2012 年的主要资本输出国

数据来源：《IMF 世界经济展望》（*IMF World Economic Outlook*），2013 年 4 月。

注释：对于每个国家，经常账户余额（单位：10 亿美元）为 2000—2012 年的汇总数。在此期间，总数为正数（经常账户累计盈余）的国家被定义为资本输出国。再加总资本输出国的经常账户总额，即为全世界资本输出的总量。然后，按各国在该期间总额在总量中的占比，即为图中各资本输出国的比例。

常账户接近持平，德国与荷兰等国的盈余几乎完全被西班牙、意大利、希腊和葡萄牙等国家的赤字抵消。沙特阿拉伯、俄罗斯和挪威均为主要的资本输出国，同样属于这一行列的还有瑞士。

这些数字呈现出一幅全球资本输出和资本输入的微妙图景，让我们对资本逆流而上的总体态势形成初步印象。2000—2012 年，新兴市场在总体上构成了一个集团，资本输出总额约为 3 万亿美元，而发达经济体则构成一个集团，资本输入总额约为 4 万亿美元。输出总额与输入总额之间的差额基本源于石油输出国，如阿尔及利亚、伊朗、科威特、利比亚、卡塔尔和阿联酋。按照前述的分类原则，这些国家并没有被划入新兴市场经济体。当然，我们未一一明确某个国家资本输出的目的地，因此，图 3.2 和图 3.3 的数据也涵盖了由德国和日本等发达经济体向同为发达经济体的美国进行的资本输出。

这些数据清晰地表明，发达经济体基本都属于资本输入国，新兴市场则属于资本输出国。在它们当中，美国扮演了最重要的角色。因此，有关资本逆流而上的观点还有待商榷。一方面，中国的经济快速增长，但一直属于中低收入水平，向其他国家输出了巨额资本；另一方面，美国作为世界上最富裕国家之一，每年都从其他国家输入数万亿美元的资本。

资本逆流而上的现实谜题

无论经常账户余额是正数还是负数，就其本身而言并无所谓好坏。这取决于一个国家的具体情况，尤其是这个国家的发展水平。对于一个贫穷国家来说，受制于国内储蓄率水平较低，主要依赖外国资本，这种经常账户赤字或许是其实现经济快速发展的捷径。而对于家庭储蓄占可支配收入比例极低的美国来说，经常账户逆差就可能不是什么好事了，因为赤字更多地用于了消费。

当外国投资者不愿意继续投资于某个国家时，经常账户赤字就会让这个国家陷入困境。比如，如果投资者开始考虑能否继续维持高投资回报率时，在个别情况下，甚至会担心能否收回投资时，就可能发生这种情况。而且这种情况一旦发生，就会突兀而来，此时，除了削减消费和投资以弥补外来资本减少之外，这些国家几乎别无选择。

迄今为止，美国尚未出现这种情况（如第 2 章所述），美国有很多特殊之处，但对于像印度和土耳其等一些新兴市场来说，经常账户逆差让其随时面对这样的风险。印度是一个高储蓄率国家，但投资比储蓄更高。高投资率当然有利于促进经济增长，但也意味着，一旦失宠于外国投资者，这些国家就会遭殃。

尽管经常账户盈余并不会让一个国家变得被动，但盈余也未必总是好事。如果一个资本稀缺的国家的储蓄多于投资，就有可能意味着，该国的金融市场根本无力承担将国内储蓄转化为国内投资的媒介作用。

实际上，中国始终是世界上投资率最高的国家之一，约 45% 的年产值用于再投资，而且相当大一部分投资于基础设施和房地产。中国的储蓄率更高，家庭、企业和政府都拥有大量储蓄。整个国家维持高储蓄率通常是一个利好事件，但对中国而言，却有相当多的证据表明，高储蓄率在实践中有可能会带来一些问题，比如缺乏完善的社会保障体系和高效的金融系统。此外，也有很多人担心，以国有银行为主导的金融系统能否最大程度发挥资源配置效能，将国内储蓄转化为国内投资。因此，针对中国的具体情况，经常账户盈余或许意味着更深层次的问题。它会招致另一个与资本逆流而上有关的现实谜题。

另一个增长谜题

资本逆流带来的一个副作用是，那些本身缺少资本，但实际上又在输出资本的国家，增长速度理应低于资本净输入国，从而实现高于依赖稀缺的国内储蓄所能支撑的投资水平。但事实却并非如此。在我与拉詹及萨伯拉曼尼安合著的论文中，我们还提到了另一个值得关注的现象：从国外借款较少甚至是输出资本（按净值）的发展中国家，其发展速度快于那些依赖外国资本的国家。事实表明，尽管较高的投资的确有利于经济增长，但如果投资主要依赖国内储蓄，而不是国外的输入资本，那么，这种投资带来的经济效果更好。

中国就是这种现象的典型代表，其资本输出国的身份体现为巨额的经常账户盈余。事实上，很多针对发展中国家进行的研究均说明了这一点。在另一项与我们同时开展的研究中，来自加州大学伯克利分校的皮埃尔-奥利弗·古林查斯（Pierre-Olivier Gourinchas）和约翰·霍普金斯大学的奥利弗·珍妮（Olivier Jeanne）注意到，这个谜底还不止于此。在对生产率增长进行检验时，他们发现，更多的资本倾向于流向拥有较低的生产率增长的发展中国家。

因此，在发展中国家阵营中，与资本输入国相比，那些对外国资本依赖性较小或总体上在输出资本的国家拥有更高的产出和生产率增长。按照传统理论，这些国家也理应享有更快的增长速度。这些研究的内涵在于，仅就其本身而言，资本逆流而上并不是什么问题。但它却会在政治上营造出一种无处不在的不祥：一定是出了什么问题。毕竟，在这种模式下，资本稀缺国实际上是在为发达经济体日渐膨胀的经常账户赤字埋单，但从理论上说，后者对资本的需求程度应低于前者。

2006 年，在杰克逊霍尔全球央行年会上，拉詹首次探讨了我们的研究并提出了这项研究的第一个公开版本。该项会议一向以吸引全球央行高层人士而著称，本次年会由堪萨斯城联邦储备银行主办。

在为期几天的会议中，各国央行领导人至少表面上还算轻松愉快。在聆听学术演讲之余，还可以到大提顿国家公园尽情远足畅游，骑车划船。在技术上，拉詹发表的演讲不像传统学术会议那样讲究技术性，却显示出更强烈的创新性和政策的相关性。本次年会的主题是"新经济地理"。实际上，在我们的论文中也指出，在此 10 年间，全球资本流动的地域分布已经发生了变化。

正式演讲结束之后，与会人士自由参与座谈会。尽管大多数与会者认为我们的观点很有趣，但并不认同这种现象是一个难解的谜题。比如说，卡耐基–梅隆大学经济学家艾伦·迈尔策（Allan Meltzer）指出，我们的发现实际上完全可以归结为新兴市场实行的重商主义政策：通过把更多资本输出到境外而降低本币估值的目的，从而让他们的商品和服务在国际市场上更具竞争力。将资本逆流归咎于其他国家的观点在美国非常流行，而且已经被美国的执政者予以政策化。

赤字也是一种境界

美联储前主席伯南克最能代表美国人针对这个问题发表看法。2005 年 3 月 10 日，伯南克在弗吉尼亚州里奇蒙德发表了一场演说。那时，他已经是美联储理事会中最具影响力的成员之一。这场演说的主题就是美国的经常账户赤字。他明确指出，造成赤字的主要根源在于美国的国内政策和经济发展状况。但这场演说的一个核心观点认为：国外因素（尤其是新兴市场经济体的经济发展状况）是这种赤字得以维持甚至继续膨胀的原因。为了阐述这个观点，伯南克杜撰了一段精彩的语言：

我想说的是，在过去的 10 年里，多种因素相互融合，共同造就了全球储蓄供给的巨大增值，或者说全球性储蓄过剩，这不仅有助于解释美国经常账户赤字的增加，也说明了当前全球长期利率持续走低的原因。

在伯南克看来，相对于投资而言，新兴市场的高储蓄才是扭曲国际金融体系的罪魁祸首。美国的资本流入源于两个因素：

1. 新兴市场的拙劣政策，导致本国家庭和企业储蓄过多；
2. 金融市场不够发达，这些储蓄无法被国内投资吸收。

当然，伯南克毕竟是一个学者，所以他的观点还算是不偏不倚的。他认为，美国的预算赤字和经常账户赤字主要在于政府自身的不当政策。不过，在他的言谈中，也不可避免地透露出大量对新兴市场经济体的指责。美国之所以面临赤字，很大程度上是因为经济自行调整机制无法正常运行，譬如美元贬值必将迫使美国通过提高借款成本和进口商品价格调节赤字。

包括斯坦福大学约翰·泰勒（John Taylor）在内的很多美国经济学家，却不接受这样的观点。来自新兴市场的反应更为激烈，对于纵容美国寅吃卯粮的指责，他们根本就不屑一顾。

在《2008 年总统经济报告》中，乔治·W. 布什总统处心积虑地将悲观论调转化为乐观情绪，并在当年提前发布。该报告一改常态，没有对经常账户逆差唉声叹气，尽管这些逆差毕竟不是什么好事。它是其他国家借给美国，用来填补消费和投资的资金缺口。相反，该报告对资本账户顺差的描绘却滔滔不绝，声称这是其他国家愿意投资于美国的资金。至于这个顺差如何体现出美国经济的效率和强大，报告中的叙述更是意犹未尽。尽管经常账户逆差和资本账户顺差只是同一枚硬币的两个面，但该报告强调的显然是它的正面。

由此可见，美国成功地为全球失衡杜撰出两种相互印证的理论，而且两者都为美国经济披上了道德外衣。这两种说法的共同出发点在于，新兴市场的重商主义政策及其孱弱的金融市场，促使他们储蓄太多，进而只能输出其过剩的储蓄。如果单纯从经济规模和经常账户顺差的角度看，中国注定是体现这种重商主义政策的典型范例。

在更加广泛的政策和学术界范围内，人们开始把美国经常账户逆差的增长和中国经常账户顺差的扩大当作体现"全球失衡"问题的标准写照。这种着眼于负面的说法似乎别有用心，因为它强调的是，现实中的资本流向与传统理论模型背道而驰，造成这种逆流的罪魁祸首，就是发达经济体与新兴市场经济体的政策不当。

经常账户逆差真的很严重吗？

尽管对个别国家而言，持续的巨大经常账户赤字或盈余是良性的，但从全球视角来看，它们的破坏性却是显而易见的。在2008—2009年全球金融危机前后，有关资本流动问题的讨论始终围绕着全球宏观经济失衡及其影响。时至今日，针对经常账户长期性失衡是不是另一种"均衡"现象，而其本身并不是严重问题，以及关于这种失衡在引发金融危机的过程中到底发挥了多大作用的辩论更加激烈。

这场辩论最早可以追溯到澳大利亚、智利以及英国等国家决策者长期拥护的一种观点：只要经常账户赤字不代表公共部门的预算赤字，就不值得担心。为纪念 20 世纪 80 年代末去世的英国财政大臣尼格尔·劳森（Nigel Lawson），人们后来将这种观点称为"劳森原理"（Lawson doctrine）。该原理的基本逻辑是，如果经常账户赤字源于私人部门的借款，且外国投资者愿意为之提供资金，那么，这样的赤字就不值得担心。澳大利亚经济学家约翰·皮奇福德（John Pitchford）以更生动的语言对这种观点进行了表述，他指出：对于"两相情愿的成年人"因个人行为形成的经常账户赤字，只要赤字的形成不是因为市场功能出现显而易见且必须修复的问题，就不应对这种赤字施以政策干预。

1992 年，英镑危机似乎非常完美地诠释了劳森原理。在英镑遭到攻击的情况下，英国政府不得不对英镑重新估值，最终迫使英镑退出欧洲汇率机制（European Exchange Rate Mechanism）。在经常账户长期维持高额赤字的情况下，智利比索终于在 1982 年坠入悬崖。当然，最有代表性的事件当数近期全球金融危机，这些事件都表明，私人部门债务最终会演化为社会性债务。即便是私人部门引致的经常账户赤字，也会成为引发社会问题的原因。

此外，对于像美国这样的经济体，巨额的公共预算赤字往往与低水平的私人储蓄并存。虽然说发达经济体的私人机构和政府有足够动机向其他国家借款，但这需要一个前提：必须对较贫困国家愿意为他们的赤字提供融资给出合理的解释。因此，要解释这些失衡现象，还需要解决资本逆流这个谜题。

经常账户失衡的原因何在？

现有理论显然还无法解释这个现象。比如说，哈佛大学经济学家丹尼·罗德里克（Dani Rodrik）曾认为，资本逆流的根源在于，与传统理论的假设不同，新兴市场的问题并不在于储蓄约束，而在于投资约束。换句话说，资金匮乏并不是问题的根源，因为很多新兴市场都拥有相当高的储蓄率。他的言外之意是，政策及制度缺陷导致新兴市场难以把这些资金高效地投资于国内。如上所述，中国或许可以视为这个理论的反例，因为中国的投资在 GDP 中占有非常高的比例。用一种迂回的方式，对中国投资模式的担心完全符合这种情况：以无效的银行体系提供资金，实现超常的投资增长速度，由此会带来大量错配和非生产性投资。

麻省理工学院的里卡多·卡巴莱罗（Ricardo Caballero）等经济学家则构建出另一个理论体系：新兴市场的金融体系无法将资本有效转化为生产性投资。因此，在实践中，新兴市场只能将资本输出到发达经济体，并希望发达经济体的投资者用这笔资金重新投资于本国（资本输出国），从而将资本转化为良好的投资机会。这也是新兴市场规避本国金融体系固有缺陷的一种间接方式。

当然，金融危机爆发，让人们开始怀疑发达经济体拥有强健且监管得力的金融市场的说法。如果仅从衡量金融市场发展水平的基本指标出发，譬如银行体系提供的信贷数量占经济规模的比例，发达经济体的确拥有更完善的金融市场。但是在现实中，不管在国内市场还是海外市场上，发达经济体在资本配置和风险管理方面是否更有效，显然还有待商榷。

发达经济体的金融体系看起来比新兴市场更先进、更复杂，却未必更强健，也未必更稳定。实际上，人们之所以如此关心经常账户失衡问题，其关键在于，新兴市场经济体的储蓄过剩助推了美国金融市场的自我堕落。这背后的逻辑是，如果没有官方资本的逆流，当信贷需求在 21世纪的第一个 10 年的中期快速上涨时，美国的市场利率理应上调。尽管资产市场还会出现一些泡沫，但这些泡沫并不会带来严重危害。相反，尽管美联储提高了长期基准利率，但来自新兴市场经济体的资本流入却让美国的长期利率维持在低位。在这种低利率的市场环境下，对高收益的追求必然促使更多廉价资金转化为投机性投资，并最终导致灾难性危机，这不仅会让美国遭受沉重打击，也让新兴市场经济体深受其害。

危机过后，尽管全球经常账户的失衡有所缓解，但这种失衡涉及的某些问题，显然还需要我们从国际资本流动的角度评估其当前的风险。今天，这些问题依旧存在，而且仍然重要。虽然经常账户余额的涨落始终备受关注，但新兴市场还是在源源不断地涌入全球金融市场。正如我们将在第 4 章里看到的那样，对于这些经济体来说，事实终将证明，金融危机只是他们在这条道路上遭遇的一次意外而已。

第 4 章
救赎还是毁灭
固守信条的新兴市场

———

让我不再祈求免遭危难，

只要让我能大胆地面对，

……

让我不要在生活的战场上寄望盟友的支持，

但愿只依靠自己的力量。

《采果集》（*Fruit-Gathering*）第 79 节

拉宾德拉纳特·泰戈尔

金融全球化增加了各国之间的资本流动，并让他们的金融系统加速融入全球资本市场，但金融危机却玷污了这个举措。跨国银行大幅裁撤他们的国际业务。在这场危机中，许多跨国银行深受其害，有些甚至破产。一方面，这导致发达经济体开始收缩金融全球化，因为他们的银行始终是媒介跨境资本流动的主要参与者；另一方面，新兴市场却在不断减少对跨境资本流动的限制，使他们的资本输入和输出规模均呈现扩大趋势。

　　这在某种程度上反映出，新兴市场的政策制定者坚信，面对外来因素引致的危机，他们的经济已不再像以前那样弱不禁风了。来自 IMF 的阿汉·科斯（Ayhan Kose）和我著文指出，这些国家已完善了财政与货币政策架构，而且其中的大部分国家的通货膨胀和财政赤字得到了有效控制。政策调整不仅让这些国家提高了抵御负面冲击的能力，也改善了他们的资本输入状况。因此，在过去 15 年里，新兴市场对外资产负债表的本质出现了明显变化。尽管这些经济体面对的传统风险确实有所减弱，让他们不太可能重新陷入以前那样的危机，但当下的资本流动却让他们不得不面对其他风险。不过，金融全球化的过程太漫长，开弓没有回头箭，除了继续，他们别无选择。

要理解金融全球化这个过程，首先要了解一国对外资产与对外负债的存量。因为一国的净资产就是对外资产和对外负债的差额，而资本流动则会导致资产或负债的增加。图 4.1 汇总了这几个概念的基本内涵，每一个概念均以不同方式影响到金融全球化带来的成本和收益。

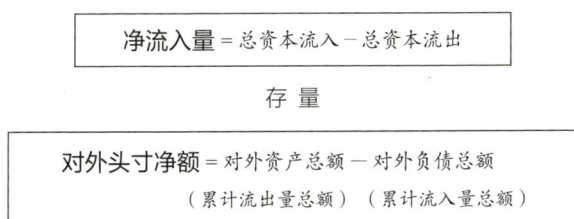

> **净流入量**＝总资本流入－总资本流出

存 量

> **对外头寸净额**＝对外资产总额－对外负债总额
> （累计流出量总额）（累计流入量总额）

图 4.1　国际资本流动

国家资产负债表的良性管控

和企业一样，国民经济也有反映净资产的资产负债表。在国家层面上，确实无法对包括人力资源和自然资源在内的国内资产和负债进行全面核算。但每个国家相对于其他国家的资产和负债则是实实在在的。这种基于对外资产和对外负债的资产负债表衡量了一国的国际投资头寸（International Investment Position，简称 IIP），这张资产负债表不仅能体现该国对外资产和对外负债的汇总情况，还能反映出资产负债表中每一列的具体结构。

在资产负债表上，资产反映了国内居民、企业以及政府对其他国家持有的索取权。负债则是对其他国家承担的义务，它可以包括外国投资者购买的本国政府债务和企业债务。比如说，俄亥俄州的玛丽·史密斯可以投资"先锋"新兴市场基金，后者用这笔投资购买印度尼西亚国内某家公司发行的股票或是印尼政府发行的债券，那么，这笔投资就代表了美国的一项对外资产。对印度尼西亚来说，它则是一笔对外负债。当中国人民银行购买价值 10 亿美元的美国政府债券时，这笔债券就成为美国的对外负债，对中国而言则是一笔对外资产。一个国家的净资产头寸（Net Positions）或者说资产减去负债的余额，既可能是正数，也可能是负数。但如果从全球角度看，资产必然等于负债，因为一国的资产必然是另一国的负债。

原则上，只有净头寸才有意义。如果玛丽·史密斯的负债很多，比如汽车贷款、助学贷款、信用卡贷款和住房抵押贷款，并超过其资产总额，那么，她的净资产就是负数。如果玛丽马上即将失业，并失去收入，她就遇到麻烦了，因为她的负债已经超过储蓄，而且以后可能没有足够的收入用于偿还负债。如果玛丽的储蓄总额超过负债总额，其净资产就是正数，那么，她就算是做到了未雨绸缪，良好的财务状况可以帮助她抵御各种经济上的危机，譬如大范围的失业。

由雷曼兄弟破产引发的对总额与净值的再思考

只考虑净头寸有可能带来一种误导。即使你拥有相当可观的净头寸，但过于庞大的总额依旧会带来风险。比如说，玛丽的净资产为正数，但如果负债太多的话，其资产和收入就有可能不像她想象的那么有保障。如果经济衰退导致她的净资产头寸大幅贬值，而且又让她失去了工作，那么，玛丽的处境就很危险了。她的负债水平不会因为经济衰退而减少，需要支付的债务也没有变化。资产出现贬值，而且收入减少，因此，她偿还这些负债的难度就会加大。出售部分净资产在短期内或许可以给她带来喘息的机会。如果很多和她一样的投资者都开始抛售净资产，那么，这些资产就会出现贬值，此时，她的处境只会更危险。

在雷曼兄弟破产招致的金融危机期间，兼顾总额和净额的重要性体现得淋漓尽致。作为华尔街的超级大鳄，拥有辉煌历史的雷曼兄弟也是美国第四大投资银行。2008 年年初，雷曼兄弟和其交易对手等几家金融机构仅持有很少的未平仓合约净头寸，其资产和负债几乎持平。当然，资产和负债的结构严重不匹配，更重要的是，某些高风险交易的未平仓总头寸极大。随着压力不断汇聚于金融系统，银行纷纷收紧贷款，让这些未平仓头寸陷入了危境，尤其当交易对手已经出现流动性问题时，危机更是一触即发。

此时，交易对手已没有足够现金（或其他可迅速变现的资产）满足其短期偿债义务。尽管总头寸基本平衡，但在交易对手面临严重财务压力且可能无法履行合同义务时，这几乎没有任何意义。因此，当涉足巨额金融交易的雷曼兄弟破产时，这种相互锁定的金融结构导致风险在整个金融系统内迅速蔓延。

个人、公司和金融机构的这种机制同样适用于国家。对外资产和对外负债头寸在总额上增加，必将给国家的经济增长和金融稳定带来重要影响。与只考虑净头寸相比，巨额的总头寸表明潜在风险可能要大得多。当总头寸很大时，可能意味着外部波动加大了一国资本流动的波动性。即便在国际投资者为恢复投资均衡而采取极其微小的调整时，也有可能导致某个国家的净资本流动出现巨大波动。

加州大学伯克利分校的莫瑞斯·奥伯斯菲尔德（Maurice Obstfeld）就曾强调，要关注国家资产负债表中对外总头寸的重要性。在此之前，很多学者就已经从不同角度对国家资产负债表头寸进行过研究。在这个问题上，来自 IMF 的吉安·玛丽亚·米莱西-弗莱提（Gian Maria Milesi-Ferretti）和都柏林三一学院（Trinity College）的菲利普·雷恩（Philip Lane）完成了具有开创性的研究。他们收集了众多公开渠道及 IMF 的资料，建立了各国对外资产负债表的历史数据库。对于日渐孱弱的学术界来说，这项研究无疑是重大利好。

在全球金融危机期间，很多在净头寸管理上一向严谨的金融机构陷入困境。究其原因，就在于他们的头寸总额过于庞大，这也引发理论界开始更多关注头寸总额对一国的重要性。2010 年，在杰克逊霍尔全球央行年会上，奥伯斯菲尔德阐述了国家资产负债表中总头寸过大隐含的风险，他的观点随即在与会的各国央行行长中引发强烈反响。

总头寸增加不一定总是坏事。如果资产和负债在结构上相互匹配，保证一国的国外资产能获得较高收益，而且能在经济形势下滑时减少对外负债的偿付，那么，它反而会有利于风险在国际范围内分散。这种变相的"保险"也是金融全球化的主要优势之一。通过国际化投资实现投资组合多样化，像玛丽·史密斯这样的投资者就可以减少其组合的总体风险水平。在国内投资大鳄唱衰时，外国投资者或许可以给他们带来意外的惊喜。

2000 年以来，巴西、中国和印度以美元计价的资产和负债总额均持续增加。尤其是起点相对较低的中国和印度，其增长幅度超过巴西。巴西和印度的净资产头寸均为负数，也就是说，他们的对外负债总额超过其对外资产总额。中国则拥有庞大的净资产头寸，而且自 2004 年以来始终保持稳定增长的态势。

关键的一点在于，这些国家的对外资产和负债头寸总额在 2000—

2007 年快速增长，并在经过危机初期短暂停顿之后，再度恢复增长。其他大多数新兴市场的经历与此基本一致。相比之下，发达经济体的对外资产负债表在金融危机期间遭受重创，银行业在此期间大举削减国际头寸，导致他们在危机之后始终复苏乏力。

流量的再平衡之术

尽管存量很重要，但在短期内同样不可忽视流量。如果玛丽·史密斯持有较高的负债，那么，必须支付的偿债额和其他正常开支就构成了她的主要资金流出。因此，在评价玛丽的短期流动性时，关键就是要看资金流入与资金流出的对比情况。玛丽的资金流入主要是工资和投资收益，也包括她在银行或其他渠道可以得到的新贷款。在这里，净额与总额的区别同样是存在的。如果净流入量总额较低，或许就会影响到玛丽抵御外部冲击带来的影响。一方面，玛丽的资金流入则有可能萎缩。如果经济形势严峻，银行要求收回贷款，而且玛丽又失去了工作，再也无法得到新贷款，那么，她的处境将极为艰难。另一方面，如果她的资金流出同时增加。这显然是双重打击。

与此相似的是，当一国经济遭受压力时，总资金流入量可能会停止，而总流出量则会大幅提高，这就导致资金的净流量遭受双重打击。麻省理工学院的克里斯丁·福布斯（Kristin Forbes）和弗吉尼亚大学的弗兰西斯·沃诺克（Francis Warnock）曾对金融危机前后的总资金流进行了分析,并试图将总流入量停滞或逆转（外国投资者的行为）与总流出量（民间行为）剧增的情况区分开来。他们发现，影响总流入量和总流出量的因素是相同的，而且总流量对货币贬值的影响远超过净流量。因此，即便反映—国净流量情况的经常账户表现为均衡，但总流量的增长依旧可能会增加引入外来危机的风险。

　　国际金融系统的另一个复杂性体现在货币自身价值的变化。当一国对外资产和负债的存量总额在规模上增长时，币值本身的变化会给该国对外投资和经常账户余额波动造成更大的影响。一个国家的资产和负债通常以不同货币计价，因此，即便资产负债表两列的初始值相同，币值变化仍然会产生不同的影响。如果一国遭受危机，譬如金融危机或主权债务危机，那么，这个国家的货币通常会贬值，并自然而然地将调整成本传递给该国负债的国外持有者。但这种机制仅存在于一国负债以本币计价的情况。如果负债以外国货币计价，譬如说，必须以美元偿付的债务，那么，这种负债的本币价值相应提高，因此，造成货币贬值的负面冲击就会进一步加剧。

　　我们还可以从另一个角度认识这个问题：一国资产负债表上的资产和负债体现为哪些类型，同样会带来不同的影响。实践证明，有一些负债很安全，有一些负债却很危险。

好资本与坏资本

　　在总体上，资本可以划分为三种类型，即外国直接投资（FDI）、股权投资以及债务，具体如图 4.2 所示。为便于分析，本书将债权投资（外国投资者购买一国的政府债券或企业债券）和由外国银行提供的贷款纳入债务。这三类资本的成本和收益存在较大差异。

　　许多新兴市场在二十世纪八九十年代遭遇危机的一个重要原因在于，其对外负债大多采取了债务形式。在 1999 年的杰克逊霍尔全球央行年会上，来自加州大学伯克利分校的经济学家巴里·艾肯格林（Barry

Eichengreen）和哈佛大学的里卡多·豪斯曼（Ricardo Hausmann）提出了"原罪理论"，以说明二十世纪八九十年代新兴市场被全球投资者打压的局面。这些经济体的资本流入大多为外国银行贷款或其他以外币计价的短期债务。

---

1. FDI：外国直接投资。
个人投资者或企业在另一国家购买企业或创办新公司。

2. **股权投资**：投资者购买一家外国公司的股份。

3. **债务**：债权投资 + 其他投资。
3A. 债权投资：投资者购买一国的政府或企业发行的债券或债务。
3B. 其他投资：通常指提供给外国公司或政府的银行贷款。

图 4.2　资本的分类

这并不是因为新兴市场没有认识到债务风险，而是因为他们无法获得其他类型的资本。但外国投资者根本就不信任接受资金的发展中国家（包含一些新兴市场）政府。他们担心，只要形势需要，这些政府就会毫无顾忌地投放本币，以达到侵蚀债务价值的目的。为防范这种情况，他们就会要求借款方以硬通货币偿付债务，比如美元。此外，在这些国家形势一片大好时，举债，然后再借新债还旧债似乎是易如反掌的事情，因此，发展中国家的政策制定者并不担心扩大债务规模。

很多经济体积累了大量以外币计价的短期债务，尤其是拉美国家，这些国家将借到的大部分资金用于扩大政府预算赤字和超前消费，而不是投资于产能。

当形势转危时，这些国家必将遭受沉重打击。一方面，原有债务必须偿还；另一方面，他们又无法从外国投资者手里获得新的资金，而且由于投资不力，他们又鲜有可用于出口的产品。

更让他们雪上加霜的是，这种债务是以外国货币计价的。在遭受危机时，相对于硬通货币，借款国的货币就会贬值。这使得债务按本币计算的价值更高。例如，在亚洲金融危机期间，韩国企业利用美元借款实现的收入仍以韩元计价，但由于韩元对美元贬值，因此，他们承担的债务也由此加大了。即便是前景乐观、管理良好的企业，也逃不过这种"资产负债表效应"。

与债务相比，外国直接投资更稳定，收益也更大。它主要表现为对企业进行实质性投资，投资范围既可以是全部股权，也可以是少数股权，但必须享受一定的控制权收益。股权投资与外国直接投资相似，只不过它是通过直接购买公司股权而实现的。这种投资在绝对金额上可能很大，但是按相对比例看，通常只收购某一家公司的少数股权。由于通过股权投资实现的所有权很有限，因而还不足以实际控制一家企业。

此外，与持股比例较高的股份，甚至是完全持股相比，持股比例较低的股份更容易在股权市场上变现，因此，股权投资更易于收回，因而其波动性也往往高于外国直接投资。显然，出售一部分股份肯定要比卖掉整个公司容易得多。

由此可见，股权投资的波动性较强，并且有非常明显的顺周期性。在经济形势向好时会变得活跃，而在经济衰退时则会减弱，此外，股权投资动用的资本量也更大。不过，对于以股权投资形式实现的资本流出，其威胁的打击性也远不及以外币计价的短期债务，后者往往像瘟疫一样折磨新兴市场。

风险步步惊心，规避见招拆招

外国直接投资和股权投资都具有分散风险的功能。如果一家公司表现不佳，为所有权人或股东创造的回报很有限，外国投资者也仅承受与投资比例相对应的风险。当然，这些投资也会给外国投资者带来负面影响。如果被投资企业的收益率高于预期，这些投资者就可以得到属于自己的回报。如果一个国家的货币贬值，那么，投资于该国的外国投资者就会遭受损失，因为按资本流出国的货币计算，其投资的价值会下降。反之，如果一国的货币升值，该国的外国投资者则会相应受益。

因此，通过外国直接投资和股权投资形成的资本流动，外国投资者不仅要承担收益风险，还要面对货币风险。相比之下，对债务资本来说，收益风险和货币风险均由借款人承担。当然，不管是哪一类融资，违约风险都是由国内外投资者来承担的；当一家公司破产时，所有投资者均要承受损失。不过，在这种情况下，由于债权投资者的受偿权优于其他类型投资者，因此，破产企业需要以剩余资产优先偿还债权投资者。从借款国的角度看，债务显然是高风险的，在理想情况下，应尽可能地降低负债水平，尤其是在有其他融资渠道的情况下，更应如此。但这背后仍然有一个更基本的问题尚未解决。第 3 章曾指出，输出资本的发展中国家的增长速度要超过输入资本的发展中国家。既然如此，发展中国家为什么还要关心外国直接投资带来的资本流入呢？

附带收益的啄食顺序

21 世纪初，我与同在 IMF 研究部门供职的阿汉·科斯、哈佛大学经济学教授肯尼斯·罗格夫以及哥伦比亚大学金融学教授魏尚进开展了一项研究，对上述问题给出了一种答案。对于外国资本，新兴市场关心的或许不是资金本身,而是获得资金的形式。我们称之为资本流动的"附带收益"(Collateral Benefits)。通过外国直接投资,被投资企业不仅可以获得先进技术,还可以引进良好的管理和公司治理机制,从而获得提高生产率的动力。而外国有价证券投资者不仅有利于深化和完善一国的证券市场,还有助于激励资本输入国国内的公司改善会计核算的透明度和公司治理机制,从而吸引更多的投资。

对这种附带收益的追求,促使新兴市场对国外资本流入采取了开放态度,尽管他们在总体上依旧属于资本输出国(即资本流出超过资本流入)。中国是一个最有趣的例子,中国一直鼓励发达国家的知名银行作为战略投资者进入国内,持有一部分国有银行股份。2007年,这种模式达到顶峰,中国希望通过引入海外战略投资者,加快清理国有大型银行的资产负债表,改善银行业绩,最终推动这些银行公开上市。

中国政府并不缺少重组国有银行的资源,当然也不需要利用国外资本夯实这些银行的资本金。中国政府的目的在于以良好的投资回报率吸引海外知名银行,帮助国内银行改善公司治理结构和提高风险管理能力。现在看来,尤其是金融危机期间,依赖欧美银行改善本土银行的风险管理机制或许算不上一个好主意。不过,获取资本流入带来的附带收益,总体上还是一个正确的思路。现在,很多国家都在采用这种模式。

如果考虑附带收益和不同类型资本的相对波动性,那么,对外负债似乎具有一种天然的"啄食顺序"[①]。毫无疑问,在二十世纪八九十年代,债务融资在新兴市场的对外资产负债表上占有绝对优势,这本身就是一个明显的问题,因为它让这些国家随时面对金融危机与债务危机的双重

---

①Pecking Order,美国经济学家梅耶提出的优先融资理论。在对外融资时,首先考虑外国直接投资,其次是股权融资,最后才是债务融资。

压力。在亚洲金融危机和 20 世纪 90 年代其他几轮危机之后，学术界掀起了一股新的研究浪潮，人们的关注点也逐渐转移到一个被视为诱发危机爆发的主要风险要素——以外币计价的短期外债规模。

这些危机给新兴市场经济体带来了刻骨铭心的教训，开始在"大缓解"时期接受来自国外投资者的援手。这个过程恰好出现在全球金融危机发生前的 10 年间。当时，全球经济呈现稳定增长和适度通胀的总体态势。注意到新兴市场相对于发达经济体展现出的强劲增长潜力，发达经济体的投资者开始涌入新兴市场，但此时，资本流入已变成形式更为温和的金融资本。

新兴市场对高风险负债退避三舍

进入 21 世纪的第一个 10 年，新兴市场经济体的对外融资结构已经发生了戏剧性变化。图 4.3 表明，新兴市场在外债结构上出现了重大转化，开始明显偏重于对自己更有利、更稳定的资本。以往，这些国家的对外融资主要以债务为主，但现在，外国直接投资已成为主导方式，此外，股权投资的重要性也在逐渐提高。在 20 世纪 80 年代中期，债务性融资约占新兴市场国家全部对外融资的 85%。2007 年，这个比例已经降至 40% 以下，并在此后几年间基本保持在这一水平。

目前，外国直接投资是新兴市场对外融资中最大的组成部分，比例接近 50%。尽管股权融资的份额绝对值较小，但相对于 2000 年的水平，则有明显增长。综合考虑，2011 年，外国直接投资和股权投资在对外融资中的平均份额已增加到 60% 左右（2011 年为笔者进行分析时可获得相关各国数据的最后一年），相比之下，这个比例在 2000 年只有 42%。

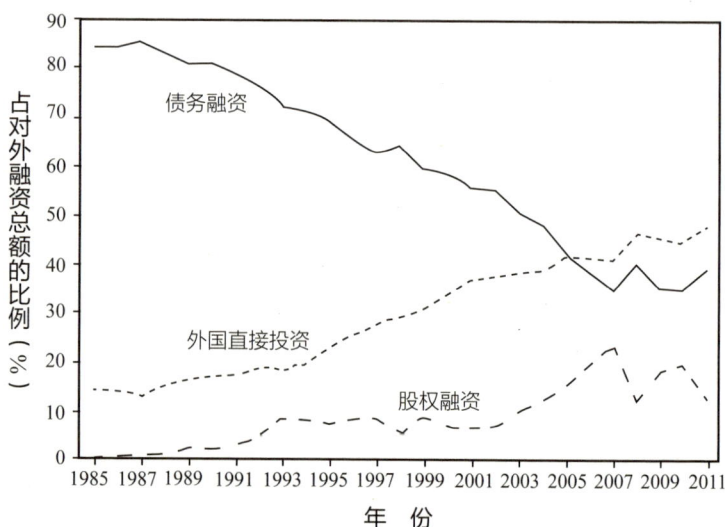

图 4.3　新兴市场的对外融资逐渐摆脱单纯的债务，转向更安全的融资方式

数据来源：Lane and Milesi-Ferretti (2011); *IMF International Financial Statistics*。
注释：对外融资中不同融资方式的现有存量——外国直接投资、股权投资和债务融资，体现为各种融资存量占对外融资总额的比例。每一种类型的融资额均为全部新兴市场经济体的汇总金额，并表示为占这些经济体全部对外投资总额的比例。

有关新兴市场的更多数据可参见附录中的表 A.1。

　　从这些平均数据中，我们可以发现，各国之间存在着较大差异。以 2012 年外国直接投资和股权投资占对外融资总额的份额为例，中国和巴西均超过 67%，印度为 49%，俄罗斯为 58%，南非为 73%。这些数字与发达经济体的情况形成饶有趣味的对比。对大多数发达经济体而言，外国直接投资和股权投资占对外融资总额比例不超过 33%。分析表明，德国、日本、英国和美国等主要发达经济体以银行贷款的形式的"其他投资"是全部融资中最大的一部分。如果包括企业债券和政府债券在内的债券投资，那么，债务融资显然构成了全部对外融资的绝大部分。有关各主要发达经济体和新兴市场的资产负债表基本情况，可参见附录中的表 A.2。

对于新兴市场，尽管其资产负债表在 2000 —2011 年持续膨胀，但融资结构的变化依旧令人瞩目。在此期间，仅外国直接投资占比的变化就占据了融资总额增长的近 50%。按平均水平衡量，外国直接投资和股权投资为对外融资总额增长贡献了 33% 的份额，其他国家数据参见附录中的表 A.3。

这些数据揭示出新兴市场对外融资在结构上发生了显著变化。对外国直接投资和股权投资的倾斜与风险分散全球化的趋势相呼应。而且融资结构的变化也强化了新兴市场抵御债务危机和货币危机的能力。这当然不是一个放之四海而皆准的命题，因为东欧地区的新兴市场对外国银行贷款的依赖性已明显高于危机之前。在全球金融危机爆发之前，欧美银行就已经在这些国家形成了主导性力量，为该地区的国内需求膨胀提供了大量资金。金融危机期间，这些银行也承受了巨大压力，并停止放贷，导致东欧地区的新兴市场抵御全球危机的能力明显弱于其他地区。不过，除该地区之外，绝大多数新兴市场的对外融资结构均趋于良性转型。

传统风险依然如故，新型风险浮出水面

以往，新兴市场面对的主要风险是对资本流入和对外融资的依赖。但是现在，几乎已经没有几个新兴市场仍旧过度依赖体现为净资本流入的外部投资。即便是巴西和印度这些始终维持经常账户赤字的国家，目前也拥有了庞大的外汇储备存量。当然，例外还是存在的。比如土耳其，

不仅维持着巨大的经常账户赤字，而且为赤字提供融资的资金来源也严重依赖波动性较大的股权融资，这让土耳其抵御外部冲击的能力非常脆弱。就总体形势而言，短期外币债务的破坏力已明显减弱。

此外，很多新兴市场采取的弹性汇率机制也在一定程度上抵消了货币危机的影响。发生货币危机的先兆往往是一定时期的货币市场被动失衡，但是在采取弹性汇率机制并由市场决定汇率的情况下，出现这种被动性失衡的概率已大大减小。不过，还是有例外情况发生。中国采取了盯住美元的、有管理的浮动汇率机制。印度则采取了"逆向"干预式的汇率机制——通过干预外汇市场，阻止或扭转当前汇率变动的趋势和走向，以防止本币过度波动，但事先并不设定币值水平和走向等目标。还有部分新兴市场实施了一定程度的货币干预政策，但是在总体上，浮动汇率机制已成为当前主流。

毫无疑问，相比于以往，新兴市场的对外资产负债表要稳健得多。不过，随着他们在全球金融市场中的参与度不断加强，这些国家必然要承受发达经济体宏观经济的溢出效应。比如说，由于新兴市场对外融资头寸在总额上很大，因此，在发达经济体的利率或其他市场要素发生变化时，这些新兴市场经济体必然要经历资本流动的震荡。即便资本流动接受国的经济形势未发生变化，发达经济体的投资者对投资组合的调整依旧会让他们的资本流入或流出发生较大变化。

尽管金融开放带来的这些传统风险因素并未完全消失，但是相对于新兴市场的国内风险，它们的影响力已经大不如前。

资本流动风险在国内的辐射效应

当前，对于新兴市场经济体，对金融开放最大的顾虑就是它会增加国内风险。例如，当国外资本流入一个金融市场尚不成熟而且管制较为薄弱的国家，那么，这些资本就有可能没有用于生产性的长期投资。此时，这些资本极有可能进入资产市场，尤其是股票市场或不动产市场，从而催生资产泡沫。这些泡沫最终大多会酿成危机。很多研究都指出，国内信贷快速膨胀并最终引发近期的金融危机，已成为导致某些新兴市场进一步恶化的罪魁祸首，尤其是一些东欧国家。

如果金融市场的发展不能与本国的外向型企业的增长保持同步，同样会给新兴市场带来风险。由于对外融资的成本远低于国内的融资成本，国内企业有足够的动力去获得以外币计价的借款，并对外币升值进行保值对冲，甚至将赌注下在本币升值。

例如，2007 年印度公司都在迫不及待地举借以外币计价的债务，因为他们的赌注使得印度卢比必然升值。如果卢比确实升值，那么，这些印度公司就可以用较少的卢比偿还外国债务。通常情况下，可以通过货币衍生品市场完成这种货币对冲交易。

印度中央银行对建立货币衍生品市场采取谨慎态度，担心这种市场不仅不能满足企业为出口收入或进口支持创汇保值的需求，反而会成为催生投机活动的藏污纳垢之地。于是，调整融资结构就成为企业在海外筹集资金时规避货币风险的主要手段。

此外，资本流动具有辐射效应，由于很多新兴市场的社会保障体制还很陈旧，因此，在维护社会稳定方面，资本流动带来的附带影响也是他们担心的问题之一。出于很多原因，较为开放的经济体往往具有更大的平等性。

第一，在经济开放初期阶段，资本账户显然更有利于社会富裕人群和精英阶层。在对国外资本依旧实行限制的情况下，一些具有良好政治关系的大公司获得海外融资的优先权，因此，相对于那些只能依赖无效的国内融资机构的小规模企业，这些大公司就可以发展得更快，进而在规模上变得更大。这种裙带资本主义在引发亚洲金融危机的过程中扮演了重要角色。大型制造型企业往往属于资本密集型企业，他们所能提供的就业数量相对少于小企业，这就进一步蚕食了金融开放所带来的固有优势。

第二，国外资本在涌入股票市场之后，必然会提高股票市场的总体估值水平。那些持有较多股票投资的富裕家庭往往成为最大受益者。

第二，开放资本账户还会在投资多元化和风险分散方面造成新的不平等。富裕家庭更有可能通过其国际化投资实现风险分散。即便是在那些已开放资本账户的国家，贫困家庭依旧要面对这个问题，因为他们缺少适合自己的国外投资市场载体，譬如共同基金。

第四，相对贫困的家庭缺乏进行国外投资的机会，因此，在国内银行实行低存款利率政策时，他们就只能无奈地承受这种政策带来的大部分成本。比如说，中国已经放松了对资本流出的控制，允许家庭汇出货币用于国外投资。富裕家庭往往可以借助各种国外关系或资源，通过更多正式和非正式渠道，帮助他们将资金相对较为便利地转移到国外。但贫困家庭根本就没有这样的机会或渠道，因此，对他们来说，到国外投资绝非一件轻而易举的事情。

在这种情况下，他们所能利用的投资机会，要么是不太稳定的海外股市，要么就是安全性很高的银行储蓄。对于后者，政府规定了存款利率上限，因此，在过去10年中的大部分时间里，按通胀率调整后的实际利率很低，甚至是负利率。

再安全的避风港也不可能永远风平浪静

通过第 3 章和第 4 章的分析，我们可以得出两个重要观点。

首先，自 2000 年以来，资本由新兴市场（尤其是中国）向发达经济体（主要是美国）的逆流成为基本特征。尽管这种资本逆流削弱了全球金融危机的余波，但并没有逆转它的基本走势。私人资本依旧维持由发达经济体向新兴市场的顺流，却被更大规模的官方资本逆流所淹没，从而形成了净资本流动的逆向特征。

其次，新兴市场经济体正在不断融入全球金融市场的一体化进程。外国资本在流量和存量上都非常可观，因此，他们所承受的对外风险也正在与日俱增。在这个过程中，有利的一面在于，新兴市场的外部融资结构开始从高风险债务转向相对稳定的资本形态，尤其是外国直接投资。即便是相对温和的资本流动也会加剧国内风险，譬如通货膨胀、资产泡沫和社会不稳定等现象。因此，尽管他们在夯实对外资产负债表方面取得了巨大进步，新兴市场依旧要面对国际资本流动带来的各种风波和震荡。

实际上，这两个观点是相辅相成的。在过去的 20 年里，新兴市场经济体屡遭金融危机侵害，在这些国家政治家和官僚阶层的头脑里，危机造成的伤痕和痛苦依旧历历在目。我们将在第 5 章里看到，这些经济体对安全性的诉求，正在引导这些经济体改造其全球资本流动的结构，但遗憾的是，他们的努力反倒让这个世界变得更加风雨飘摇。

第 5 章
货币储备的安全性诉求

他希望不存在死后的世界，并为之祈祷。

紧接着他又意识到这两者相互矛盾，

于是改为仅仅希望不存在死后的世界。

《生命，宇宙以及一切》（*Life, the Universe and Everything*）

道格拉斯·亚当斯（Douglas Adams）

6万亿美元！即使你把1万亿美元当作1亿美元，那也是一笔巨资啊！但是在1997—1998年亚洲金融危机过后的15年里，新兴市场积累起了这样一笔天文数字的外汇储备。图5.1显示，新兴市场和发展中国家外汇储备的存量总额始终维持稳定增长态势，并在2012年年底达到最高点：7万亿美元。在这笔巨额储备中，中国持有约50%，剩余部分基本上被其他新兴市场和几个主要产油国瓜分。尽管人们有很多理由解释如此庞大的外汇储备，但了解外汇储备的增长机制，或许更有助于我们认识这个问题。

人民币：被冤枉的升值？

在21世纪的第一个10年里，新兴市场接受了大量的私人资本流入，而且很多新兴市场存在贸易顺差。当资金以出口收入或投资形式从海外进入一国经济体系时，就对本国货币形成了巨大需求。出口企业必须用本币支付工人的薪水和供应商的货款。投资项目需要用本币

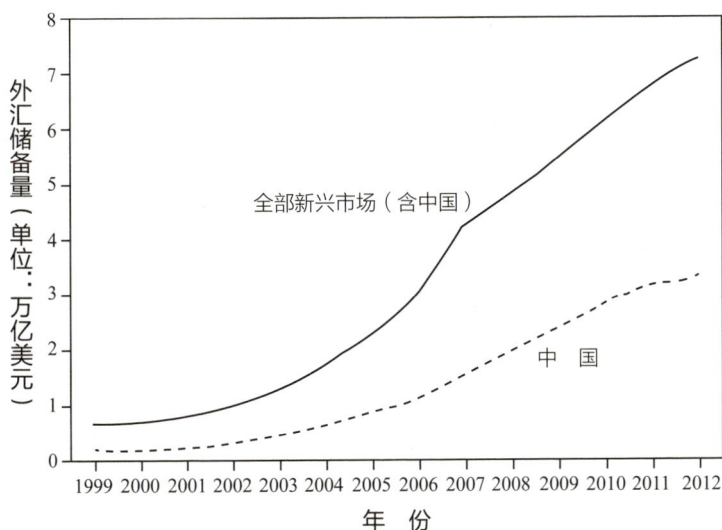

图 5.1 **外汇储备存量的增长态势**

数据来源：IMF；中国人民银行。

支付建筑材料、劳动力和土地费用。供求规律同样适用于货币。当对某种货币的需求增加时，这种货币的价格就会上涨。此时，这种货币的价格表现为相对于其他货币的交换价值。这个价格就是汇率——通常指购买 1 单位外国货币所需要的本国货币数量。因此，当 1 美元兑换 8 元人民币变为 1 美元只能兑换 7 元人民币时，就说明人民币相对于美元的价格提高了。人民币升值意味着可以用更少的人民币买到 1 美元。从另一个角度说，1 元人民币现在可以兑换更多美元。

本币价值的提升相当于该货币的价值相对于其他货币出现了升值，这对本国消费者是利好消息。它提高了货币发行国居民收入的总体购买力，也让外国商品变得更加便宜。按照上面汇率变化的例子，一名中国游客到纽约旅游，以前需要用 4 800 元人民币购买一只价值 600 美元的蔻驰（Coach）手提包。现在，他只需要付出 4 200 元即可买到这只手提包，这无疑是一笔相当可观的折扣。

货币升值也有不好的一面。廉价的进口商品必然伤害本国生产商，因为要维持既有的市场竞争力，就必须降低产品价格，否则就会失去原有市场份额。与此同时，出口商还会发现，以本币表示的利润不断萎缩，并且面临着失去原有市场份额的风险。以一家中国制鞋厂为例，假设这家制鞋厂在美国市场销售一双高档手工皮靴的价格是 50 美元。在洛杉矶的高级时装店，同样皮靴的价格可能是 500 美元，但这涉及另一个问题。如果人民币的价格从 1 美元兑换 8 元人民币上涨到 1 美元兑换 7 元人民币，且制造商的定价仍然是 50 美元，那么，对于制鞋厂来说，一双皮靴创造的收入就从 400 元下降到 350 元。但在另一方面，他却不能降低本土工人的工资，而且还要向银行支付和原来一样的营运资金贷款利息。在这种情况下，他的利润就会减少。当然，他可以提高产品售价，但这显然会降低其产品的市场竞争力，因为美国零售店还可以向印度或越南制鞋商进货。

干预外汇市场的技术考量

为减少货币升值的影响，新兴市场的银行时常干预外汇市场。干预手段通常是卖出本币，同时买进美元等硬通货币，即易于兑换且在全世界被普遍接受的货币。抛出本币可以阻止对本币需求的进一步增加。通过干预外汇市场，可以抑制本币升值，并通过限制进口和扩大出口使该国的贸易趋于平衡。购买硬通货币的原因在第 3 章里已有阐述：尽管私人资本的流入量很大，但很多新兴市场的净资本仍然在流出。

管理货币价值是一种技巧性极高的工作。不妨再以中国为例。由于中国的国际贸易采用可自由兑换的主要国家货币，因此，可以其中某一种货币为基准，对人民币币值实施管理。中国选择了以美元为基准管理人民币币值，这不仅因为美国是中国最大的贸易伙伴之一，还因为美元在全球金融市场上的重要地位。因此，人民币对欧元升值或贬值，与美元对欧元升值或贬值完全是同步的。此外，大多数采取管理汇率制的国家，尤其是亚洲国家往往倾向于采用以本币相对于美元的价值为基准。在一国对外汇市场实施干预之后，该国央行就必须寻找兼顾安全性和流动性的投资，为买入的货币提供驻足之地。满足这两个标准的投资通常是主要发达经济体发行的政府债券，比如美国、欧元区、日本、英国和瑞士等。这些投资就构成了该国的外汇储备。一国的储备资产还可以包括其他流动性资产，比如黄金。但在目前，外汇储备已占到全球储备资产总额的 85% 左右[①]。

硬通货币储备的"金钟罩"效应

新兴市场积累硬通货币储备不但可以促进出口和抑制进口，还能为这些国家防御危机提供一种保险机制。毕竟，把钱存起来，这本身就是一种未雨绸缪、防患于未然的手段。如果一个国家无法履行对国外投资者的偿付义务或缺少用于支付进口款项的硬通货币，那么，当外国投资者打算逃离已经屡弱不堪的国家时，该国就会陷入自我实现预期（Self-fulfilling Prophecy）。这或将导致资本流突然中断、逆转，甚至国内储蓄

[①]IMF决定了一国央行资产负债表上的哪些资产可以计入储备资产。IMF的《国际收支平衡手册》对储备资产定义如下："它们是货币管理当局可以获得并控制的国外金融资产，并用于为国际收支余额或出于其他目的提供资金或实施监管。"这个定义强调的是外汇储备发挥的重要作用，而不止是维护本币不贬值等货币政策的副产品。

大量逃离银行系统。一定规模的硬通货币储备有助于减少投资者嗅到危机气息便立刻抽逃的可能性。

即便当一个经济体已经被危机的氛围笼罩时，储备依然可以发挥缓冲器的作用，弱化资本流动剧烈震荡带来的破坏性冲击。与储备规模相对自身经济体量较小的国家相比，储备规模相对较大的国家化解全球金融危机的能力也相对较强。这背后的逻辑很简单，它在某些方面与个人相似。一个人在银行里的存款越多，失业让他陷入财务困境的可能性就越低。

新兴市场大量积累储备资产的另一种解释是，只要有助于规避再度遭遇 20 世纪最后 30 年经历的那些经济灾难，当然还有眼下尚在煎熬中的金融危机，这些国家就可以不惜一切代价。比如说，1997—1998 年的亚洲金融危机让很多新兴市场遭受灭顶之灾，经过了很多年才终于走上复苏之路。更重要的是，这些国家不得不对 IMF 毕恭毕敬。

这些国家为了换取 IMF 的救助，帮助他们维系本国经济，不得不接受 IMF 的苛刻条件。迫不得已，他们必须采取严厉的紧缩政策，譬如削减政府开支，而这就可能招致严重的社会问题，甚至引起混乱。亚洲金融危机期间曾出现过一张极富表现力的新闻图片，这张图片也成为危机时期最有代表性的瞬间。

1998 年 1 月，时任 IMG 总裁的米歇尔·康德苏表情严峻，双手交叉盘在胸前，怒目而视地盯着印尼总统苏哈托在 IMF 救助协议上签字，就如同凶蛮的女教师盯着犯错的小男孩。此后不久，苏哈托政权宣告倒台。

这种事情并非没有先例。当印度的外汇储备锐减到 10 亿美元时，IMF 曾让官僚主义盛行的印度政府感到奇耻大辱，而且这种感觉至今仍未消散。

2001 年 7 月中旬，IMF 要求印度政府对本币进行大幅贬值，并以此作为 IMF 向印度提供金融救助的前提条件。事实却是，印度一直在人为推动本币升值，而且 IMF 也认识到，这项政策根本就站不住脚，尽管部分印度官员或许不愿意承认这一点。不管这样的调整有什么好处，IMF 强迫印度忍气吞声、为换取贷款而接受苛刻条件的做法，确实让印度官方刻骨铭心，而且这个感受一直影响着他们的行为。

在新兴市场，决策者对 IMF 有着一种强烈的抵触情绪，因此，即便是在危难时刻，他们也不愿意求助于 IMF，而是寻求自我保护。这种做法就带来了一连串操作上的问题。

保尔森口袋里真有 "大火箭筒" ？

那么，一个国家到底需要多少保险呢？尽管比喻的手法似乎无助于决策者实现量化控制，但至少可以影响他们的想法。至于说，到底多少储备才算合适，要回答这个问题，我们不妨先看看出现在金融危机水深火热时期的这个比喻。

救火队长祭出 "火箭筒"

2008 年夏天，两家与美国抵押贷款市场休戚相关的金融机构——房利美和房地美相继在金融市场上遭遇危机。此时，它们几乎无力获得维持生存所需的资金。2008 年 7 月 15 日早晨，参议院银行、住房及城市事务委员会召集听证会，就政府对当前形势的处理方案展开辩论。美联储前主席本·伯南克、美国财政部前部长亨利·保尔森及证交会前主席克里斯·考克斯出席听证会，并当着一群争强好斗的参议员作证。

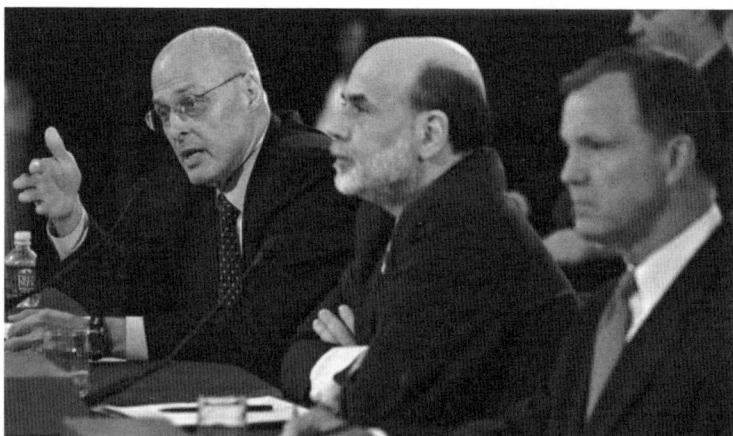

2008 年 7 月 15 日，出席参议院银行、住房及城市事务委员会召集听证会的美联储前主席本·伯南克（中）、美国财政部前部长亨利·保尔森（左）及证交会前主席克里斯·考克斯（右）。（图片来源：Getty Images）

此前，政府处理这两家抵押贷款巨无霸的方式，已经开始让民主党和共和党参议员感到忧心忡忡，他们甚至迁怒于政府的无能。在回答一位参议员提问时，保尔森发表了如下这段或将让他名垂青史的言论：

> 如果你的口袋里只有一把水枪，你可能就一定要掏出来。但假如你有一只火箭筒，而且人们又相信你真有一只火箭筒，那么，你未必一定要掏出来……只要能提振信心，你就可以大大减少真正动用火箭筒的概率。

保尔森口袋里的火箭筒是一项新授权。为维护美国金融系统稳定，如有必要，他可以出手接管这两家掌控美国抵押贷款市场命脉的金融大鳄。但保尔森的火箭筒并没有重振信心，只是匆忙结束了这两家金融机构的危险游戏。按照保尔森的说法，两家机构享有政府的隐形担保，但在必要情况下，这种隐形担保就可以转化为显性的政府救助。按照这样的前提，房地美和房利美已不再是独立的金融机构，不久后，两家机构就被美国政府正式接管。

保尔森的火箭筒并没有达到预期目的，但他的比喻却为其他央行实施干预政策以及新兴市场央行积累外汇储备提供了一个指导原则。这个原则背后的含义在于，只有拥有足够的储备，央行才能名正言顺地告诫投机者，如果你胆敢攻击我们的货币，我们就让你粉身碎骨。

模棱两可的储备适度性标准

20 世纪 90 年代，储备适度性的标准还很模糊。按照传统理论，储备水平应满足支付一个国家 6 个月的进口额。20 世纪 90 年代的金融危机导致这个标准出现了变化，即它应与一国的短期外债保持同步。1999 年，时任阿根廷财政部副部长的帕布鲁·圭多惕（Pablo Guidotti）提出了一个新标准。同年晚些时候，时任美联储主席的艾伦·格林斯潘在一次演说中对这个新标准给予了肯定。随后，该标准逐渐被人们称为"圭多惕–格林斯潘规则"（Guidotti-Greenspan rule）。

该规则的一个简化版本可表述为：在任何时点，一个国家维持的储备水平应足以偿还该国的短期外债，即期限不超过一年的对外债务。同期的大量研究也都验证了该规则的适度性，这些研究无一例外地指出，在过去 20 年里，以外币计价的短期债务是造成很多危机的决定性因素。该规则变化后的另一个版本则表述为：一国的储备水平必须足够偿付该国所有的一年期外债。按照这两个标准，在进入 21 世纪时，大多数新兴市场持有的储备量均已超过必要水平。

实际上，早在 2005 年之前，新兴市场持有的储备量就已经远远超过传统意义上的适度水平，但他们还在继续积累储备。对此，一些研究人员曾试图以更广义的指标体系解释这种现象。维护货币挂钩或严格管理的汇率制是这些国家喜欢持有巨额储备的一个原因。在目前的主要新兴市场中，只有中国还在继续执行有管理的浮动汇率制，其他国家均已放开汇率管制，除通过"逆势调节"限制汇率的短期剧烈波动之外，他们都已实行了相对自由的浮动汇率制。总体而言，在目前，浮动汇率制越来越成为主流趋势，货币本身对储备积累的重要性已大不如前。

此外，研究人员还试图以其他标准衡量一国金融市场的稳定性和开放度。例如，某个国家可能会担心其银行系统的稳定性，因而，希望通过足够的储备保护本国银行，防止出现各种原因造成的存款挤兑，并导致资本大量逃离本国的现象。将更多的标准纳入现有统计框架，确实有助于更好地解释外汇储备在过去 10 年间急剧膨胀的原因。不过，尽管指标体系有所扩大，但要合理解释储备资产在2005年后出现的持续增长，尤其是在亚洲各经济体，依旧不是一件容易的事。

金融危机让适度储备不堪一击

金融危机及其带来的后遗症和痛苦记忆改变了人们对储备适度性问题的看法，也让这场辩论调转了方向。在危机袭来时，此前有关储备适度性的一切观点都受到了抨击。外国资本逃离新兴市场经济体和很多发达经济体，蜂拥进入美国及其他安全港，人们不由得倒吸一口凉气。很多新兴市场不得不耗费巨额储备保护本国货币，使其免于崩溃。

在短短 6 个月里，印度的外汇储备直接从 3 050 亿美元减少了 660

亿美元。从 2008 年 7 月开始，在之后的 8 个月里，俄罗斯的外汇储备损失了 1/3。在出现储备大量减少的 13 个国家里（在这个群体里，我们纳入了韩国），8 个月内的储备平均损失量相当于最高储备水平的 25%。附录图 A.4 收录了这些国家的详细数据。并非所有新兴市场都经历了外汇储备衰减，在金融危机期间，中国的储备量甚至还在继续增加。

对于这些数字，有一种观点认为，储备毕竟是要使用的，而且一个国家在全球金融危机迫在眉睫时丧失 1/4 外汇储备，也绝对不是造成恐慌的理由。但在各国央行中却流传着另一种说法，在形势不妙时，重要的是储备变化的方向和速度，而不是有多少储备。按照这个逻辑，储备一旦开始下降，规模就会迅速衰减。而在储备急剧衰减时，紧张不安的投资者就会抽出更多资金逃离该国，从而导致形势迅速恶化。危机期间经历的储备衰减速度让很多新兴市场担心：当初是不是应该拥有更多储备？

今天，随着金融一体化程度的加深以及资本流量和存量同步增长，新兴市场通过增加储备积累量获得更高安全度的动机也更强烈。实际上，2009 年之后，所有新兴市场都在重建或是继续增加其储备规模。到 2012 年年底，大多数在危机期间遭遇储备剧减的国家均已重建储备头寸，其储备正在接近甚至超过危机前的水平。印度和俄罗斯的外汇储备水平依旧低于危机前的最高点，这表明，这两个国家已经着手重建储备。

智利实行浮动汇率制，该国在正常情况下不会干预外汇市场。自 21 世纪初，凭借良好的宏观经济政策和强劲的增长趋势以及适度的通胀水平，智利已逐渐被视为拉美国家的成功范例。但在金融危机期间，智利也未能独善其身，智利比索在 2008 年剧烈贬值，GDP 在 2009 年转为负

增长 ①。尽管危机之后经济迅速复苏，但这段经历依旧让智利政府痛苦不已，并就此认为，他们还需要更好地保护自己。

2011 年 1 月 17 日，智利央行时任行长何塞·德·格雷戈里奥在一次讲话中，直言不讳地宣布了一项计划：增加储备，以防不测。在这项计划中，他首先罗列了对外事务中的种种风险：大宗商品涨价、低利率、美元贬值以及欧洲债务危机，并做出如下断言：

> 考虑到这些风险以及真实汇率已大幅上涨的事实，银行理事会于 1 月 3 日决定，智利将启动一项购买外汇的计划，旨在强化本国国际流动资金准备。
>
> 为此，中央银行将增加国际储备，通过定期买进外汇，2011年智利的外汇储备将达到 120 亿美元……通过这项计划，中央银行持有的国际流动准备金将达到与智利类似国家的一般水平，即相当于 GDP 的 17%。

央行采取措施增加储备持有量还有一个原因：更高水平的储备有助于一个国家更好地利用全球金融市场，而且在遭遇困境时，可以继续参与全球金融市场。尼日利亚央行则提出了积累储备的另一个原因：

> 在难以或不可能利用国际资本市场时，外汇储备可以提供良好的缓冲，从而维护和提升一个国家的信誉。当外汇储备达到一定水

---

① 2000—2007 年，智利经历了一段年均增长率高到 4.7%，而 CPI 年均增长率也达到 3.1% 的特殊时期。同期，智利比索大幅贬值，从 2007 年 11 月的 1 美元兑换 508 比索贬值到 2008 年 11 月的 1 美元兑换 659 比索，贬值幅度达到了 30% 左右。智利 2009 年的 GDP 增长率为 −0.9%，但在随后的 2010—2012 年，年均增长率便恢复到 5.7%。数据来源：IMF。

平时，一国就可以及时足额偿还外债，避免遭受处罚，从而改善本国的信用和声誉。此外，在信用评级机构和国际金融机构的国家风险模型中，一国可使用的外汇储备也是一个重要变量。

在这个问题上，南非储备银行的措辞则显得更华丽：

应该指出的是，对每个试图利用其他国家储蓄发展本国经济的国家，都必须拥有适度水平的储备。具有讽刺意味却毋庸置疑的一个真理是，一个小国必须借助自己的生产性活动赚取外汇储备，并通过勤俭与储蓄，一点一点积累储备，而后才能获得利用其他国家储备的机会。

作为哥伦比亚中央银行，哥伦比亚共和国银行明确指出，积累外汇储备具有双重目的：防止汇率过度波动；维护政府和私人部门参与国际资本市场的权利：

国际储备水平是反映国内借款人偿付能力的一个重要指标。信用评级机构和外国贷款人相信，当一国难于获得外部融资时，适度的储备水平可以保证国内居民及时足额履行外币债务，譬如支付进口货款和偿还对外债务。

2008 年 6 月，正值全球金融危机水深火热之时，哥伦比亚银行委员会通过一项决议，每天至少在公开市场上买进 2 000 万美元，以增加哥伦比亚的储备水平。这项政策终止于 2011 年年底，随后又在 2012 年再次启动。哥伦比亚是危机期间少数几个未遭遇外汇储备剧减的国家之一，2008 年 5 月到 2012 年年底，其外汇储备存量增加了 65% 左右，从 210 亿美元增加到 350 亿美元。

储备积累的成本与收益临界点

在储备积累规模这个问题上，央行的指导原则似乎就是越多越好，但有一点是显而易见的，积累储备同样需要付出成本。储备的积累是否存在上限，或者说，是否存在成本超过收益的临界点呢？是否存在一个上限，只要达到这个上限，新兴市场的央行官员就可以心安理得地认为，他们拥有的储备水平足以抵御资本流动变化带来的破坏性作用呢？

加强火箭筒：新兴市场乐此不疲

从很多方面看，积累储备已逐渐成为干预外汇市场、阻止本币升值带来的良性副产品。这也让新兴市场干预外汇市场时少了很多顾虑。至少在他们看来，这项政策兼具短期效益和长期效益。

图 5.2 显示，新兴市场的积累储备的速度呈加速趋势。自进入 21 世纪以来到 2005 年，他们的储备规模连年增长，并在 2007 年达到最高点，仅在当年，主要新兴市场的外汇储备总额就增加了近 1.3 万亿美元，其中，中国的增长额占据 1/3 左右。由于很多新兴市场在 2008 年和 2009 年大量消耗了储备，导致储备积累的总体增速急转直下。

不过，即便是在这两年，中国的外汇储备依旧在大幅增加。2010 年，新兴市场的年度储备增量开始回升。2010—2012 年，年均增量超过 6 000 亿美元。毫无疑问，中国在新兴市场的储备增量中扮演了

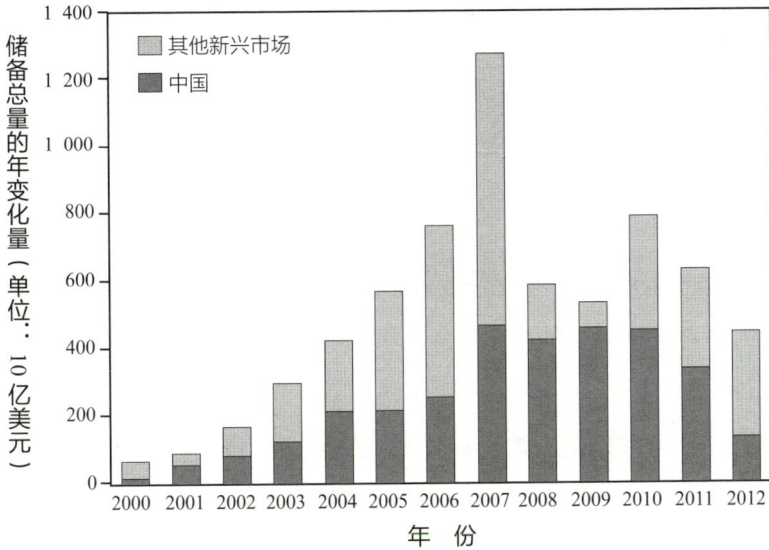

图 5.2　不断高涨的外汇储备

数据来源：IMF ；中国人民银行。
注释：图中显示的是外汇储备每年的变化量。

重要角色。毋庸置疑的是，其他国家积累外汇储备的目标不止是重商主义政策。

　　储备积累已经对新兴市场经济体的对外资产负债表产生了重要影响。不妨再看看他们的国际投资头寸。在第 4 章里，我们对新兴市场对外负债的结构变化进行了分析。现在，我们再看看资产负债表的资产一栏。

　　在新兴市场的对外资产负债表中，资产一栏的最大变化是外汇储备在对外资产总额中比重的提高。总体上看，在他们的对外资产总额中，外汇储备的平均比例从 1990 年的 25% 提高到 2011 年的 45%。如果不计中国，这个平均比例会略有变化。如果将中国包含在分析范围内，计算所有新兴市场的外汇储备总额占其资产总额的比例（而不是基于各个国家的数据计算平均值），那么，这个比率就会高得多，2011 年接近 60%。

如考虑对外资产在 2000—2011 年发生的变化，我们会发现，新兴市场的资产负债的结构变化非常明显。有关各个国家的详细情况可参见附录中的表 A.3。

在此期间，外汇储备的增加量占到对外资产总增量的 50% 左右。外汇储备占对外总资产的比例大幅上升是大多数新兴市场的共同现象。实际上，这种趋势早在 20 世纪 80 年代末已形成，而这些结构上的变化表明，上述趋势还在延续，只是在全球金融危机期间被暂时性打断。

驾驭野性的火箭筒绝非易事

对于那些一直在积累外汇储备的新兴市场央行来说，最困难但也最重要的决策是如何持有这些储备。随着储备存量的膨胀，这个决策也变得越来越复杂。

无论储备积累的基本原因是重商主义政策促进出口的动机，还是出于预防的考虑，储备的管理都是异常复杂的，因为它涉及一系列的经济和政治考量。显然，任何储备管理者都不会用应急资金去打赌。此外，他们还必须保证，一旦形势需要，就可以将投资迅速变现。

安全比收益更重要

在各国央行的官方储备管理原则中，一个反复出现的主题就是国家财富的安全性至高无上。因此，储备管理者必须将安全性和流动性放在最优先的位置上，而收益的重要性就只能排在第 3 位了。从外汇管理局的官方网站上可以看到，中国的储备管理原则如下：

> 中国外汇储备的性质要求，储备的经营和管理必须坚持安全性、
> 流动性和保值性原则。在这些原则中，安全性居于首位。此外，外
> 汇储备还需维持足够的流动性，以满足对外支付的一般性需求，并
> 在维护国民经济和金融稳定与安全方面发挥积极作用。在确保安全
> 性和流动性的前提下，我国外汇储备的经营应切实提高投资收益率，
> 以达到外汇储备保值、增值的目标。

这种观点也被其他央行所接受。巴西央行指出，巴西的外汇储备
管理必须确保安全性、流动性和收益性。匈牙利国家银行的外汇储备
投资政策则表述为："考虑到传统意义上的投资三原则，匈牙利国家银
行的投资理念就是在最大程度维护流动性和安全性，同时实现收益率
最大化。"

韩国央行的储备管理目标是：韩国银行（BOK）持有外汇储备的目
标在于，维护对外汇市场实施必要干预的能力，有效应对国内外的冲击，
确保国家财富的价值不受损失。所有这些表述都说明，就总体而言，安
全性和流动性的重要性大于收益性。

2006 年年底，国际清算银行（BIS）对部分国家央行进行调查，确
有证据显示，储备存量的持续增长以及对收益率过低的担忧促使某些央
行采取了更为激进的储备管理模式。不过，金融危机很快就让他们回归
到最初的标准：让安全性和流动性再次优先于收益性，让储备管理者将
目光重新回到风险和安全的命题上。

如何兼顾无孔不入的风险？

储备管理机构必须应对投资面对的各种风险。首先是信用风险，即央行所涉及债务或其他投资出现违约的可能性。其次是流动性风险，则是央行无法将投资迅速转化为现金的风险，或是在投资转化为现金时出现贬值的风险。再次是市场风险，主要包括货币风险和利率风险。货币风险源自汇率的不稳定性，而利率风险（更广义的说法则是收益风险）表现为投资价值因市场形势变化而遭受损失的风险。

作为印度央行，印度储备银行将储备管理的目标及其试图应对的各种风险归结为：

> 印度外汇储备管理的基本目标接近于其他国家央行……尽管流动性和安全性构成印度储备管理的两大主导性目标，但收益最大化也正在逐渐成为整个目标体系中的一个重要战略……储备管理战略强调的是，对储备运用带来的财务风险和经营风险进行管理和控制……对于外汇储备在国际市场上进行的投资，储备银行高度关注其面对的信用风险。

信用风险应该是央行最担心的因素。如果央行将国家财富投资于存在违约风险的资产，不仅很难向国民交代，而且在政治上也是一种损失。按照保尔森提出的火箭筒原则，在短时间内如何将大量资产进行无损失变现，这是一种储备资产最关键的特性，也是驱赶货币投机者、维护本国的外汇市场最重要的防御机制。在危机时刻，流动性风险尤其重要。

在大多数情况下，只有主要发达经济体的政府债务才兼具安全性和流动性。包括外国央行在内的投资者，显然愿意为这些特性付出相应的代价，这种代价表现为高收益投资带来的额外收益。当然，高收益投资的风险也更大，而且极有可能在金融危机时无法变现。当前，发达经济体大多执行低利率政策，甚至长期政府债券也不例外，在未来若干年内继续维持低利率的预期，已经促使央行开始重新审视他们的投资组合。

主权财富基金只解一时之渴

考虑到庞大的外汇储备和对发达经济体长期维持政府债券低收益率的担忧，很多新兴市场纷纷建立主权财富基金，以更加积极的方式管理投资组合，在不招致上述风险的前提下实现更高的投资收益率。与央行的投资策略相比，主权财富基金在资金方面受到的约束更少，因为它只从事长期投资，因而对投资流动性的关注也较少。不过，这种基金并非新鲜事物。很多拥有丰富不可再生资源的国家都曾建立过这种基金，并通过该基金利用本国储蓄进行投资，以求造福后代。截至 2013 年 5 月，世界上最大的 3 只主权财富基金均属于石油输出国，分别为挪威、阿联酋（阿布扎比）和沙特阿拉伯，每只基金旗下管理的资产均超过 6 000 亿美元。

随着时间推移，越来越多的主权财富基金不再依赖大宗商品出口，而是将管理本国外汇储备作为首要目标，这种基金的重要性正在日益提高。到 2013 年 7 月，全球主权财富基金管理下的资产规模约为 5.9 万亿美元,其中约 2.4 万亿美元的资产属于非主要大宗商品出口国。在这之中，中国和新加坡又占据了相当大份额。巴西、韩国和马来西亚等国家也很早就建立了主权财富基金，而且部分基金实力雄厚。

在全球金融领域内，中国很快就掀起了一股巨浪。2007 年 9 月，中国投资公司① 正式成立，中国政府以外汇储备注资 2 000 亿美元。中国投资公司起步时便遭遇流年不利，最初投资于摩根士丹利和黑石私募基金，因为金融危机而遭受损失。这不仅让中投在投资策略上藏起锋芒，更为保守，也让中国政府对是否将更多外汇储备交由中国投资公司管理犹豫不决。2009 年和 2010 年外汇储备规模连续两年暴涨，让中国政府无从选择，唯有寻求更有利可图的投资机会。随着更多资本注入和初期投资带来的收益，到 2011 年年底，中投旗下管理的资产规模接近 6 000 亿美元，其中包括一部分国内投资。

相比而言，负责管理外汇储备的国家外汇管理局则以不太透明的方式独立投资。据有些报道披露，外汇管理局下辖的中国华安投资有限公司（SAFE Investment Company），在中国香港注册，2012 年管理的资产规模约为 5 700 亿美元。2013 年 1 月，外汇管理局宣布组建外汇储备委托贷款办公室，以期对资本进行创新性运用，并"支持金融机构服务于中国的经济增长和走出去战略"。实际上，该办公室的成立至少可以追溯到 2011 年，但这却是官方第一次公开确认。

由于主权财富基金需要寻求更稳健的长期投资，而不是追求短期高收益，因此，它们也被看作是稳定国际金融的一种积极力量。在这一点上，主权财富基金类似于其他长期机构投资者，譬如养老金基金。考虑到这种基金的投资时间窗口较长，因而，在设计投资策略时，主权财富基金可承受的风险水平略高于中央银行。不过，由于涉及国家财富的传承性，通常会对主权财富基金涉足股票投资的风险做出限制。此外，对大多数新兴市场来说，管理外汇储备的基本目标依旧是坚持安全性与流动性兼

---

①简称CIC，即中国主权财富基金。在理论上，中国投资公司的资金来自发行政府特种债券获得的1.55万亿元人民币，并用于随后收购来自中国人民银行国际储备存量中的外币。有关中投公司资产负债表的数据来自《2011年中国投资公司年报》中的"关注未来"。

顾的核心原则。一国试图在提高储备投资收益率时，其主权财富基金可能会受到更多关注，但无论如何，它们都不会减少对安全性资产的需求，最多只是暂时性缓解而已。

安全性使然：对政府债券趋之若鹜

各国积累外汇储备，这就增加了对安全性资产的需求，而金融危机的余波则从另一个角度推高了这种需求，更重要的是，它还减少了安全性资产的供给。一方面，很多私人银行由于缺少足够的股权资本（或称净资产，即资产扣除负债的余额）而在危机时陷入困境。他们的大部分资金均来自短期负债，包括其他机构的存款和贷款。一旦存款人在危机期间丧失信心，这些私人银行就会遭遇挤兑风险。此外，缺少足够的现金和流动性有价证券，也让他们难以应对短期的现金需求。

另一方面，近期银行业监管制度提高了银行资本金要求，也补充了对流动性（现金）的要求。经过补充后的这一整套银行业监管体制即成为《巴塞尔协议Ⅲ》（*Basel Ⅲ*），该协议已被大多数国家接受。一个关键点是，所有银行的资本金必须超过存款，其中，后者构成了银行的主要负债。对于被划分为具有系统重要性的银行（主要为超大型银行），该协议在资本金上提出了更高要求，其资本金规模必须足以抵御银行破产可能给整个金融体系造成的破坏性。

此外，该协议还要求每家银行都必须满足流动性覆盖率（Liquidity Coverage Ratio）。也就是说，银行必须持有足够的优质流动性资产，这些资产可轻易转化为现金，满足银行自身 30 天内的流动性需求。可计入这种流动性缓冲的有价证券最初仅限定为现金、本国银行持有的储备以及政府债券。2013 年 1 月，巴塞尔银行监管委员会出台新规定，流动性覆盖率可部分由其他类型的有价证券得到满足，包括某些股票和住宅抵押贷款证券，这至少在一定程度上减少了银行持有的政府债券数量。然而，无论是银行还是监管者都认为，政府债券是满足流动性覆盖率最理想的资产类型。

此外，很多金融交易都需要担保，担保要求也改变了对安全性资产的需求。比如说，在衍生品市场中，大玩家之间面对面进行交易，通常，买卖双方都会要求对方提供某种担保。金融危机过后，即便是金融市场的大玩家也开始将政府债券视为唯一可接受的担保物。所有这一切的含义是显而易见的，它们必将推高对优质政府债券的需求。

私人安全性资产供给的萎缩

2008 年以来发生的一系列事件，不仅影响了安全性资产的需求，其供给同样受到了牵连。进入 21 世纪第一个 10 年，资产证券化是美国抵押贷款市场最重要的创新之一。抵押贷款被分拆成不同的信用等级，银行就可以将抵押贷款及其相应的风险置于表外。

另外，在整个市场维持低利率的环境下，还可以为如饥似渴的投资者提供有吸引力的投资机会。这些有价证券被划分为不同层级，信用评级机构将处于最底层、风险等级较高的部分划分为垃圾债券。而处于最顶层、最安全的部分则获得 AAA 级信用等级。这背后的逻辑似乎合情合理，即便部分抵押贷款出现违约，最顶层也还是安全的。毕竟，房地产市场彻底崩盘的可能性微乎其微。

2007 年，美国房地产市场开始降温，但这个逻辑并非完美无瑕，它的缺陷也逐渐浮出水面。此前，投资者和金融机构利用信用等级较

高的证券进行融资或投机，随着市场急转直下，他们不约而同地开始
抛售这些证券。这股风潮马上传染到整个抵押支持证券（MBS）市场，
在危机期间，即便是 AAA 级的债券也未能幸免于难。因为在此时的市
场上，已经只剩下卖家，实际上根本就没有买家。对此，IMF 是这样
描述的：

> 人们发现，即便是 AAA 级证券也被嵌入了远超过其信用等级
> 所对应的高违约风险。
>
> 例如 2005—2007 年，由私人机构发行的 AAA 级抵押支持证
> 券中，到 2009 年 8 月，约有 63% 的证券已被下调信用等级，其
> 中 52% 被下调为 BB 级甚至更低……对于美国私人双边回购市场
> 上信用等级最高的证券化工具，在危机爆发之前，几乎不存在担保
> 品大幅减值的现象，但在危机爆发之后，抵押品出现大幅贬值的证
> 券比例已超过 30%。

因此，很多曾被视为安全的私人证券不再安全。还有一些证券、公
司债券及其他类型的私人债务工具仍被视为安全性资产，因而继续维持
AAA 信用等级。不过，具有这种属性的证券，尤其是 AAA 级公司债务
在数量上已经锐减。1983 年，美国有 32 家非金融公司具有 AAA 级信
用等级。目前，只有 4 家非金融企业继续维持这样的信用等级，它们分
别是自动数据处理公司（Automatic Data Processing）、埃克森美孚、强
生和微软。美国之所以出现这种情况，部分原因在于，很多新成立的成
功的大型企业在传统上就不愿意接受债务，而是青睐于完全通过发行股
票筹集资金。比如，亚马逊公司在 2012 年发行过一次债券，而上一次

发行债券则是在 15 年前。苹果公司第一次发行债券的时间则是 2013 年 4 月。有趣的是，即便是现金充裕、拥有良好赢利前景的苹果公司和亚马逊公司，其公司债券也未能获得 AAA 信用等级。原因在于，尽管苹果拥有良好的赢利前景，但考虑到其产品属于高度竞争性市场，因而其前景存在较大不确定性。

按照 IMF 估计，在美国和欧洲，私人部门债券的总发行量已经从 2007 年的 30 000 亿美元下降到 2010 年的 7 500 亿美元。在优质私人债券供应锐减的同时，另一个事实更让市场雪上加霜：在金融危机的余波中，由政府资助企业（GSEs）发行的债券在安全性上已不再等同于美国政府债券。对于房地美和房利美之类的政府资助企业，在危机爆发前曾发行了大量债券，总额在 2007 年已达到 30 000 亿美元。这背后的假设不言自明：由政府资助企业发行的债券，尽管在技术上没有明确由美国政府提供担保，但这种担保却是实际存在的。

事实证明，这种假设是成立的。因为在现实中，投资政府资助企业债券的投资者（包括购买这些证券用作储备资产组合的央行）确实得到了美国政府的救助，在一定程度上避免了房地产市场彻底崩盘。然而，这些债券本身的高风险显然已经进一步提高，已经不再被视为安全性资产。

当然，随着需求不断膨胀，创造新型安全性资产的诱惑力始终是存在的。原则上，这件事并不难。投资者可以购买高风险债券，获得远高于安全债券的收益率，然后再购买一份信用违约互换合约（Credit Default Swap），以便在债券出现违约时获得补偿。然而，金融危机却告诉我们，这种交易或许可以减少个人投资者的风险，但是在某些情况下，却增加了金融体系的系统性风险。

事实上，在 2005 年杰克逊霍尔全球央行年会的讲话中，印度央行时任行长拉格拉迈·拉詹讲话的一个核心观点就是，金融创新很有可能会将金融体系中最易受攻击部分的风险汇聚到一起，而不是分散风险。一个最生动的例子就是在危机中濒临破产的美国保险业巨头美国国际集团（AIG）。由于 AIG 发行了大量企业信用违约互换合约，在危机袭来并引发新一轮企业破产大潮时，它不得不支付巨额补偿金，这一举措最终让它一蹶不振。如果 AIG 破产，必将殃及更多购买其保险产品的企业。

归根到底，上述分析的核心思想在于，即便私人债券可以获得信用评级机构的最高信用等级，它也绝对不是完美无瑕的，这一点对外汇储备的管理者而言尤其值得警惕。在很多发达经济体大量发行公共债券的形势下，是否可以说，安全性较高的政府债券可以填补这个市场缺口呢？

AAA 级债券似乎并不安全

20 世纪 90 年代，大多数发达经济体的政府债券均拥有 AAA 信用等级。随着很多发达经济体的公共赤字和偿债能力恶化，到 2007 年年底，仅有 2/3 的发达经济体的政府债券继续拥有最高的信用等级。到 2012 年年初，这个比例减少到 50%，从而大大削弱了安全性主权债务的供给。在这些失去最高信用等级的国家中，就包括美国。

如前所述，标准普尔将美国主权债务信用等级由 AAA 下调至 AA+级，但这似乎并没有影响到人们将美国政府债券等同于安全性的思维。但对其他国家来说，被下调信用等级带来的影响却是不容忽视的，甚至有可能被踢出安全性资产的行列。比如说，目前已被普遍接受的一种观点是，并非所有欧元区国家发行的政府债券都是安全的。德国政府债券依旧被视为安全性资产，但意大利和西班牙等欧元区大国的政府债券显然不再是安全性资产了，更不用说那些处于欧元区边缘的小国了。到2012 年年底，欧元区核心国家（按债务发行量排名依次为德国、法国、荷兰、奥地利、芬兰和卢森堡）发行的政府债券勉强超过欧元区发行总量的 50%。在这个总量中，约 40% 的发行量属于欧元区周边国家，如意大利、西班牙、葡萄牙、希腊和爱尔兰等①。

2010 —2011 年，在所有欧元区国家中，仅有法国和德国的政府债券在国外的净购买量为正数。不过，即便是奥地利、法国和英国等国家，其发行的主权债券也失去了 AAA 的信用等级。因此，在替代品尚未出现的情况下，尽管外国投资者不会大举抛售这些债券，他们肯定也会采取更为谨慎的态度。无论如何，有一点是显而易见的，在欧元区政府债券市场上，可标榜为"安全性"的规模远远小于这个市场的总体规模。谈及欧元的国际地位，欧洲央行在 2013 年 7 月发布的报告中称：

> 2012 年的欧元区主权债务危机还在继续打压欧元在国际上的作用，并在某些细分市场上有所下降。欧元区金融体系的碎片化是造成这些问题的主要根源，因为它影响了欧元区资本市场的深度和流动性。

总而言之，危机爆发前，在金融市场的魔杖下，大量貌似安全的资产涌入市场，导致金融市场的风险被明显低估。危机之后，随着安全性

---

① 2012年年底，六个欧元区核心国家的债务总额合计达到4.771万亿欧元，相当于欧元区债务总额的54.3%。五个欧元区周边国家的债务总额合计达到3.574万亿欧元，相当于欧元区债务总额的40.7%。其余欧元区国家（比利时、塞浦路斯、爱沙尼亚、马耳他、斯洛伐克共和国和斯洛文尼亚）的债务总额合计为4 530亿欧元。本段引用的数据请参见政府债务。数据来自2013年4月22日《欧洲统计局新闻公告》（*Eurostat News Release*）。

资产需求的增加和供给的减少，安全性资产价格同步上涨。主要发达经济体，尤其是美国、德国和日本的政府债券占据了安全性资产的绝大部分。

火箭筒是要付出代价的，即使从来不用

主要发达经济体发行的政府债券同样存在各种各样的风险，我们将在第 6 章探讨这个问题。即便不考虑这一点，积累外汇储备也是有成本的。我们可以推测，尽管新兴市场可以将这笔资金用于本国的生产性用途，但投资于发达经济体政府债券的储备却只能收获微薄的回报。

丹尼·罗德里克估计，如果发展中经济体投资于发达经济体的政府债券，然后再向国外借钱用于国内投资，这一进一出，需要付出的成本就相当于本国 GDP 的 1%。这一估计的基准是 2004 年的外汇储备量。此后，随着外汇储备存量的大幅增加以及发达经济体政府债券收益率的降低，目前状态下的这种机会成本肯定会更高。当然，某些新兴市场政府债券的收益率也出现了下跌，但自 2005 年以来，他们与发达经济体在生产性投资机会上的差异出现了进一步扩大，这显然有利于前者。

代价高昂的货币对冲

如果一个国家的央行想要干预外汇市场和购进美元，就必须增发本国货币。本币供给增加可能会诱发国内通货膨胀。要避免通胀率上涨，该国央行就必须借助于对冲工具，即卖出政府或央行发行的债券，抽回此前注入经济体系的多余货币。将更多的债券置于投资者和居民之手，并让相应数量的货币退出流通，借此减少经济的通胀压力。

但要向投资者出售更多债券，就必须支付更高利率，只有这样，才

能说服投资者购买债券。这最终会让政府或央行（归根到底其实是纳税人）付出巨大代价，因为与发达经济体的政府债券相比，这些用于对冲的债券通常需要支付更高利率。以印度为例，在 2012 年的大部分时间里，在以 3 个月到 10 年期的政府债券进行对冲操作时，支付的利率为 8%～9%。而在同时期的大部分时间内，美国政府债券的利率则接近 2%，甚至低于 2%，即便是 10 年期政府债券也不例外。两者每年的利率差超过 6 个百分点，也就是说，与投资美国政府债券可实现的收益相比，印度政府进行对冲操作需要付出 6% 的直接成本。欧元区和日本的主权债务同样境遇不佳。

在这个收益差中，一部分可以通过卢比对美元贬值得到补偿，因为这意味着，如果按本币计算，持有外国债券获得的收益率会相应提高。但这种操作在短期内的效果很不确定。实际上，从 2005 年年底到 2007 年年底，卢比对美元已升值 13%，同一时期，印度的外汇储备存量则从 1 310 亿美元增加到 2 670 亿美元，整整增加了一倍。从 2012 年到 2013 年第一季度，尽管卢比对美元贬值，但贬值程度显然不足以抵消如此巨大的利息差。这表明，货币对冲操作的成本依旧居高不下。

很多新兴市场的本币对美元不断升值，形势就更复杂了。一方面，他们不仅要为本国债券支付远高于外国债券的利率；另一方面，本币升值还意味着以本币计量的外国债券出现了贬值。目前，除印度尼西亚以外，大多数利率下降、本币升值的东亚经济体每年投资美元储备的机会成本（收益差）在 2% 左右。在他们中间，很多国家积累的储备量相对 GDP 而言已达到了很高水平，而这显然意味着一笔巨大的财政成本。

央行管理者必须敏锐地意识到这种机会成本。在发表于 2012 年 8 月的一篇论文中，哥伦比亚共和国银行（央行）行长胡安·达里奥·乌里韦（José Darío Uribe）对此做出了清晰表述，他已认识到本行通过对冲外汇进行市场干预带来的成本。他指出："在积累储备的时候，不仅需要先对成本和收益进行认真分析，还要精确计算机会成本……因为每买进 1 亿美元的外汇储备，对冲储备积累就需要付出 90 亿比索的成本（相当于 490 万美元）。"

金融抑制降低对冲成本，自欺欺人！

某些国家通过金融抑制（Financial Repression）限制对冲成本。在中国，政府为银行存款设定了利率上限，进而减少了银行资金的成本。这就会鼓励国有银行购买利率很低的央行债券，因为这种投资毕竟还是有收益的。

因此，尽管金融抑制可以暂时减少外汇市场干预和对冲操作成本，但还是会发生其他成本的。在中国，受到抑制的利率压制银行业的竞争，降低了金融市场的运行效率。此外，这种金融抑制还会给居民家庭带来直接成本，因为在过去 10 年的大部分时间里，经通胀率调整后的实际银行存款利率已接近 0，甚至低于 0。

这些成本绝非微不足道。按彼得森经济研究所（Peterson Institute）的尼克拉斯·拉德（Nicholas Lardy）估计，这种金融抑制每年给中国家庭带来的成本接近 GDP 的 4%，这导致银行存款的实际利率远低于竞争性银行体系的水平。因此，让家庭支付对冲操作成本的手段，最终降低了国有银行体系的存款利率，而不是提高税收。

此外，如果发达经济体对新兴市场的汇率预期下跌，并最终形成资本损失，或发达经济体的政府利用通胀人为压低政府债券的真实收益率，那么，以储备积累实现自我保险，或将付出长期代价。我们将在第 6 章里讨论这背后的实现机制。

总之，上述讨论的主要结论是，新兴市场正在大量积累外汇储备，这一事实表明，为避免再次面对 20 世纪 70 年代以来遭遇的金融海啸，他们宁愿付出更高的代价。

当然，对于积累储备的依据，我们很难将重商主义动机和预防动机截然分开。除了我们提到的诸多证据（比如本章开始时引用的各国央行行长讲话）之外，很多实证证据也都支持预防性观点。就本书分析的最终目的而言，在任何情况下，动机的重要性或许都不及结果——为不断增加的储备寻找安身之处。

安全性资产是否会变成风险性资产？

在 2006 年印度储备银行会议上，时任哈佛大学经济学教授劳伦斯·萨默斯（Lawrence Summers）指出：“在当今世界上，最贫困的人都住在国际金融储备充裕的国家，这绝对是对我们这个时代的最大嘲讽。”

即便采取在结构上更温和的对外融资，新兴市场依旧不能彻底摆脱预防性动机：一旦遭遇金融危机，他们就可以向市场注入流动性。考虑到危机带来的摧毁性效应，这些国家购买保险抵御灾难性事件，似乎是一笔很划算的交易。但现实是，在继续购买发达经济体的政府债券时，新兴市场同样需要小心谨慎。

新兴市场在积累外汇储备时，可能会带来一种集体行动问题，因为它在为发达经济体的浪费提供资金时，也增加了未来爆发危机的可能性。在本轮金融危机期间，坊间就存在一种顾虑。如果很多新兴市场同时清仓其持有的美国政府债券，那么，金融市场就有可能进一步失稳。因此，在遭遇全球性危机时，不断积累的外汇储备最终将导致储备本身出现贬值，实际上，这就相当于减少了保险的价值，因为它加剧了全球性风险。

国际金融领域流传着一个很著名的悖论。新兴市场追求自我保险的欲望最终加剧了全球风险，并将主要风险从资产负债表的负债栏转移到资产栏。对外融资的结构变化表现为从负债向外国直接投资和股权融资转移，这种变化最终导致国际投资者采取更有利于风险分散的安排。相比之下，在新兴市场的资产负债表上，发达经济体政府债券成为最重要的资产，而且它的份额还在不断加大。官方资本为寻找安全性资产而逃离新兴市场的观点似乎正在变得越来越站不住脚。

那么，投资于表面上看似安全的政府债券，怎么会变得如此危机四伏呢？要回答这个问题，首先要了解美国及其他主要发达经济体公共债务的运行轨迹，而事实表明，那注定会是一幅令人越发不安的场景。

THE
DOLLAR
TRAP

第6章
万亿美元大骗局

———

就像玩桥牌的人经常说的那样，

如果你玩了30分钟，

还不知道谁是傻瓜，

那你就是傻瓜。

沃伦·巴菲特

2009 年 6 月，美国财政部时任部长蒂莫西·盖特纳（Timothy Geithner）来到北京大学礼堂，发表了一场关于中美经济关系的演讲。盖特纳以这场演讲开始了这次中国之行。礼堂挤满了教师、学生和媒体记者。演讲一开始，盖特纳追忆了他在 1981 年夏季第一次来到中国的情景，只不过，他当时的身份是到北京大学学习汉语的一名外国留学生。随后，他谈到了美国经济以及两国进一步改善关系的空间，并以一句中国话祝愿两国合作成功。

　　演讲结束后进入提问环节，但第一个提问者就提到了一个让大家扫兴的问题，也让担任主持人的周其仁教授十分紧张，他想找人提一个稍微友好一些的问题。于是，他的目光落在张博洋身上，这个稚气未脱的男孩子是他的得意门生之一。张博洋向盖特纳提的问题是：

　　　　克鲁格曼教授刚刚在 5 月份访问了北京大学，而且也在这里发表了一场演讲。他认为，本轮金融危机的持续时间可能会超过大多数人的预想，他担心第二轮危机会再次袭击美国。他的这种

2009 年 6 月 1 日，蒂莫西·盖特纳在演说开始前与以前的老师傅敏握手（图片来源：张天天，中国摄影出版社）

说法会让我们再次担心中国在美国资产的安全性。你是如何看待这个问题的？

盖特纳不假思索地回答：“中国的资产非常安全。”[1] 台下听众随即爆发出一阵笑声，从盖特纳的肢体语言和语调中，听众可以感受到他的尴尬，这个事件被中国媒体及国际媒体广泛报道。后来，张博洋以班级最高分成绩毕业，目前正在我的指导下在康奈尔大学学习。

实际上，张博洋提出的问题不仅是中国的顾虑，也是其他很多国家的担心。2000—2012 年，其他国家将 7 万亿美元转移到美国。这恰好

---

[1] 盖特纳讲话的全文见：http://blogs.wsj.com/chinarealtime/2009/06/01/full-text-of-geithners-speech-at-peking-university/。张博洋的问题见诸中国媒体。盖特纳的回答原话见：Glenn Somerville. "Geithner Tells China Its Dollar Assets Are Safe." Reuters. June 1, 2009. 这一事件以及盖特纳的回答还有一个略有不同的版本，见2009年7月1日的《时代杂志》：Bill Powell, "Geithner's Asia Background Shows on His China Trip"。网络版见：http://www.time.com/time/world/article/0,8599,1902099,00.html。

也是美国在此期间用其他国家资金积累起来的经常账户赤字。同一时期，全球外汇储备的累计额约为 9 万亿美元，其中 6.5 万亿美元储备属于新兴市场和发展中经济体，剩余的 2.5 万亿美元属于发达经济体。假如全球外汇储备的 60% 是以美元计价的资产，那么，我们就可以说，美国 5.5 万亿美元的净资本流入起因于储备积累。在这笔巨资中，很大一部分源于新兴市场积累的庞大储备。换句话说，一些国民年均收入只有 8 000 美元的国家出钱养活了年收入比他们高出 6 倍的国家。其中相当一部分购买了美国国债。在这场规模浩大的信心游戏中，新兴市场是否已经被骗，或是甘愿被骗呢？答案十分微妙。

越膨胀越脆弱：不安全的安全性资产

首先，我们不妨考虑一下发达经济体的政府债券，这是规模最大的一类安全性资产。在这里，明确定义很重要，因为在普通人的心目中，公共债务的概念鱼龙混杂，多种多样。

债务总额的范围超过债务净额，包括由各个政府机构持有的债务（见图 6.1）。按照美国法律规定，社会保险信托基金历年累计结余必须投资于"由联邦政府对本金和利息提供担保的有价证券"。这些特殊证券只对信托基金开放，与对公众出售的有价证券不同的是，它随时可以按面值赎回。美国的债务净额由两部分构成。一部分指公众持有的债务，这是一个比较宽泛的概念，涵盖国内投资者以及包括其他央行在内的其他国家的投资者；还有一部分则是美联储持有的债务。从技术上讲，美联储是"一个隶属于政府的独立实体"，而不是政府的组成部分。

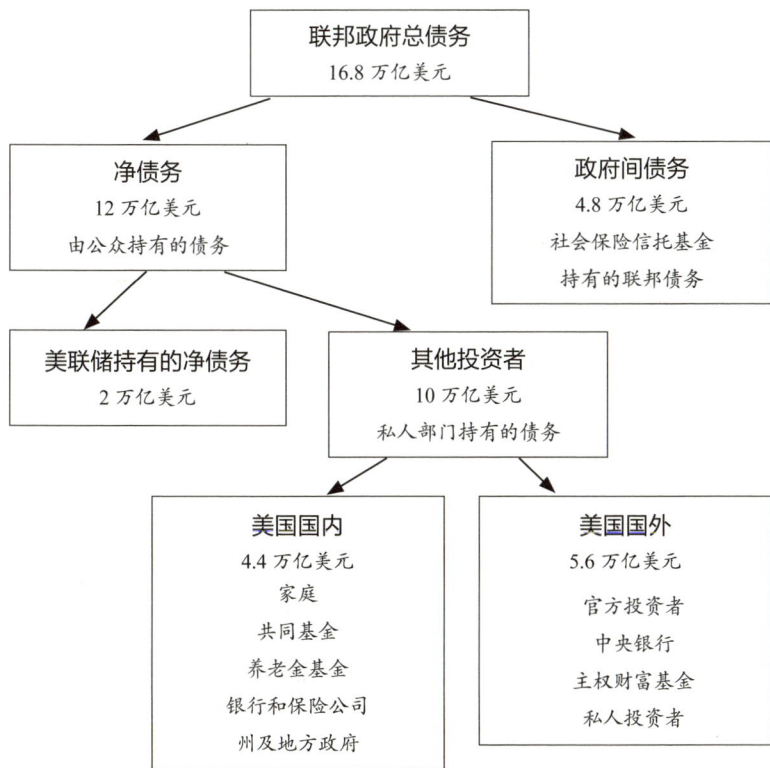

图 6.1　谁是美国联邦政府债务的持有者？

数据来源：U.S. Treasury Bulletin, June 2013: Tables FD-1, OFS-1, OFS-2, and U.S. Treasury International Capital System: Table on "Major Foreign Holders of Treasury Securities," June 2013.

数字：图中显示数据的基准日为 2013 年 3 月。

在图 6.1 中，按两个口径统计的债务在数量上出现了巨大差异。2013 年 3 月，美国的净债务突破 12 万亿美元，而总债务达到 16.8 万亿美元。其中，美联储持有的净债务约为 2 万亿美元。剩余的 10 万亿美元则被划分为私人部门持有的部分，包括国内外投资者持有的各种美国国债。2012 年，日本的净债务达到 8.1 万亿美元，总债务约为 14.2 万亿美元。造成这种差异的原因不止是由政府机构持有的政府债务，如国家养老金基金，还有日本政府拥有的大量金融资产，这些资产相应减少了净债务。

对一国债务的安全界限到底应采用哪个定义进行评估，在经济学家之间始终存在较大争议。尽管在债务总额中，有相当一部分是某个政府部门对另一个部门的负债，但就总体而言，政府最终还是要偿还这些债务的。随着美国老龄化人口增加以及社保接受者与在职劳动力比率的提高，美国的社保信托基金已逐渐开始动用结余资金，此时，政府就必须以真金白银履行其对社会保险的负债。

在分析一国政府对国外融资的依赖性时，净债务概念更符合要求，因为它代表了债务总额中可在金融市场上交易的部分。在总债务中，通常大部分还是由国内投资者持有的，而净债务则不存在这种现象。

此外，如果要全面了解债务构成全貌，就应该将私人债务纳入其中。但在这里，我们讨论的重点则是与新兴市场积累储蓄有关的资产。第 5 章已经指出，AAA 级公司债券和资产支持债券的市场供给已经出现了萎缩。此外，即便是一向被视为非常安全的高信用等级债券，其安全性在金融危机期间也受到了质疑。

荒唐的债务现状：穷国发力，富国举债

全球金融危机导致公共债务在绝对量以及以 GDP 为基准的相对量上均出现了剧增。2007 年，也就是在金融危机爆发的前一年，全世界政府债务净值（即全球公共债务）总额为 23 万亿美元，但到了 2012 年，便增长到 41 万亿美元（见图 6.2）。在净值的总增幅中，近 16 万亿美元属于发达经济体，这导致他们的债务总额在 2012 年年底达到了 35 万亿

美元。这些经济体在金融危机时期启动财政刺激计划，并对银行业实施
救助，从而导致了公共债务的大量增加。

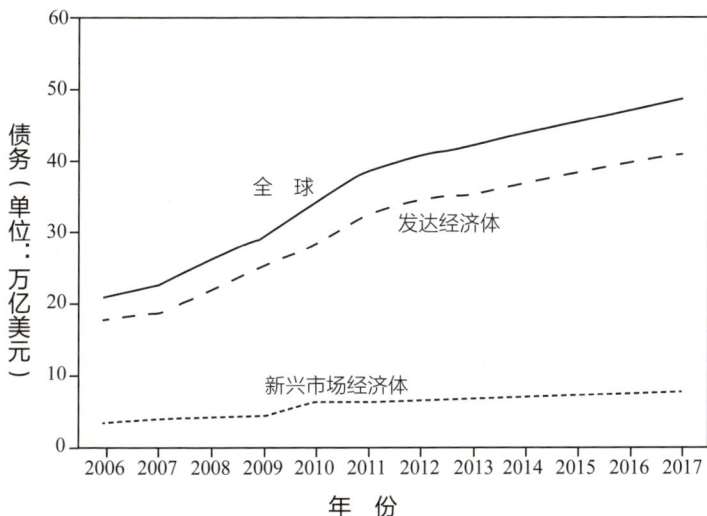

图 6.2　全球政府债务规模

数据来源：《IMF 国际金融统计》（*IMF International Financial Statistics*）。
注释：图中显示的为包括发达经济体和新兴市场经济体在内的政府净债务总额，所有
经济体的数据均按市场汇率转换为美元表示。总债务数据适用于如下未公布净债务的
国家和地区：属于发达经济体的捷克共和国、希腊、中国香港、新加坡、斯洛伐克共
和国和斯洛文尼亚；属于新兴市场经济体的阿根廷、中国、印度、印度尼西亚、马来西亚、
菲律宾、罗马尼亚、俄罗斯和泰国。2013—2017 年的数据以 IMF 的预测为基础。

　　发达经济体的公共债务在未来若干年的总体状态并不乐观。预计他
们的公共债务总额将在 2017 年达到 41 万亿美元,相当于 2007 年的两倍。
按此估计，到 2017 年，公共债务总额将达到这些发达经济体预计 GDP
的 81%。2007 年的债务总额与 GDP 之比仅为 48%（见图 6.3 ）。

　　新兴市场经济体的公共债务则表现出完全不同的境况。其平均债务

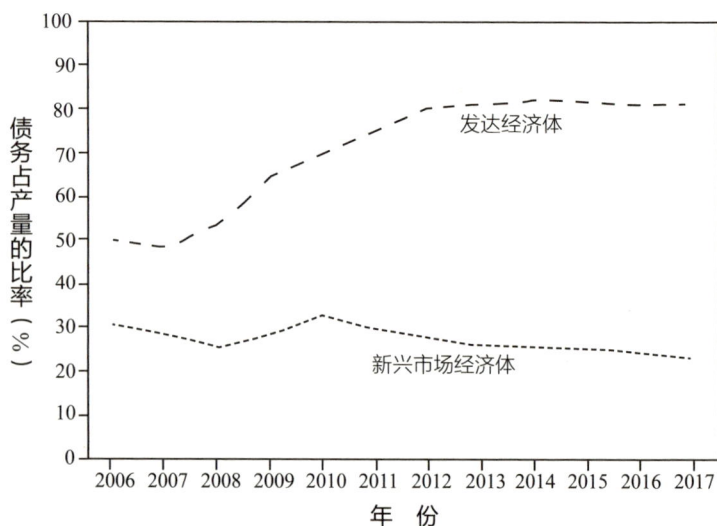

图 6.3　全球政府债务与产出之比

数据来源：《IMF 国际金融统计》（*IMF International Financial Statistics*）。
注释：图中显示了每一类经济体的政府净债务总额，并表示为占该大类经济体总 GDP 的百分比。2013—2017 年的数据以 IMF 的预测为基础。

对 GDP 的比率在 2007 年为 29%，并预计在 2017 年下降至 23% 左右。换句话说，在未来的若干年里，发达经济体与新兴市场经济体在平均债务与 GDP 比率上的差距预计将进一步拉大。

这些变化显示，两类经济体之间的经济实力对比正在发生翻天覆地的变化。正如在我和阿汉·科斯于 2010 年出版的《新兴市场》（*Emerging Markets*）一书中所描述的那样，在进入 21 世纪之后，这种现象就已经开始加速演进，并在金融危机的刺激下再次提速。全球债务和 GDP 的分布就是这种转换最有说服力的写照。

2007 年，新兴市场的 GDP 占全球 GDP 总额的 25%，在全球债务总额中的比例为 17%。到 2017 年，他们在全球 GDP 总额中占据的比例预计将达到 40%，在全球债务总额中则仅为 16%。这些数字以及相应的详细构成见附录图 A.1 和图 A.2。

如果对比两类经济体在全球债务增长以及全球 GDP 增长中的份额，他们之间的反差就更加鲜明了（有关信息见附录图 A.3）。新兴市场对全球 GDP 总增长量的贡献远远超过它在全球公共债务增长总量中的比例。在 2007—2012 年的全球 GDP 增长总量中，由新兴市场创造的部分为70%。相比之下，在同期的全球公共债务增长总量中，来自新兴市场的份额仅为 14%。如果看看未来 5 年的预测数字，数字上的对比同样令人咋舌。2012—2017 年，新兴市场为全球 GDP 增长做出的贡献预计将达到 60% 左右，而在全球公共债务增长量中的比例则不超过 20%。也就是说，新兴市场为全球 GDP 做出了更大贡献，而发达经济体的主要"使命"则是增加全球公共债务。

在增加债务方面，美国和日本绝对是不折不扣的重量级选手。这两个国家对全球债务加剧的"贡献"远超过他们对全球 GDP 增长的贡献。在 2007—2012 年的全球 GDP 增长量中，美国贡献的份额为 38%，而对2012—2017 年 GDP 预期增长量的贡献将接近 50%。美国在这两个时间段内全球债务增长量占据的比例分别为 12% 和 23%。日本在这两个时间段的全球债务增长量中分别占据了 25% 和 34%，而其对全球 GDP 增长的贡献就逊色得多了。

我们会发现，认真揣摩这些数字是非常有必要的，总体而言，它们体现出新兴市场在财政政策上的审慎态度。不过需要提醒的是，我们同样需要谨慎对待这些经济体发布的债务数字。以中国为例，由于省级政府金融债务以及国有银行体系不良资产等或有负债的大量存在，可能导致央行的实际债务水平远高于官方发布的统计数字。当然，正如近期危机体现的那样，如果发达经济体的大型银行搁浅或是养老金体系资金不足，那么，他们同样要面对大量或有负债。

在上述分析中，我们尤其需要关注一组反映国际货币体系结构的特殊数据。在 2007 年的全球 GDP 总额和债务总额中，4 个主要储备货币所在地区（欧元区、日本、英国和美国）占据的比例分别为 64% 和 80%。按照上述预期，到 2017 年，他们在全球债务中的比例基本不变，但在全球 GDP 中的比例将下降至 50%（见附录图 A.1 和图 A.2）。

越挖越深的债务黑洞

发达经济体是为自己挖了一个债务深洞，身处其中时，他们才发现，自己已经很难解脱。展望未来 5 年，他们的财政前景似乎更加晦暗阴冷。首先，在这些国家当中，大多数国家都将面临人口增长缓慢的现实，出生率已低于人口正常更新所需要的人口替代率。到 2030 年，大多数发达经济体将出现劳动力短缺问题，而这又意味着，如果投资或生产率不能出现补偿性增长，他们就必将会遭遇增长减速问题。在日本和意大利等发达经济体，劳动力数量已经开始减少。

很多新兴市场经济体也都存在劳动力压力，只不过程度不同。印度和印度尼西亚等少数年轻人口比重较大的国家，只要政策得当，甚至还有可能会释放新一轮的"人口红利"。有趣的是，在发达经济体中，美国在这个问题上还处于相对有利的地位，因为美国的人口出生率接近于人口替代率，从 2015 年起的 20 年内，美国的劳动力数量甚至会继续增长。大多数发达经济体则受到双重约束，除了劳动力数量正在萎缩之外，他们还要面对人口快速老龄化问题，而这又会进一步增加政府的医疗卫生及养老金开支。到 2030 年，在德国和日本等国家，老年人口抚养比率（老龄化人口数量与劳动年龄人口之比）将接近甚至超过 50%。在发达经济体中，美国是老年人抚养比率相对较低的国家之一，3 个劳动年龄人口抚养约 1 个老龄人口。但即便是这样的比率，也远远高于所有主要新兴市场经济体的老年人口抚养比率。老年人口抚养比率居高不下而且还在继续攀升，必将给发达经济体的公共开支增添压力，让有限的资金远离教育、投资和其他有助于促进社会生产率的开支。

在增长乏力以及人口趋势令人担忧的大背景下，有一件事情是确信无疑的。主要储备货币发行国将在未来若干年内大量生产政府拥有的"安全性资产"。但随着公共债务形势进一步恶化以及债务压力继续猛增，这些资产的安全性也开始受到越来越多的质疑。在这些经济体中，飞速膨胀的公共债务有可能对内部和外部金融稳定构成威胁。

在新兴市场的众多顾虑当中，正是这个因素促使他们将储备投资于发达经济体的货币，尤其是以美元计价的资产。不过，这些货币本身也在经受着各种各样的风险。

押注美元，新兴市场是否心有余悸？

美元必将贬值。在大多数宏观经济学家的头脑里，这个命题似乎不言自明，根本就无须证明。在他们看来，这也是美国乃至全球经济自我调整的一个基本前提。美元对美国主要贸易伙伴国的货币实行贬值，不仅导致其出口更具竞争力，也让进口商品对美国消费者而言更加昂贵。最终，这将有助于将美国的贸易赤字压缩到可长期维系的水平。但事实证明，如果你将赌注押到美元必将贬值这个不言自明的命题上，至少在短期内绝对不是一个好赌注，尤其是在当前全球金融危机余烟未散的形势下。那么，对于美元在未来若干年的价值，哪些命题又是确信无疑的呢？毫无疑问，在预测汇率的短期运行趋势方面，经济学家并不比普通人有什么高明之处。在一个星期、一个月甚至是一个年度的时间跨度内，汇率浮动会受到诸多因素影响。投资情绪的随机变化会导致货币价值肆意浮动，使之表现出与经济增长和失业率等经济基本面并无关联的态势。

短期投资者倾向于关注名义汇率，但从一种货币相对另一种货币的真实购买力角度看，真正有意义的还是经通胀率调整后的真实汇率。名义汇率是一种货币相对于另一种货币所具有的市场价格。真实汇率则对不同国家间价格水平的差异进行了调整，因而能更真实地反映一种货币相对于另一种货币的购买力。换句话说，它衡量了构成完全相同的一揽子商品和服务在不同国家的真实成本。这两个汇率指标的走向通常保持一致，但也有可能出现较大差异。比如，2005 年 1 月至 2013 年 3 月，人民币相对美元的名义汇率出现了 33% 的升值，而真实汇率则升值了 38%。

尽管短期货币的价值变化难以捉摸，但经济学家还是可以更好地认识到影响真实汇率长期变动的原因。若一个国家的生产率增长较快，那么，其货币相对于贸易伙伴国货币的价值往往倾向于升值。随着生产率的改善，一国的收入水平必将随之提高，因为生产率的提高必将增加对劳动力的需求。此外，一个快速增长的经济体，也倾向于吸引更多的资本流入。这两个因素最终都将推高国内货币的价格，尽管现有的统计模型还无法准确地告诉我们，到底什么时候最有可能发生这种情况。生产率增长和汇率升值之间的关系在长期内表现得更为明显，也就是说，两者之间的这种关联性在 1 年期窗口未必显现，但在 5 年时间跨度内就会显露出来，而在 10 年甚至更长时间内，往往会体现得更为明显。

新兴市场的劳动生产率增长始终领先于发达经济体，而且这种情况很可能还会延续一段时间。对发达经济体而言，公共债务的增长意味着对医疗、教育、投资和基础设施等政府开支项目形成挤出效应；反过来，这又进一步伤害了他们的生产率增长。在这些经济体，家庭和金融机构的资产负债表在金融危机中受到严重损害，而且迄今尚未完全康复，这也给他们的经济增长前景蒙上了一层阴影。所有这些因素汇总到一起，形成了一种制约力量，它意味着，发达经济体与新兴市场在生产率增长方面的差距还将维持下去，因此，新兴市场的货币必将在很长一段时间内形成对主要发达经济体货币升值的趋势。

不过，某些因素的存在，在理论上也有可能改变上述长期生产率和货币变动趋势。比如，在美国，新一轮能源革命的预期已开始让人们跃跃欲试。新技术让美国人或许可以利用深藏在页岩层内的石油天然气，人们将这些新技术视为改变全球能源市场均衡的杠杆，届时，游戏将重新开始。根据某些估计，进口能源在美国目前的贸易赤字中占据近 50% 的份额，因此，这种新技术带来的能源产出首先会减少美国的能源净进口量，进而导致美国贸易及经常账户赤字的大幅减少。然而，这场革命显然还在萌芽之中，未来的收益还不得而知。

据美国能源部估计，由页岩层开采的石油天然气产值在 2012 年为 2 500 亿美元，相当于美国 GDP 的 1.5% 左右，到 2035 年，年产值预计可增加到 5 000 亿美元。

来自私人部门的分析师也对页岩开采石油天然气的前景进行了预测，按照他们的估计，这部分新增能源每年可能给 GDP 带来 0.1% ~ 0.3% 的增长，对贸易而言，贸易赤字的减少量相当于 2012 年 GDP 总量的 10% ~ 25%。这些预测表明，能源革命的逐步全面展开，必将给美国经常账户赤字和美元带来长期性重大影响。然而，即便是按照最乐观的估计，这场革命也不可能改变，更不用说彻底扭转决定美元长期贬值趋势的其他基本力量。

经济越发展，储备越贬值？

储备货币的贬值给新兴市场货币带来的最大影响在于，将财富在悄无声息之间从穷国转移到富国。当美元相对于人民币贬值时，对于中国以美元形式持有的储备，其按人民币计算的价值就会减少。当然，如果按美元计算价值，这些美元储备的价值没有任何变化。这些货币估值效应可能会非常明显。

有关中国和美国的部分数字可以帮助我们回答这个问题。根据有关方面估计，在中国，制造业劳动生产率的年增长率约为 11%，而美国在 21 世纪第一个 10 年里的年均增长率却只有 3%。一方面，我们按最保守的假设，即便中国在未来 10 年的生产率增长速度下降 50%，另一方面，我们对美国则按最乐观的假设，即维持目前的增长率，那么，中国的年均生产率增长速度依旧要比美国高出 2.5 个百分点。在未来 10 年内，中美两国的累计生产率差异将达到 28% 左右。这里需要考虑复合效应，如果仅以每年 2.5% 的差额乘以 10 年来计算总差额，显然是不正确的。考虑到全部调整因素，如对通胀率进行完全调整，那么，人民币将对美元出现 25%～30% 的升值。即使中国不会容忍人民币的名义价值出现如此巨大的升值，调整本身也有可能让中国的通胀率远高于美国。

中国始终不对外披露其外汇储备的货币结构。根据各方面汇总的信息以及坊间传闻，人们普遍认为：截至 2013 年 3 月，中国的 3.4 万亿美元外汇储备中，至少有 60% 是以美元形式持有的，相当于 2 万亿美元左右。官方的外汇储备还并不是中国实际持有的全部美元资产。其他美元资产还包括为充实资产负债表中的资本金而不定期转移（转账）给国有银行的储备、主权财富基金（中国投资公司）的投资以及政府机构和私人投资者的其他投资。假设这些以美元计价的投资合计为 2.5 万亿美元，并可实现约 5 000 亿美元的收益。那么，如果中国不改变其目前的投资模式，在未来 10 年内，仅因为货币估值效应，其储备资产以本币计算的损失就将高达 7 000 亿美元左右。这并不是只有中国担心的事情，其他新兴市场也存在这个问题。

事实上，美元的价值在过去 10 年内已开始步入明显的下行趋势。在更长的时间窗口内，美元的价值肯定会出现剧烈起伏。但正如第 5 章所述，全球金融一体化程度的加深，美国庞大的经常账户赤字和来自其他国家庞大的官方资本流入，还只是刚刚出现的新生事物。因此，为了分析美元陷阱及其带来的影响，我们只关注 2000 年以来的时间区段。

图 6.4 表明，自 2000 年起，相对于贸易伙伴国的一揽子货币构成，美元的名义价值和真实价值每年都维持着 1% 左右的贬值[1]。其中的一部分贬值是针对其他发达经济体的货币，但美元对主要新兴市场的货币则存在大幅贬值，尤其是按通胀率调整之后，这种贬值更为明显。这种趋势的持续，必将给中国及其他新兴市场的美元储备造成巨大损失。

---

[1] 国际清算银行的数据表明：在2000—2012年，参照由27个国家构成的一揽子货币（几乎全部为发达经济体）为基准，按通胀率调整后的美元指数年均升值1%。通过对比这些数字与图6.4中的相应数字（广义指数的年均升值率为1.2%，该指数的基准参照物除包括上述狭义指数中的发达国家之外，还包括大多数新兴市场国家），可以看到，在这一时期，按通胀率调整后，美元相对新兴市场货币的贬值幅度要远远超过相对其他发达经济体的贬值幅度。

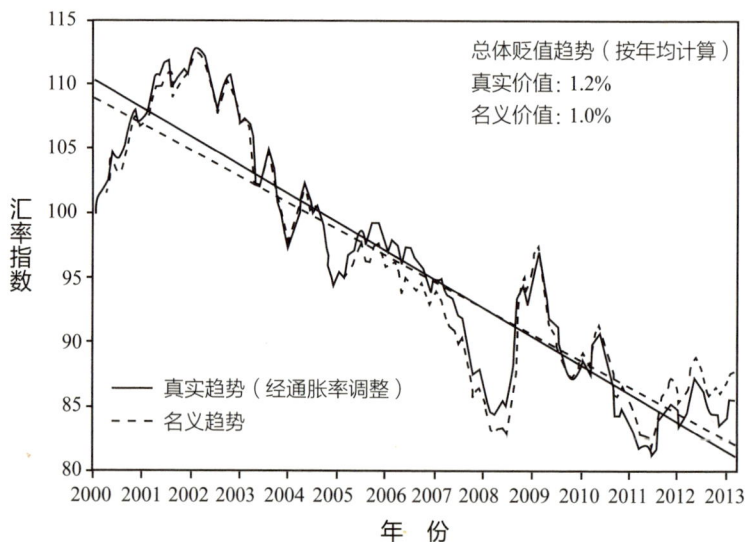

图 6.4   美元的下行趋势

数据来源：国际清算银行。

注释：贸易加权的真实有效汇率及名义有效汇率指数（以 2000 年为基准 =100）按照由 61 种货币构成的一揽子货币计算。如果有效汇率指数下降，则表示货币贬值。图中的直线为贸易有效汇率（点线）和真实有效汇率（实线）在线性时间区段内的趋势。

储备多样化也无法逃脱美元魔爪

对于新兴市场而言，一个可选的方案或许就是将美元转换为其他硬通货币，譬如欧元或日元。但这显然又有悖于另一个现实：人民币及其他新兴市场的货币对其他主要硬通货币同样也在升值。考虑到外汇储备的总体规模以及几乎所有储备均为美元、欧元及日元资产这一事实，新兴市场以本币计算的资本损失将是非常巨大的。假设在中国的外汇储备中，40% 为美元以外的货币。按 2013 年 3 月份的数据，这就相当于约 1.4 万亿美元的非美元资产。如果人民币对这些货币出现 10% 的汇率贬值，这意味着，中国因货币估值效应遭受的损失约为 1 400 亿美元。

这个问题也是储备管理者需要关注的一个要点。但利用不同硬通货币实现储备资产的多样化，却无助于帮助新兴市场规避货币估值效应对其外汇储备的负面影响。因为没有一个主要发达经济体能达到新兴市场的经济增长率。据美国知名研究机构世界大型企业联合会（The Conference Board）估计，在 2012—2013 年，新兴市场与主要发达经济体的年均生产率差异约为 3 个百分点。

通过对全球生产率状况进行的综合研究，哈佛大学的戴尔·约根森（Dale Jorgensen）和新加坡国立大学的于江武（Khuong Vu 的音译）预测，在未来 10 年里，在由 7 个最大发达经济体（加拿大、法国、德国、意大利、日本、英国和美国）组成的七国集团（G7）内部，最有可能实现的年均生产增长率为 1.3%。对于 6 个主要新兴市场以及韩国组成的集团，同期的生产增长率预期将达到 4.8%。

上述数字表明，两个集团的年均生产率的差异约为 3.5 个百分点。这背后的含义在于，对于那些试图以减少美元资产来摆脱美元陷阱的国家来说，求助于欧元和日元等货币几乎无济于事。如采取较上述分析进行更保守的估计，新兴市场的年均生产率增长速度将高于发达经济体约 2 个百分点。若出现这种情况，我们或许可以期望看到，新兴市场的货币相对发达经济体的货币汇率将出现对应幅度的升值。也就是说，如以本币计算，他们持有的外汇储备将在未来 10 年出现 20% 左右的贬值。而这背后则意味着，约 1.2 万亿美元的资产从穷国转移到富国。

刀不血刃：美元贬值造成的财富转移

对于美元贬值造成财富转移的逻辑，当然存在不同的声音。反对者认为，货币价值并不会带来这么大的影响，因为持有美元就代表了对以美元计价的美国商品和服务拥有索取权。

按照这种观点，储备资产因币值波动而上下浮动，完全只是记账问题而已，根本就不会带来任何实质性后果。如下这段措辞生动的比喻是外界向中国国家外汇管理局提出的问题，该机构也是负责管理中国外汇储备的官方机构：

有些人依旧相信，人民币升值将导致外汇储备这笔原本到手的财富慢慢蒸发掉，就像煮熟的鸭子飞走了一样。所以说，人民币升值是否会导致外汇储备甚至社会福利的实际损失呢？

下面是中国国家外汇管理局针对这个问题做出的官方回应（相关问题和回复均摘自外汇管理局的官方网站）：

人民币升值不会直接导致中国外汇储备的损失……人民币对美元汇率变动，导致了外汇储备折算成人民币的账面价值变动，但这并不是实际损益，也不直接影响外汇储备的对外实际购买力。这只是用人民币还是美元作为报告货币所导致的账面差别。只有将外汇储备调回并兑换成人民币，才会发生汇兑方面的实际变化。目前，我国外汇储备没有大规模调回的需要。

但现实绝非如此简单。在干预外汇市场和积累外汇储备时，中国人民银行需要卖出人民币，并买进美元。为抵消本币供给增加可能带来的通胀压力，中国人民银行需要发行央行债券，它实际上就是以人民币标明面值的负债。这些人民币负债与中国人民银行的资产负债表上的美元资产基本上是一一对应的。如果储备资产的人民币价值因美元对人民币贬值而下降，那么，中国人民银行就必须在其资产负债表上记录一笔损失。从经济角度出发，这种损失很容易管理，但它可能会在政治上带来问题。中国人民银行发行的票据主要出售给中国的国有银行，因此，它依旧存在于政府体系内部。归根到底，政府还是要承担这笔损失的。

在某些情况下，外汇储备不仅是一种抵御资本流动引起的波动的保险，还是一种有助于防范国内金融失稳的规避机制。中国政府曾利用其储备冲销不良贷款，重建国有大型银行的资本金。2004 年 1 月，政府通过中央汇金投资公司，以外汇储备向中国四大国有银行中的中国银行和中国建设银行注资，总额合计达到 450 亿美元。在这种情况下，由于银行资产负债表上的所有项目均以人民币表示，因此，这些储备实际上就相当于调回并用于国内项目。

在实践中，银行确实可以将针对同一笔投资的资金作为储备，但必须同时在资产负债表中以人民币对该笔投资进行估值。因此，如果银行以外汇储备调整其资本结构，就会迫使政府对外汇储备中相应的部分确认货币重估损失。

这些令人不安的问题也引发了广泛争议，如果发达经济体政府债券的本金价值已经面对各种风险，而新兴市场却将它们当作安全性资产，不知道等待他们的到底是什么。

人为制造通胀偿还债务并不明智！

债务规模已导致人们对许多主要发达经济体能否履行偿债义务产生怀疑。当然，只要不超过限度，债务就可以无限展期。但现实是，这些经济体的债务水平不仅很高，而且还在继续增长，随着老龄人口给公共养老金及医疗健康体系带来的压力逐渐加大，债务形势极有可能进一步恶化。对于一国政府而言，如果债务以本币计价，最容易的偿债方式就是多印钞票。货币供给的增加会提高本国的通胀率，进而减少政府债务的真实价值。之后，对债务的所有权也就成了决定这场游戏输赢的关键因素了。如果债务由国内持有，那么，通货膨胀实际上就代表着财富在国内不同群体之间的转移。

一方面，如果退休人员将其很大一部分储蓄投资于较为安全的政府债券，那么，通胀率的提高就会蚕食他们的利息收入，导致其实际利息收入减少。

另一方面，采用固定利率贷款的借款人则会成为受益者，因为其贷款还款额的真实价值会减少，这实际上就相当于减轻了他们的偿债压力。赢家肯定会很开心，但输家注定不会善罢甘休，必然会给政府带来大麻烦。

以通胀作为偿付一国债务的基本策略是一个非常严重的问题。通货膨胀一旦发生，就极难控制。因为推动通货膨胀的不止是当前形势，还取决于对未来经济走势以及政府政策的预期。只要人们相信，政府未来肯定会求助于公共债务形式的货币融资，那么，即使眼下没有任何政策调整，这种预期也会推高通胀预期，并提高当期的实际通胀率。正因为如此，不管会带来怎样的政治后果和经济后果，中央银行都要不遗余力地与通胀做斗争。

如果人们认为，一国的央行只是政府的附庸品，它甘愿以印制钞票的方式为政府债务提供资金，那么，通胀预期就可能会变得"难以把握"，这样的表达方式听起来似乎无伤大雅，却掩盖着恶性高通胀带来的破坏性影响。

还有一个值得担心的问题是，一旦政府对其承担的部分真实债务违约，比如说，人为制造通货膨胀或迫使投资者接受债券投资损失，那么，储蓄者和投资者就不会再愿意把钱借给这个政府。这必然会推高利率，进而抬高政府未来发行债券的成本。当然，这种事情以前也曾经发生过。比如说，美国政府曾对第一次世界大战期间发行的部分债券出现违约。显而易见，金融市场的记忆力太糟糕了，因为美国政府债券依旧被视为最安全的投资。

与外国投资者"共患难"的假象

从政治上说，如果一国政府发行的债券由外国投资者持有，依赖通货膨胀减少偿债压力当然是再简单不过的办法了。在这种情况下，尽管高企的通胀率会损害所有政府债券持有者的利益，但此时的苦楚显然就不那么强烈了，毕竟，外国投资者不得不与他们一起分担痛苦。

并非所有国家都享有将主权债务违约成本转嫁外国投资者的特权。在这个问题上，美国无疑是一个特例。在图 6.5 中，我们可以看到主要储备货币发行国的政府债券由外国投资者持有的数量。在这部分内容里，我们只考虑美国中央政府的债券，因为地方及州政府的债券很少会成为外国投资者的投资对象。

对于美国来说，外国投资者（包括官方投资者和私人投资者）持有的美国公共债务总额约为 5.6 万亿美元（截至 2012 年 12 月），相当于未偿还公共债务净额（不包括美联储的持有量）的 56%。其中，外国官方投资者的持有量约为 4 万亿美元，占持有量的 75%。英国政府债券被外国投资者持有的比例相对较低，债务净额中仅有 1/3 被外国投资者持有，而对于拥有较高国内储蓄率的日本，这个比例仅为 11%。在瑞士的政府

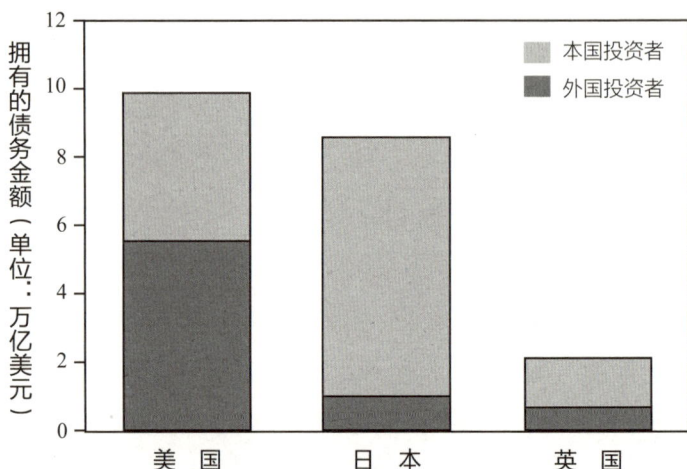

图 6.5　英国、美国和日本政府债务净额的所有者拥有的债务金额

数量来源：美国财政部；日本银行；英国债券管理办公室。

注释：图中显示的数据基准日为 2012 年 12 月。对美国，此处采用的债务净额为"私人持有的债务"，不包括由政府间相互持有的债务以及美联储持有的政府债券。

债券中，约 1/3 由外国投资者持有（由于其债券存量总额较小，而未在图 6.5 中体现）。

此外，由于欧元区成员国之间交叉持有债务的现象极为普遍，因此，欧元区债券由外国投资者持有的情况很难统计。IMF 提供的数据表明，在欧元区国家的全部债务中，约 50% 由外国投资者持有，其中，法国和德国的比例均接近于 60%。不过，IMF 估计，在欧元区各国的未偿还债务总额中，约 25% 由居住在发行国以外的其他欧元区居民持有。按照欧洲央行的估计，外国投资者持有的欧元区债务比例更低，仅为 17%。综上所述，我们认为，从绝对规模和相对比例两个方面考虑，美国债务的对外依存性要远远超过其他主要储备货币发行国。

美国政府债券被外国投资者大量持有这一事实表明，如果美国欲借助通货膨胀减少其外债的真实价值，那么，外国投资者承担的损失约相当于国内投资者的 50%。

这就让包括外国银行在内的外国投资者面对美国巨大的通胀压力，以及美债大量累积带来的其他风险。不过，他们显然还没有充分意识到步步逼近的风险，因为这些投资者依旧在继续购买美债。

图 6.6 为外国投资者为美国积累债务提供的资金。数字为私人持有债务净额的年度增加量以及由外国投资者承担的相应增量。显而易见，在美国融资，尤其是开始于 2008 年的美国国债剧增过程中，外国投资者扮演了重要角色。

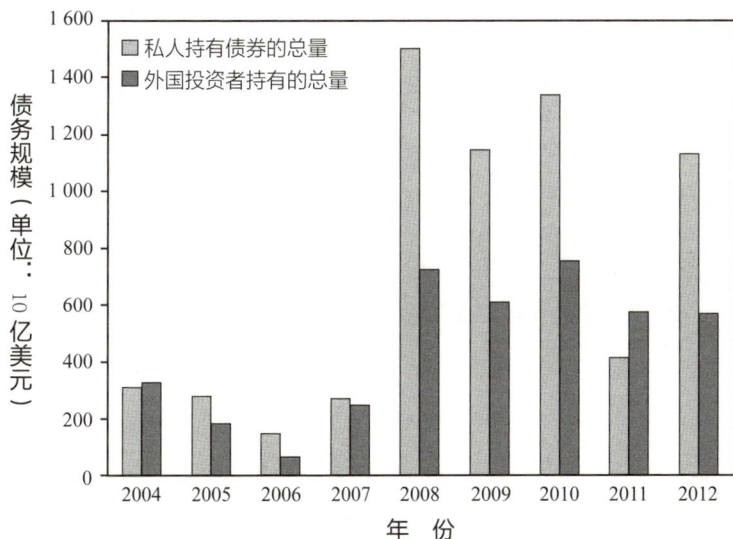

图 6.6　外国私人投资者持有的美国联邦政府债券

数据来源：《2013 年 6 月美国财政部公告》

注释：每个柱体均表示私人持有债务的变化，包括债务总量以及外国投资者占有的债务量，并表示为相对于年底债券存量的变化率。私人持有的债务不包括由政府机构和美联储持有的政府债券。在任何一个年度，如国内投资者在当年减少其持有的政府债券，那么，外国投资者提供的资金就有可能超过该年度债务融资的总规模（如 2011 年）。

从 2007 年年底到 2012 年年底，私人持有的美国政府债券增加了 5.5 万亿美元。其中由外国投资者提供的资金为 3.3 万亿美元，在总增加量中占据了 60%。

害人终害己：国内投资者将损失惨重

外国投资者是否会心甘情愿地被捉弄呢？实际上，他们可能会预计风险，而不是坐以待毙。在美国公共债务所有权结构的背后，所反映出的政治经济学含义是非常有趣的。一方面，一半以上私人持有债务属于外国投资者这一事实表明，对美国来说，借助通胀侵蚀债务价值并不那么痛苦。另一方面，由国内投资者持有的剩余部分也达到了 4 万亿美元。图 6.7 为美国私人持有债务净额在美国国内投资者中的分配结构。国内投资者主要包括养老金基金（20%）、共同基金（20%）、金融机构（14%）、地方及州政府（11%）、家庭及其他投资者（35%）。

政府债券是个人投资组合中的主要构成部分，个人可以直接投资于政府债券，或通过共同基金及养老金基金等途径投资于政府债券。此外，对于风险容忍度较低的个人投资者，也可以根据偏好在投资组合中纳入不同比例的政府债券。退休人员以及接近退休年龄的人往往对投资组合采取较为保守的态度，因而更倾向于接受安全度较高、收益率较低的组合，而非高风险投资。比如说，我们不妨看看由富达和先锋等基金公司提供的生命周期基金。随着时间推移，这些基金会自动调整投资者的组合结构，直至目标日期，从而达到与退休年龄相匹配的目的。因此，这些基金会经常性地调整投资对象，从高风险对象转向低风险对象，前者譬如股票，后者包括政府债券以及经营稳健、违约率较低的公司债券。按照这种基金的投资策略，其组合在目标日期前通常会包含 40% ~ 50%

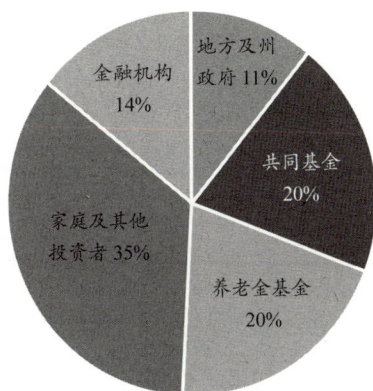

**图6.7 私人持有的美国联邦政府债券
在美国国内投资者中的结构**（2012 年）

数据来源：《2013 年 6 月美国财政部公告》中的表 OFS-2（联邦政府债券所有者）。

注释：图中所示数据的基准日为 2012 年 12 月。养老金不仅包括私人养老金基金，也包括地方及州政府的养老金基金。私人养老金包括联邦雇员退休系统节俭储蓄计划 G 基金（Thrift Savings Plan G Fund）。共同基金包括货币市场基金、共同基金和封闭型投资公司。金融机构包括保险公司和存款机构，后者又包括在美国注册的存款机构、外国银行在美分支机构、美国属地的银行、信贷联盟和银行控股公司。家庭及其他投资者包括个人、政府资助企业、证券经纪和证券交易公司、银行的个人信托以及不动产信托、公司制及非公司制企业以及其他投资者。美国储蓄债券也属于这一类。

的高信用等级固定收益证券。

这些数字表明，政府债券的国内持有者是一个强大的投票和游说群体。老龄选民参与投票的欲望更强烈。此外，很多人生活在佛罗里达州等投票形势不相上下的地区，这些州受总统大选结果的影响也较大。保险公司及地方政府和州政府肯定不希望他们手中的政府债券出现贬值。这些群体在华盛顿颇有政治影响。

从政治经济学角度看，这种形势造就了一种有趣的利益均衡。外国投资者知道，如果美国决定以通胀蚕食自己的真实偿债义务，那么他们将承担政府债券真实价值的绝大部分损失。当然，如果通胀失控的话，外国投资者将比国内投资者遭受更惨重的损失：一方面，债券价格下跌（通胀率上升，名义利率也可能提高）；另一方面，美元贬值。然而，对于拥有相当政治影响力的政府债券国内持有者来说，通货膨胀同样会给他们带来相当大的痛苦，因此，政府以通胀减少公共债务价值的可行性并不大。

总之，美国政府债券的国内持有者的基本面使得以通胀降低债务，在政治上很难行得通。在美国，高通胀率在政治上绝对是不可接受的，而且一旦通胀既成事实，再让它俯首帖耳就很难做到了。

即使不考虑这些政治因素，以通胀减少政府债务，在经济上带来的后果同样非常复杂。提高当期通胀率或预期通胀率都会推高利率，从而抬高政府的借款成本。2013 年 6 月，期限不超过 1 年的政府债券总额达到 1.6 万亿美元。包括期限更长的政府债券在内，这些政府债券都必须按更高的利率偿还。2013 年 6 月，直接被纳入通胀指数计算的政府债券（政府通胀保值债券，简称 TIPS）[1]达到 9 000 亿美元，相当于当年私人持有政府债券的 9% 左右。社会保险福利及其他政府支出项目同样被纳入消费品价格指数的通胀率的计算。实际上，对于政府预算中的主要开支项目，如针对老年人的医疗保健和针对低收入人群的医疗救助，也间接地被纳入指数计算，因为这些项目的成本最终也要随着通胀率的提高而上涨。所有这些因素都抵消了以通胀减少未偿还债务存量价值可能带来的收益。即便在经济陷入困境时，外国投资者在选择安全港时，也不太可能避开美国的政府债券。

---

[1] 通货膨胀保值债券的本金会随着经济扩张而增加，随经济紧缩而减少，经济的扩张或紧缩可以用CPI衡量。有关通胀保值债券及其他美国政府债券的详细情况，参见国库券直达（Treasury Direct）的网站：www.treasurydirect.gov。

美债将要选择性违约，你信吗？

美国国债市场和美国基本法律体系的结构对外国投资者而言非常重要，因为每个投资者都会思考这两个方面，而且肯定会充分考虑是否会出现以他们为对象的选择性违约。事实证明，到目前为止，还未出现这种选择性违约。

鉴于政府债券市场的体量以及该市场的交易量，按持有者的不同类型对债券进行筛选绝非易事。就像本章上述分析所阐述的那样，政府当然会披露大量信息，以确定到底是哪些类型的投资者在持有政府债券。但这种信息是基于调查和报告得来，而不是所有权人的注册信息或其他可直接追溯债券最终所有者的渠道。由于缺乏针对政府债券最终所有者的可靠信息，美国政府对外国投资者拥有的那部分债券进行选择性违约的难度绝不亚于登天。

即使可以克服这些技术性障碍，还要考虑法律制度的限制。在法律上，美国政府不得对不同类型的投资者实行差别性对待。这也是法律界争议颇多的一点，但归根到底，实施选择性违约必须经过美国国会的立法程序，而且即便国会通过，也未必符合宪法要求。一旦出现违约，无论是国内投资者还是国外投资者，都有可能将美国政府诉诸法律。此外，国会采取行动所需的时间窗口也会导致这个法律点失去意义。如果是这样的话，外国投资者可以迅速清仓其持有的债券，不过，对于持有量超过 1 万亿美元的中国和日本这样的官方投资者来说，这样做的可能性微乎其微。

可以想象，美国可以与这些美债的大型官方持有者直接展开谈判，减免美国对该国的部分债务。一方面，如果完全不符合一个国家的根本利益，这个国家也就没有理由注销其持有的美国国债。另一方面，美国也绝对没有更多值得信赖的经济杠杆，说服其他国家接受这样的谈判。不过，美国或许可以凭借经济以外的其他力量。如果美国打算就债务偿还事宜展开经济领域以外（比如军事）的谈判，那么，投资者对债务的信心必然会受到动摇。

上述分析的结论在于，诸多保护层的存在，让美国国债的外国投资者很难成为选择性违约的对象。因此，考虑到上文讨论的因素，这种保护让他们有足够的经济动力，去继续为美国债务的积累提供资金。

不是谁都能像美国那样保持债务可持续

每个人迟早都要偿还助学贷款、住房抵押贷款和其他贷款，除非他们宣布自己已经破产。个人不能无限展期的原因在于，每个人早晚都要离开这个世界。而且债权人对债务继承人进行债权追索，在法律上存在很大障碍，除非死者为继承人留下遗产，或是债务由死者与其继承人共同承担。相比之下，国家通常不会灭亡，而且他们的债务往往是永久存续的。一系列因素，也促使其他国家会永不休止地为美国债务的积累提供融资。

一国债务规模的改变速度取决于如下四个要素：债务的现有规模、通胀率调整后的真实利率、该国经济的增速以及基本预算盈余情况，即政府收入减去不包括债务利息在内的政府开支。当一国的市场利率高于经济增速时，其债务存量就会增加；也就是说，经济增长和创造产出的速度低于积累债务需要支付的利息。当基本预算余额为正数时，也就相当于政府收入超过开支，于是，政府可以用多余的收入偿还债务，此时，债务的存量会下降。

这个简单的公式意义巨大。如果美国政府可以借到廉价资金，比如说，按通胀率调整后的实际利率接近于零，与此同时，美国经济的年均增长率为 2% ~ 3%，那么，美国就可以长期维持基本预算赤字，而不会导致债务与 GDP 的比率提高。在为这些债务融资的过程中，美国对其他国家的负债相应增加，而其他国家同样不愿意无休止地为美国赤字埋单。但是从技术上说，美国也没有理由彻底清偿这些债务。当然，不断增加债务规模带来的影响以及这种负债的可持续性，在很大程度上还是要取决于满足这些债务的资金是来自国内储蓄，还是外国投资者。日本有很高的储蓄率，而且储户也愿意投资日本政府债券。因此，日本就可以承担较大的预算赤字，并在维持高水平负债的同时，无须担心债务的不可持续性。相比而言，美国更容易让外国投资者感到忐忑不安，因为其国内储蓄率实在是太低了。

对于像希腊这样的国家，上述公式的实际效果就是三重打击。随着债务危机爆发，希腊不得不面对居高不下的借款成本，而且其经济也转为负增长。此外，希腊还要承受基本预算赤字的压力。可以想象，希腊的债务形势似乎是不可持续的。希腊的债务形势注定难于解决，因为要让债务回归可持续道路，就需要重新修订公式中的每个要素，这点也不值得大惊小怪。

山姆大叔"嚣张的特权"

事实说明，美国的特殊之处远非任何数据所能解释的。美国相当一部分的外债采取了固定收益的投资形式。一方面,在美国的对外负债中，55% 为债券和银行贷款，按照这种债务形式，不管债务国的经济状况如何，都必须支付固定利息；另一方面，对应形式的资产在美国对外资产中仅只31%。这就是说，美国的对外投资与外国投资者在美投资的结构完全不匹配。在美国的对外资产中，约50%为外国直接投资和证券投资组合，这种投资的风险水平确实较高，但是在市场处于上行通道时，投资者就可以享受大盘上涨带来的收益。通常情况下，这种投资的总体风险较高，因此，它们的平均预期收益也较高。就总体水平而言，美国对外投资的收益率应高于对海外债务所支付的利息。

事实上却鲜有明显证据支撑上述假设。加州大学伯克利分校的皮埃尔-奥利弗·金里奇及伦敦商学院的海伦·雷伊通过研究，提出了支持该假设的证据。此外，他们还进一步指出，美国投资者的收益率之所以高于其他国家投资者，其中的一部分原因就在于美国海外资产与对外负债的结构差异。值得注意的是，他们发现，对于包括债券、股票和贷款在内的每一类投资，美国投资者的收益率居然都高于外国投资者投资于美国所实现的回报率。

弗吉尼亚大学的弗兰西斯·沃诺克曾在与多人合著的文章中质疑过这些结果，他始终认为，这样的结果源于对数据的误读。沃诺克的研究结论是，一般情况下，美国投资者在具体投资类别上的收益率并不高于外国投资者。即使不考虑对外资产和对外负债在不同投资类型上存在的结构性差异，美国的海外资产和负债依旧在币种构成上处于有利地位。一方面，美国的外债全部以美元计价，这对印刷美元的国家来说显然是一种无法比拟的特权。另一方面，美国的对外资产主要以外币计价，如果其他国家的货币相对美元出现贬值时，美国投资者就不得不承担投资价值减少的风险。

如果外国投资者将全部资金抽出美国，并导致美元对其他货币剧烈贬值，会发生什么情况呢？美国债务不会贬值，但其按美元计价的资产价值则会上涨。因此，本币贬值会让美国得到一笔意外之财。这就是"嚣张的特权"赋予全球主要储备货币发行国的恩赐。

窝囊的债权人，嚣张的债务人

只要看看净投资收益的形态，这种状态的荒谬之处便可尽收眼底。净投资收益体现为一国对外投资的收益与其他国家对该国投资的收益之差。考虑到中国对其他国家均为净债权国，而且其海外资产超过海外债务高达 1.7 万亿美元，因此，中国的净投资收益应该极为可观。但在 2012 年，中国却出现了最少 570 亿美元的净投资亏损。也就是说，其向外国投资者支付的收益远高于通过海外投资赚回来的收益。相比之下，拥有 4.4 万亿美元净负债的美国，却实现了 2 060 亿美元的净投资收益。

2012 年绝对不是一个特殊的年份。在过去 10 年的大部分时间里，中国的净投资收益始终为负数，或是几乎可以忽略不计的正数。虽然德国和日本都实现了正的净投资收益，但这至少和他们作为净债权国的地位相吻合。中国海外投资的收益之所以如此少，部分原因在于，以低收益发达经济体债券形式持有的外汇储备是中国对外资产的主要组成部分。此外，人民币相对美元及其他发达经济体货币的升值，也进一步减少了这部分资产的实际收益。这对中国来说显然是一种令人心碎的现实。无论从哪个角度看，对于不断加大的海外资产头寸，这些投资带来的收益都是无法接受的。

部分学者声称，美国的正投资收益表明其海外投资被少计，这种投资或许不应只考虑到金融资本，还应将技术包含在内。此外，当新兴市场经济体央行投资者投资于美国政府债券时，考虑到这种投资具有的流动性和安全性，他们当然愿意接受较低的收益率。对外国投资者提供这种服务的能力，本身就是美国的一种无形资产，能够进一步巩固美元的特权地位。

来自美国的暂时性补偿

美国并不只是在透支其嚣张的特权。事实上，它也为其他国家提供了一个抵御危机的缓冲器，这背后的部分原因，就在于美国对这些国家的投资更危险。

由于对外资产组合风险较高，而对外负债则以固定收益投资为主，因此，一旦全球性危机重创所有国家及资本市场，那么，美国必然要承受更大损失。在本轮全球金融危机期间，美国对外资产和负债的结构以及美元的优势，导致从美国到其他国家出现了巨大的财富转移。皮埃尔-奥利弗·金里奇、海伦·雷伊以及伦敦商学院的凯伊·特鲁姆普勒（Kai Truempler）估计，从 2007 年最后一个季度到 2009 年第一季度，美国对其他国家转移了高达 2.2 万亿美元的财富。那么，这种转移到底是怎样发生的呢？

首先，如前所述，惶恐不安的投资者在寻求安全庇护所时，一股脑将资金投入美国政府债券。这些大批流入的资金导致美元对其他货币几乎均出现升值。按照本章先前阐述的逻辑，美国负债按美元计算的价值保持不变，但其对外资产的美元价值则因外币贬值而大幅萎缩。

此外，由于其他国家的投资者对美国政府债券的需求持续高涨，促使美国的市场利率相应回落，进而渐次推高债券价格，最终导致其他国家投资者持有的美国政府债券出现升值。当全球股市全面下挫时，美国海外投资的价值就会遭遇暴跌，而其他货币的升值则进一步加剧了美国资产贬值。

奇怪的是，在北京或是里约热内卢的街道上，却没有人因为让美国人手足无措而欢欣鼓舞。这背后的原因很简单：这种巨大的"转移"仅限于纸面上的数字，幸运的胜利者也没有因此而赢得更多可兑换现金的头寸。他们所能做的就是继续握紧手里的对美元的投资，直至全球金融市场尘埃落定，再度恢复平静，而这也会导致美元价值再次应声落地，从而抵消了此前大部分非暂时性财富转移。

浪漫的法郎遇到硬不起来的英镑

对于大规模外汇储备给中国带来的尴尬处境，历史上不乏先例。伦敦商学院的奥利维尔·阿克米诺蒂指出，在1928—1936年法国内战期间，法兰西银行就曾受制于"英镑陷阱"。早在1926年，法国政府曾试图固定本币法郎对英镑和美元的汇率。1928—1936年，法国积累了大量的外汇储备，此前，法郎曾因危机而大幅贬值，导致法郎流出法国，随着这些货币回流，再加上贸易顺差，法郎的升值压力陡增，而积累储备的目的则在于抑制法郎升值。到1928年，英镑已成为法国外汇储备的主要货币，而法国的外汇储备又在全球外汇储备总量中占据了一半以上。法郎相对英镑的升值让法国陷入了两难困境。

法兰西银行时任行长埃米尔·莫罗的回忆录对法郎当时的处境做出了概括。回忆起在任期间承受的压力，莫罗在回忆录中写道："对于欲打算趁法郎升值进行投机的人，我们有义务以纯技术手段做出反击。法兰西银行在外汇市场上限制可供投机者自由支配的信贷规模。"换句话说，法兰西银行将阻击促使法郎升值的企图，并减少投机者进行投机的资金来源。随后，莫罗锁定了问题的根源——英镑太疲软，根本就不是法郎的对手：

> 遗憾的是，英镑的问题突兀而出。由于英国货币体系过于疲软，而且英镑的稳定性也极为脆弱，考虑到我们手中庞大的英镑储备，英镑随时面临崩溃的威胁。这也是英格兰银行行长蒙塔古·诺曼来巴黎向我解释的事情。

1928 年 6 月—1931 年 9 月，法兰西银行出售了近 2/3 的英镑资产，并以美元取而代之。在随后的 20 年里，法国陆续将其外汇储备中的英镑变现，这次取代英镑的几乎全部为黄金。整个过程并不顺利。法兰西银行开始减少英镑储备，英镑遭遇贬值压力，而法国的举措则让后者的境遇更加糟糕。

1930 年年末和 1931 年年初，法国实际上开始通过干预市场，力挺英镑。毕竟，他们也不希望英镑进一步贬值，只有这样，才能稳定英镑的币值，减少出售英镑资产的损失。考虑到英镑的拙劣信誉及法国的英镑储备规模，法兰西银行不可能长期维持这种危机四伏而且代价高昂的策略。最终，法国不再支持英镑，并在很短时间内清仓全部英镑头寸。就在此时，英镑价值应声落地，清仓带来的巨大损失让法兰西银行陷入技术性破产的境地，最终不得不求助于法国政府。

历史上的这个小插曲给中国敲响了警钟，促使他们开始反思这个让自己一筹莫展的美元陷阱。如果中国央行为了跳出这个陷阱而不计代价地清空美元，他们就要面对储备资产大幅减值的风险。目前，中国有强烈的动机支持美元稳定，以限制储备资产的暂时性损失，而代价就是被美元编织的这张大网越裹越紧。

陷阱加深

中国绝非例外。美国正在把越来越多的外国投资者尤其是新兴市场的央行拉进自己的陷阱。考虑到全球基本储备货币的发行国地位，美国始终可以利用其货币政策网罗外国投资者。如果美国让美元充斥于全球金融体系，那么，其他国家就只能面对两难处境：要么任由本币对美元升值，要么购买美债抑制本币升值，显然，两个选项同样让他们难以忍受。如果他们任由本币升值，其出口竞争力就将大打折扣，因此，他们就必须接受现有美元资产的损失。如果通过购买美国政府债券抑制本币升值，那么，他们就不得不进一步增持美国国债。然而，美元贬值的预期终会兑现，这样，他们就只能接受更大的损失了。

因此，美国为其他国家提供的选择很简单：要么立即通过主动选择让不可避免的损失变为现实，要么以后再选择。而新兴市场只能两害相权取其轻：将痛苦推迟到未来，接受储备资产在未来的某一时刻遭受损失，为维持出口增长而甘愿接受陷阱里的生活。为此，他们做出的选择就是干预外汇市场，以积累外汇储备打造自我保险机制，但这个选择只会让美国财政的挥霍无度变本加厉，并进一步强化美元在全球货币体系中的统治地位。很容易想象新兴市场决策者的尴尬处境，他们当然希望不遗余力地跳出陷阱，但反抗无异于公开发起货币战争。

第三部分
逃离陷阱的制度顶层设计

当 G20 为应对金融危机重拾协调政策时，各国国家利益的差异使得协作再成泡影。

以美国为首的发达经济体为保护本国金融体系，再次开启印钞机，货币贬值的"零和游戏"正式上演。无论是尝试建立内部协调机制，还是采取暂时性资本控制，新兴市场抗击本币升值的努力都收效甚微。至于加大货币互换及建立全球保险基金更是遥遥无期。

最终新兴市场国家只能无奈地继续增加美元储备以应对升值。美元陷阱依旧强大无比，所有逃离陷阱的制度设计依旧是徒劳的。

THE
DOLLAR
TRAP

第 7 章
新货币战争激战正酣

人总有一死，这是必然的事，

不过哪些人死，这是偶然的事。

约瑟里安绝对不愿意自己成为形势所迫的受害者。

但这就是战争。

在他看来，这场战争的唯一可取之处，

就是打死了很多人，

让子孙摆脱父母遗留的不利影响。

《第二十二条军规》(*Catch-22*)

约瑟夫·海勒（Joseph Heller）

2010 年秋季，巴西刚刚走出币值飙升的巨震，便又陷入两大经济体之间的夹缝。一方面，中国不允许人民币升值，并开始限制资本流入。在很大程度上，由于巴西的铁矿石和大豆等大宗商品出口受制于中国的增长业绩，因此，巴西本币里尔已逐渐成为人民币的"影子货币"。实际上，投资者就是在赌中国经济的强势增长同样会推动巴西的经济增长，进而提高里尔的价值。另一方面，美联储向市场注入大量货币，维持低利率，制造美元贬值预期。美联储的举措使得投资者可以轻松获得廉价资金，让他们肆无忌惮地对存在升值预期的货币下注，其中就包括里尔。

从 2010 年年初到初秋季节，巴西里尔相对于美元升值 25%，让里尔成为全球表现最强劲的货币。但硬通货币是一把双刃剑，它让进口产品变得更便宜，提高了本国居民的购买力。相比之下，巴西的制造商和出口商则大声疾呼，因为他们的产品在国际市场，甚至巴西国内市场上的竞争力遭受重创。他们同样面临两难选择。一方面，里尔升值会提高巴西产品在国际市场上的价格，而且厂家需要用里尔支付劳动力、原材料和其他成本，但以里尔计算的收入却在下降（里尔升值意味着单位外币只能兑换更少的里尔）。这样做的结果就是，巴西厂商不得不将市场份额拱手让给产品价格更低的其他国家的厂商，尤其是中国厂商。

另一方面，适当下调出口产品在国际市场上的价格也是一个不太愉快的备选方案，那样产品利润就会减少。

2010 年 9 月 27 日，在圣保罗举办的周末总统大选活动中，巴西财政部时任部长吉尔多·曼特加（Guido Mantega）对该国工业界领袖发表讲话。谈到其他国家的政策给巴西造成的困难，曼特加说："我们正身处一场国际货币战争，国际货币普遍贬值已成为大环境。这给我们带来了威胁，因为它削弱了我们的竞争力。"

这个"战争"的比喻直中要害，它完美诠释了货币管理已成为国际经济战争的工具，而不只局限于国内政策的含义。国际各大媒体均以头条连篇累牍地发泄对美国货币政策的愤慨，因为美联储已被视为向全世界输出货币毒瘤的始作俑者。的确，曼特加恰如其分地概括了当前国际货币政策的内在冲突，但问题依旧在持续发酵。在随后由全球主要发达经济体和新兴市场经济体领导人参加的二十国集团（G20）峰会上，货币问题再次成为与会人士热议的核心话题。

QE 时代货币战争上演

2010 年 11 月，韩国主办二十国集团峰会①，这让韩国政府备感荣耀。因为这次云集全球大国领袖的高端会议是第一次在主要发达经济体以外

①自1999年以来，二十国集团的财长及央行行长一直开展定期会议。二十国集团峰会始于金融危机期间，由各国领导人参加。迄今为止，各次峰会的地点和时间为：美国华盛顿特区（2008年11月）、英国伦敦（2009年4月）、美国匹兹堡（2009年9月）、加拿大多伦多（2010年6月）、韩国首尔（2010年11月）、法国戛纳（2011年11月）、墨西哥洛斯卡沃斯（2012年6月）及俄罗斯圣彼得堡（2013年9月）。

的地方主办。为此，韩国做了充分准备，在众多国际机构和高端学术咨询机构的支持下，他们希望本次峰会能在世界金融史上留下浓墨重彩的一笔。为了达到这个目的，韩国试图将会议议题从货币战争这个令人尴尬的话题引开。毕竟，全球金融危机最黑暗的时期已经过去，长期增长问题已不可避免地摆在每个国家面前。本次峰会的原定主题为全球安全网（Global Safety Nets）的发展，其中涉及一系列子议题，比如减少新兴市场通过积累外汇储备实现自我保险的需求，改进国际金融机构的扶持计划，为相关国家提供援助，而且不会给贷款附加苛刻条件。

此次峰会召开的两个月之前，这些宏伟计划开始分崩离析。

美联储一直对经济复苏乏力感到忧心忡忡。此时，经济增长步履沉重，失业率始终维持在 9.5% ~ 10% 高位，这让人们觉得，美联储有辱维持价格稳定，实现就业率的最大化的使命。2010 年 8 月 27 日，在杰克逊霍尔全球央行年会上，美联储主席本·伯南克在发言中指出，如果经济持续疲软，美联储已准备再度实施货币宽松政策。

11 月 3 日，也就是首尔峰会一周前，美联储宣布启动第二轮量化宽松政策（QE2）。从国际外交角度看，这显然是再糟糕不过的时点了。QE2 的核心就是额外发行货币，购买 6 000 亿美元长期国债，以达到推高国债价格、进而压低长期利率的目的。2008 年 11 月至 2010 年 3 月实行的第一轮量化宽松政策，美联储购买了 12 500 亿美元抵押支持证券以及 1 750 亿美元政府资助企业（如房地美和房利美）发行的债券。

伯南克的讲话在全球范围内引发人们浮想联翩。他指出，短期内，净出口不太可能给美国经济增长带来较大起色。他的讲话对"货币"和"贬值"这两个词只字未提。显然，他想说的是，第二轮量化宽松政策不是以压低美元价值来刺激出口，而是在于通过降低家庭和企业的借款成本刺激美国国内消费和投资。

其他国家显然不这么认为。这场讲话引起国际社会一片哗然。中国马上做出反击，并声称，美国不负责任地滥发货币就是在给其他国家制造麻烦。媒体援引中国财政部时任副部长朱光耀的话：美联储向经济注入 6 000 亿美元，或将因货币贬值和资本外溢而给新兴市场的资本市场造成冲击。他还进一步指出，美国"始终没有充分考虑到资本流动过剩给新兴市场的金融稳定带来的冲击"。其他很多新兴市场也站在中国一方，因为他们同样经历了一轮资本流入大潮。这些流入的资本增加了这些国家的国内货币供应量，也让他们遏制通胀的斗争更加复杂，更加艰难。在首尔峰会前夕，有关"安全网"的所有话题都被人们抛到了九霄云外，货币问题逐渐成为人们讨论的热点。

中德货币联盟让美国猝不及防

当德国和中国在货币问题上结成联盟时，形势开始变得扑朔迷离。德国为什么会与中国肩并肩站在一起呢？毕竟，人民币自 2005 年 6 月取消盯住美元的汇率政策以来，对欧元升值幅度仅为 7%，而人民币对美元升值接近 20%。因此，欧洲应该比美国更多地迁怒于中国的货币政策。最终结果却是，德国更多地考虑到自身利益，而不是欧元区的整体利益。德国经济严重依赖于出口，出口额占 GDP 的比例高达 58%（净出口占到 GDP 的 6%）。目前，在欧洲以外，中国逐渐成为德国产品（主要包括机器设备）的最大市场，而且在中国，德国企业的竞争力明显强于其他国家的企业。尽管德国的出口竞争力始终受惠于欧元疲软，但在很大程度上还是源于劳动力市场以及过去 10 年实施的其他改革。毫无疑问，这些改革提升了德国制造业的生产率。因此，对德国来说，进入中国市场远比中国执行何种货币政策更重要。

德国与中国结成货币联盟的另一个因素是，2010 年 10 月底，也就是在首尔峰会的几周之前，美国财政部推出一套指示性原则（Indicative Guidelines），协助 IMF 完成对全球经常账户失衡实施监督和评估的任务。美国财政部的想法是，不管是顺差还是逆差，只要一国的经常账户余额超过 GDP 的 4%，就应彻查其政策。因为这极有可能进一步加剧全球经济失衡，因而可能需要实施某种政策调整。这个数字似乎完全是针对中国有意为之。2010 年，美国和英国预期将出现约 3% 的经常账户逆差，而中国则预计将实现 5% 左右的经常账户顺差。但在盯住中国这个目标的同时，美国也向德国发出了怒吼。德国在 2008 年和 2009 年实现了 6% 的经常账户顺差，而且在 2010 年预计也将达到这个水平。德国始终高度关注经常账户顺差，其中的很大一部分来自对欧洲其他国家的出口。

美国对经常账户余额设定量化监测指标的做法让德国愤怒不已，由于美国此前从未向德国正式征询过意见，这让后者感到猝不及防。德国财政部长沃尔夫冈·朔伊布勒（Wolfgang Schaeuble）奋起反击，而且反击同样咄咄逼人。他认为美联储的做法"极其愚蠢"，并将美联储的政策与中国的货币政策相比，认为两者都将加剧现有的失衡。他随后接受《明镜周刊》杂志采访时的讲话被广为引用。在提到美联储时，他说：

> 他们让工业化国家和发展中国家间的理性均衡更难于实现，彻底破坏了美国在金融政策领域的可信度……他们习惯于内外有别，在指责中国操纵汇率的同时，自己却在利用中央银行的印钞机人为压低美元汇率。

这显然不是美国所期待的回应，尤其这种回应又是来自始终被他视为经济盟友的国家。

美联储再次成为众矢之的

也许有人会怪罪伯南克择机不当，信息不灵，但他只是在履行央行行长必须履行的义务。他只是在采取政策，履行美联储对美国经济系统承担的管理责任。来自其他国家的负面反应让美联储感到猝不及防，他们原本以为会得到其他国家的鼓励和安慰，而没有想到，他们为促进美国经济增长尽职尽责，却遭到了指责。在美联储看来，世界第一大经济体萎靡不振，不得安宁，任何人都不会从中得利，而对美国有利的事情，就必然也会造福世界。美国财政部的观点与美联储如出一辙，后者的举动让前者欢欣鼓舞，这背后的很大一部分原因在于，巨额赤字已让财政政策举步维艰，而共和党控制的国会又让前者在政治上缩手缩脚。

在首尔峰会上，美国代表团再次面临窘境，其他国家代表团纷纷指责美联储的行为不负责任，刻意损害其他国家的经济发展前景。这让出席会议的奥巴马总统和盖特纳财长如坐针毡，因为他们无法就美联储的政策自圆其说。长期以来，美国始终保持着一个优良传统，即白宫尤其是财政部绝不评论或公开寻求影响美联储制定政策。这显然不仅是为了作秀，人们将这看作美联储维护独立性、可信度最重要的基本前提。只有这样，白宫和财政部才能免于短期政治压力的影响。美国代表团的沉默让其他新兴市场更加坚定地站在中国这一边，对美国展开更猛烈的攻击。

于是，货币战争完全成为首尔峰会的主流，而全球安全网和其他长期性事务反倒退居其次，这显然令东道主韩国极为尴尬。与会者毫不掩饰地针锋相对，甚至语言攻击，让会议公报的措辞成为各方关注的焦点。

按照惯例，峰会结束时将发布一份官方声明，对与会领导人就各项问题发布的观点进行汇总。有些新兴市场希望着重强调美联储扩张性政策带来的风险，而以美国和加拿大为代表的很多发达经济体则督促主办方严厉指责中国及其他新兴市场经济体不允许本币升值的做法。

首尔峰会最终发布的公报《首尔宣言》干脆将发达经济体和新兴市场经济体在货币问题上的分歧断然分开。宣言在相关部分中分别汇总了针对两个集团的指责，只不过在措辞上较为中立，并着重强调双方在未来不断改善政策的前景：

> 我们将采取更趋于市场导向的汇率体制，增强汇率弹性，以充分体现经济基本面的现实情况，避免货币出现竞争性贬值。包括储备货币发行国在内的发达经济体，应尽力克制汇率过度浮动和无序波动。总之，这些对策必将有助于缓解某些新兴市场经济体资本流动过度波动的风险。

此前高调宣传的全球安全网问题，仅在报告中穿插了只言片语，几乎全是安抚性言辞。尽管这也揭示了本次峰会在该问题上毫无进展，但也不乏令人振奋的展望：

> 基于迄今为止在全球金融安全网建设中所取得的成就，我们必须进一步改进应对未来危机的能力……为此，我们同意寻求进一步改善国际货币体系的途径……要求 IMF 切实深化本职工作，包括资本流动的波动性在内的国际货币体系各个方面。我们期待着在未来若干年看到进一步分析和更多建议。

在国际货币政策方面，要求 IMF 在某些方面"深化其本职工作"的含义在于，这个问题确实存在一些争议，而在解决方案上分歧巨大。然而，要求 IMF 关注资本流动的波动性甚至可以说明，在减少资本流动风险的这场辩论中，新兴市场正在改变原有的力量对比。

为美国压惊: QE 鼻祖伯南克的绝地反击

此时，美国承担着巨大的国际舆论压力，且已被逼到了死角，除了反击，美国无路可走。美国财政部一直认为，直接干涉货币政策事务有越俎代庖之嫌，因此，现在该是美联储带头回击的时候了。这个任务当仁不让地落在性情温和但骁勇善战的本·伯南克肩上。更重要的是，此时的伯南克刚刚完成就金融危机问题与美国国会展开的辩论。

首尔峰会过去一周后，伯南克对于国际社会就美联储量化宽松政策的批评做出了反击。2010 年 11 月 18 日，他在法兰克福举办的欧洲中央银行行长会议上发表了一篇题为"全球复苏再平衡"的讲话。他先是承认，美联储的政策或许确实增加了新兴市场的资本流动量，导致这些经济体内部货币管理复杂化。但话锋一转，他又指出，美联储的行为最多也只是造成现状的诸多因素之一:

> 在很大程度上，这些资本流动是由新兴市场的预期收益差所带来的，而形成收益差的根源则是长期或短期内较强的增长预期和高利率等因素，这些因素反映了政策设定以及其他力量的差异……即便是在危机之前，快速增长的新兴市场经济体既已成为跨境投资目的地了。

随后，伯南克又将矛头直指新兴市场，并称，这些经济体资本流入激增完全是咎由自取：

除了这些基本面因素之外，这些经济体的汇率调整机制不完整，导致某些新兴市场资本流入快速增加，进而导致投资者基于汇率升值预期追求超额回报。

汇率调整机制不完整的部分原因在于，某些新兴市场经济体的主管机构一直在干预外汇市场，阻止本币升值或是放缓了本币升值的速度……令人不可思议的是，尽管流入新兴市场的私人资本令人担忧，但以净值计算的资本总额，居然是从劳动力相对密集的新兴市场经济体流向资本密集的发达经济体。

随后，针对未来应选择的模式以及实现国际金融市场平稳调整的主要障碍，伯南克简明扼要地阐述了美国的观点。首先，他设想了所有经济体均采取完全弹性汇率制度的状态。在这种情况下，发达经济体将放松货币政策，支持经济增长，抵御通货膨胀，而新兴市场经济体则会紧缩货币政策，以预防经济过热和通胀风险。

新兴市场的高利率将吸引更多资本流入，进而导致本币升值。伯南克认为，即便对于新兴市场自身，这也是一件好事：

这种货币升值往往会减少新兴市场的净出口额和经常账户顺差，因此，可以在增加发达经济体需求的同时，有助于让新兴市场经济体的高速增长适当降温。

此外，货币升值还将导致新兴市场的国内产出更多地用于满足

国内需求。归根到底，最终结果将是更均衡、更具可持续性的全球
经济增长。

既然市场导向汇率制度拥有如此多优点，那么，很多新兴市场
的官方为什么始终在抵制本币为更好反映市场基本面而升值呢？最
根本的答案在于，在某些国家为实现增长与发展而采取的长期出口
导向型战略中，货币贬值始终是一个不可或缺的组成部分。

上述段落清晰表达了大多数发达经济体当下的基本观点：新兴市场
采取更灵活的汇率，必将有助于修复很多国内及国际问题。人们认为，
有管理的汇率扭曲了市场的正常运行，破坏了调整机制自动修复其失衡
的功能。

最后，针对将全球货币体系的关键性缺陷归罪于美元的主导性作
用、进而让美国在政策上不计后果的观点，伯南克针锋相对地做出了
尖锐回击：

在目前的制度框架内，国际货币体系存在一种结构性缺陷：它
缺少一种以市场为导向的机制，促使可能招致长期性失衡的盈余国
家实施必要的调整。

换句话说，当前货币体系的真正问题在于，缺少相应的机制，对持
续低估汇率并维持经常账户盈余的国家进行约束。如果这些国家能修复
其政策，刺激国内需求，所有国家都将受益。如果对此存有任何怀疑，
都将导致当前的货币战争进一步白热化。

从亚当·斯密到凯恩斯：未曾间断的货币战

货币真的会成为战争工具吗？或者说，有关货币战争的所有观点均言过其实，以至于分散了各国的注意力，让他们没有精力推动经济重新走上正轨呢？究其本质而言，货币汇率是一个国际性问题，因为它们代表的是一国货币相对于他国货币的价格。因此，当一种货币贬值时，其他某种货币就必须实现相同程度的升值。这恰恰会不可避免地成为冲突的根源。

以货币作为经济工具的思想历史悠久，它与始于 16 世纪，并在 17—18 世纪盛行一时的重商主义相联系。包括英国和法国在内的很多欧洲强国，都把通过贸易顺差获得的黄金及其他贵金属积累起来，用作增加国家财富和势力的手段。重商主义支持者认为，各国之间的国际贸易和财富积累是一个零和游戏，一国的收益必然以其他国的损失为代价。大卫·休谟和亚当·斯密等人对重商主义的基本观点持反对态度。他们强调自由贸易的优点，主张全球财富的非静态性。

约翰·梅纳德·凯恩斯的观点更为细致，他认为，在某些条件下：

> 为了维持繁荣，政府当局应该密切关注外贸差额的状况，因为外贸顺差只要不是太大，就会极大地刺激经济增长；相反，外贸逆差则会迅速造成持久性的萧条状态。

他指出，追求贸易顺差最大化的企图可能是反生产力，并认为完全可以采取更好的选择：

采取不受国际关系影响的自主利率政策，并实施一项能直接
使国内就业达到最优水平的国家投资计划，这倒是既有利于本国，
又有利于邻国的双重受惠之道。如果所有国家都同时采取这种政策，
则无论是从国内就业水平还是从国际贸易量来衡量，国际间的经济
健康和力量都能得到恢复。

尽管自由贸易的优点被广泛接受，但政府仍会发现，在国内需求疲
软时，要抵御以扩大出口促进经济增长的诱惑力是不现实的。在经历了
"大萧条"之后，很多国家试图对本币实行贬值，并实施各种贸易限制
措施，从而以推进出口和减少进口达到刺激经济增长的目的。但这些措
施只会遏制贸易增长，延长经济萧条。实际上，"二战"后的布雷顿森
林体系的目的就在于限制各国政府利用竞争性贬值作为促进国内增长的
工具，以恢复国际贸易和金融的秩序。

在最近几十年里，很多发展中国家（包括中国）都在利用本币贬
值策略维持出口商品价格的国际竞争力。印度 Oxus 投资咨询公司的吉
特·巴拉（Surjit Bhalla）和哈佛大学的丹尼·罗德里克等经济学家就认
同如下观点：货币贬值在一国经济发展初期是有益的。这背后的理论基
础在于，贫困国家需要以制造业为先导启动经济起飞，进而走上经济增
长的高速路。

但问题在于，当一个相对较为贫困的国家进入高增长期时，就会吸
引外国投资者的大量资本流入，这就会推高其货币价值。这种货币升值
又会遏制制造业增长，因为它会降低一国出口产品的竞争力。有人认为，
货币贬值政策可以防止货币升值带来的这种破坏性作用，并推进本国工
业品在国际市场上的竞争力。

货币升值的这个弊端从另一个侧面反映了困扰很多资源富裕型贫困国家的"荷兰病"效应。比如说，很多非洲国家拥有丰富的自然资源，但缺乏开发这些资源所需的大规模投资的资金实力。只要外国投资者拥有开发这些资源的技术实力和资金实力，当地政府自然会张开双臂热情欢迎。尽管投资于政府软弱、不安定的经济体，会让他们的投资如履薄冰，但在巨额利润的诱惑下，还是有很多大型跨国公司倾注了大量投资。这些流入的资本会带来货币贬值的副作用，进而伤害这些国家的所有国内产业。由于自然资源创造的收益主要流向外国投资者以及本国的政治和经济精英阶层，因此，这些国家随后就会受制于"自然资源诅咒"现象。开发自然资源并不会改善大部分人口的福利，而且由于制造业就业机会的减少，腐败导致资源收益的不公平分配，反而让大多数人的福利遭受损失。

以长期贬值克服货币升值副作用的策略听似诱人，却给国内政策带来严重的负面效应。这实际上相当于以牺牲进口商和消费者的利益来补贴出口企业。此外，在中等收入经济体，这一策略必然会扭曲其他政策，比如说，它要求银行购买廉价的对冲债券，以便在不引发通胀的前提下执行货币低估政策。对那些主张以贬值策略来强化竞争力的学者来说，他们显然没有考虑到这些成本。

然而，在新兴市场的央行行长眼里，这绝对是一个不乏诱惑力的命题。摆在他们面前的事实是，出口商创造的就业机会的确超过进口商。此外，廉价进口的另一个好处是受益的普遍性。不过，仅仅是这些好处，似乎还不足以形成一个支持降低进口成本的选民群体。相比之下，出口商才是真正强大的政治团体，本币升值带来的成本让他们痛心不已。就业问题让他们的托词往往与政治家不谋而合，而且人们也指望政治

家为保护国内就业而不遗余力，尤其是民众感到遭遇不平等的外国竞
争时，更是如此。

快速增长的新兴市场确实需要保护出口，但对于像中国这样的中等
收入国家，已无须再考虑增长起飞或是自然资源诅咒这样的问题。既然
如此，他们为什么还要不遗余力地摇旗呐喊，如此激烈的言辞背后是否
另有原因？

简而言之，货币战争是仅停留在语言上的恐吓，还是确实会带来不
容忽视的后果呢？一种可能的情况是，货币问题的分歧只是一颗烟幕弹，
减少人们对国内经济改革难点的关注。

货币战争：国家资本狩猎新玩法

至于货币战争以及参与战争的工具是否会让人们忽略某些不可或缺
的基础性政策调整，我们可以从两个方面看待这个问题。首先，对于美
国等实施扩张性货币政策的发达经济体，他们是否暗中在以货币贬值策
略达到促进国内增长的目的。其次，新兴市场抱怨他们无法忍受这种宽
松货币政策带来的种种问题和风险，这种抱怨是否合情合理。因此，我
们不妨逐个剖析这两个命题。

货币贬值的非常规路径

对其他国家而言，美联储之所以采取这种完全非典型性的货币政策
行为，似乎就是以降低美元价值来达到重振美国经济的目的，而美元贬
值则是滥发钞票的自然结果。对于这项政策的后果，美联储的观点截然
不同。尽管承认量化宽松可能会导致美元对其他主要货币贬值，但是在

美联储眼里，出口最多也只是促进增长的一个边缘要素。此外，伯南克此前关于全球失衡问题的公开表态，美元贬值只是对这些失衡进行长期调整的必要手段之一。

至于出口增长对美国经济复苏的贡献，奥巴马总统铿锵有力的保证让美联储的谨小慎微显得黯然失色，即便是美联储发起第二轮量化宽松（QE2）时，奥巴马还信心满满。然而，到2009年之前，美国的就业增长率依旧乏善可陈，失业率则始终坚挺地徘徊在10%左右的高位。国会的不合作态度让下一步经济刺激政策的出台遥遥无期。在这种情况下，奥巴马总统必须找到可行之策向人们表明，为了让劳动力市场回归正轨，他还在不遗余力地努力着。

在2010年1月27日发表的《美国总统国情咨文》中，奥巴马总统痛下决心，必须在未来5年内实现出口翻番，并由此创造200万个新的就业岗位。这意味着，出口额将从2009年的1.6万亿美元增加到2015年的3.2万亿美元，而实现这个目标显然需要相应的各项国内政策、贸易协定以及确保贸易伙伴恪守规则：

> 我们需要更多地出口美国的产品。因为我们制造并出口到其他国家的产品越多，能够在美国创造的就业机会就越多。所以今晚，我们要制定一个新目标：我们要在今后五年内将出口增加一倍，这个增幅将在美国创造200万个工作机会。为推动实现这个目标，我们要发起一项国家出口计划（National Export Initiative）。这项计划将帮助农民和小企业增加出口，并以有利于国家安全的方式改革出口管制。
>
> 我们必须与我们的竞争对手一样，大力开辟新市场。如果其他

国家签署贸易协议而美国却坐视观望，我们就会失去在国内创造就业机会的时机。但是要获取这些惠益，就意味着我们必须强制执行这些协议，促使我们的贸易伙伴照章办事。正因为如此，我们才必须继续努力执行旨在开放全球市场的多哈贸易协议，必须加强在亚洲的贸易关系，并加强同韩国、巴拿马和哥伦比亚等重要伙伴的贸易关系。

在讲话中，奥巴马总统根本就没有提及货币价值问题，更是对净出口只字未提，但不可否认的是，它们与贸易均衡的含义是等同的。美国进口额的变动往往与经济周期密切相关：经济复苏时上升，萧条时期下降。因此，5 年内出口翻番的豪言壮语或许与美国贸易逆差同期的毫无改观密切相关。但其他国家讨论这个问题时显然不会关注如此微妙的差异，在他们看来，伯南克的行为与总统将出口作为促进就业增长引擎的目标完全一致。

纵然想这么做，但美联储是否有能力导演一场如国际评论家所说的美元贬值大戏呢？毫无疑问，货币同样要遵守供求规律；增加美元供给就会减少其相对于其他货币的价值。但现实却不止于此。原则上，如果以大量注入货币的方式执行宽松货币政策，就会带来较高的通胀预期。反过来，这又会推高经通胀因素调整后的汇率（或者说真实汇率），而名义汇率则会下降。归根到底，通胀调整后的汇率才是国际竞争力的决定性因素。

然而，现实中的情况却没有这么一目了然。如果金融市场参与者认为美联储的量化宽松政策只是对未来经济形势疲软做出的反应，那么，即便增加货币注入量，通胀率依旧有可能下降。

实际上，在经过金融危机之后，尽管美国利率降至史上最低水平，且连续推出多轮量化宽松政策，但通胀预期却一直顽固地维持在 2% 左右。因此，如果名义汇率随美元供给量的增加及通胀率维持不变而下降，那么，在按通胀调整后，美联储的措施实际上就是在打压美元价值。

关于美元价值这个问题还有另外一层含义。如果国际投资者将美联储的对策看作未来经济持续低迷的信号，那么，这必然会让他们感到恐慌。这或将导致他们购入更多美国政府债券作为安全储备。资本流入进而会推高美元价值，这种情况近期已经反复出现。当然，美元拥有的作为全球基础储备货币的特殊地位是造成这种结果的一个关键性因素。

鉴于如此之多的曲折反复以及美联储在美元价值上的立场，我们很难相信，美联储的目的就是压低美元价值。同样需要牢记的一个事实是，美国 2012 年的商品及服务出口总额约占 GDP 的 14%。因此，要通过美元贬值创造出足够的出口增长，并以此推动 GDP 或就业实现飞跃式增长，其难度是不可想象的。

在成为美联储理事几个月之后的 2002 年 11 月，伯南克就曾对美元价值问题发表过看法，当时的美国正被经济紧缩的阴云所笼罩。本章开始引用的段落即来自这次讲话。伯南克主张采取更积极的货币政策措施，对此，他发表了如下看法：

考虑到美国是一个相对封闭的庞大经济体，因此，操纵美元的兑换价值显然不是抵御国内通货紧缩的上策，尤其是在其他方案尚存的情况下，更是如此。因此，为了避免误解，我希望重申我的观点：我今天在这里既不是预测美国决策者会对美元的国际价值采取何种对策，也不想对此提出任何建议。

尽管伯南克一再解释，其他国家还是认为，美联储的行为就是在不加掩饰地操纵美元汇率，实现人为贬值。

新兴市场是否该为美国的 QE 点赞？

新兴市场是否有合理证据证明，美国的宽松货币政策确实伤害了他们呢？这个问题的答案同样复杂而微妙。对此，首先需要解决的问题就是，量化宽松政策是否确实导致资本流出美国，并流入新兴市场。历史上有大量证据显示，美国及其他发达经济体的低利率推动资本超常规地流向新兴市场。

尽管近期持续几轮量化宽松的结果还不足以说明问题，但有一点非常清楚：美联储的非常规货币政策对美国国内需求的拉动作用十分有限。面对经济复苏乏力、经济前景不甚明朗的宏观形势，大企业继续积累现金储备。与此同时，由于违约风险在经济危机后持续发酵，金融机构并没有增加对消费者和小企业的贷款。此外，国内外银行监管规则依旧存在进一步调整的不确定性，使得银行不得不积累大量资本，以便在监管规则要求增加资本金时不至于措手不及。相比之下，新兴市场的增长前景较为乐观，因此，私人资本很可能会继续我行我素，尤其是非常规货币政策导致市场充斥廉价货币，使得大型投资者可以轻松获得资金。

让新兴市场普遍感到担忧的一个关键问题是，资本流入会导致货币升值。虽然说出口对经济增长的重要性不言而喻，但这种重要性在某些时候也有可能被夸大。以巴西为例，尽管其在这场货币战争中不遗余力地冲在最前面，但巴西的出口额却仅占 GDP 的 11%。因此，在出口增长减速的情况下，货币升值几乎不会对其经济带来破坏性影响。即便是一直被视为坚持出口导向型经济模式的中国，其出口增长在本轮金融危机期间及之后明显减速，贸易顺差占 GDP 的比例从 2007 年的 7.6% 一路下滑到 2012 年的 2.8%，但总体经济增速依旧强劲。而在货币升值条件下，出口商则被直戳要害，这必定会促使他们大声疾呼。而且在产出和就业同时低速增长时，他们的话语往往比通常更有力度。

另一个让新兴市场的央行担心的重要问题是，资本流入往往会加剧国内通胀压力，催生资产市场泡沫。实际上，对那些按教科书制定货币政策框架的国家（即在弹性汇率制度下执行弹性通胀目标制），通胀问题尤为严重。

不妨看看泰国。在经历了 1997 年的亚洲金融危机之后，泰国的经济几乎已经支离破碎，这一年，泰国央行不得不放弃一直采取的盯住汇率制，转而采纳货币目标制（Monetary Targeting）。随后，为重拾经济信心，修复通胀预期，泰国在 2000 年 5 月开始执行通胀目标制（Inflation Targeting）。

最初几年，泰国央行采取的新制度框架收到了很好的效果，长时间维持着低水平的通胀率。但是到了 2008 年年初，由于粮食涨价逐渐带动整体消费价格水平上涨，泰国央行开始不断上调利率。这项举措吸引了更多的资本流入本国，推高了本币价值。因此，在实行通胀目标制情况下，央行最有可能采取的政策反应就是以上调利率抑制国内通胀，但这种政策的效果却适得其反，只会雪上加霜。当然，进入 2008 年下半年，危机过去，问题就此消失。但自 2010 年年初以来，这个问题反复出现，让泰国央行不得不在管理国内通胀和抑制资本流入之间捉襟见肘，而他们的每次努力都会让形势更加不可收拾。

除价格通胀之外，同样让新兴市场决策者担心的是，这些资本流入会给资产市场带来问题。考虑到大量流入新兴市场的资本表现为外国直接投资及证券投资，因此，这些流入的资本往往具有明显的风险分散特征，即外国投资者借此分散投资所承受的货币风险和收益风险。由此可见，这种资本流入给新兴市场决策者带来的担忧，显然不及历史积存下来的负债。

在这个问题上，同样需要牢记的是，货币战争所反抗的不只是流入新兴市场的私人资本剧增的背景，还包括资本流动的波动性加大。尽管证券投资流入可以为新兴市场提供更有效的风险分散机制，但是在国内金融体系运行不顺畅时，这些流入的资本或将引发资产市场的泡沫，而泡沫的破裂必将让他们承受巨大痛苦。在国内形势不佳时，资本流出往往会出现上升趋势，让固有危机更加深重。例如，外国资本流入曾在 2011 年推动了印度股票市场的牛市，但随着资本撤出，牛市随即陷入一轮小规模危机。在某些国家，外国资本还导致不动产价格上涨，进一步加剧了资产泡沫现象。

大宗商品价格上涨的巨大杀伤力

对此，某些新兴市场的决策者还有另一层顾虑，发达经济体的货币宽松政策会推动全球范围内的大宗商品价格大幅上涨，这就会选择性地伤及新兴市场，而对发达经济体的伤害则很有限。印度财政部前部长奇丹巴拉姆（Chidambaram）在 2012 年 10 月会见美国财政部前部长蒂莫西·盖特纳时，就提出了这个问题。在随后的新闻发布会上，奇丹巴拉姆称，他已经与盖特纳讨论过美国量化宽松政策的实施效果，并提出"这可能会影响到大宗商品价格并导致其上涨的问题"。他还特别指出，尽管盖特纳对这样的顾虑不以为然，但奇丹巴拉姆还是认为"这是一个我们都必须拭目以待的问题"。

这种担心不无道理,对通胀的担心会导致更多人将大宗商品看作"资产类别",因为在总体通胀水平上升时,大宗商品很有可能维持其价值。此外,还有一种始终未被印证的顾虑:货币宽松政策会造就廉价贷款,增加了大宗商品市场的投机活动,并最终推高粮食及其他大宗商品的价格。当然,担心大宗商品价格提高的不止有新兴市场。尽管某些大宗商品出口国会受益于出口价格的提高,但粮食价格上涨带来的杀伤力往往具有普遍性,而且这种破坏力对新兴市场尤为严重,因为在这些国家里,粮食支出占家庭开支的比例远高于发达经济体。

不合理的货币估值最终导致货币大战?

在政策意图上的分歧绝对不可能趋同,因为发达经济体有自己的苦衷。这些经济体的官员往往把货币战争解释为无奈之举,因为新兴市场始终拒绝升值,阻碍本币回归其均衡价值。这就带来一系列新的复杂情况,而首先面临的问题就是我们难以对均衡汇率[①] 的概念做出定义。理论上,均衡汇率就是一国不存在内部失衡和外部失衡情况下的汇率,如不存在巨额预算赤字或经常账户赤字。有些经济学家根据各种统计模型对均衡汇率进行估计,但这些估计值存在较大误差,而且缺乏可信度。此外,即使是在市场自由决定汇率的条件下,某些时候,一国汇率依旧有可能出于多种原因而偏离理论上的预期均衡水平。因此,以国内政策调整这种偏差的理由并不充分。

---

① 均衡汇率的一个定义可以表述为:一国处于内、外部均维持均衡状态下的汇率水平。这些概念很模糊,要提高其实践操作性,还有待考察其具体变量。比如,评价对外余额就需要了解其经常账户。下一步就是根据一国的发展水平、人口结构及其他一系列因素,对适合于一国的经常账户余额做出判断。如果经常账户余额较大,无论是顺差还是逆差,在某些情况下都可以解释为实际货币价值与均衡货币价值的不匹配。统计模型在确定经常账户余额的合理性方面意义有限,尤其是在各国实际情况各不相同的情况下,更是如此。

除此之外，要无条件地对某种货币的合理价值做出定论同样不易。比如某些国家对外汇市场的大规模干预造成了外汇储备的迅速积累，这意味着，在没有这种干预的情况下，市场决定的币值肯定会比现在高得多。但这个结论的前提是资本账户的有限开放。即使一种货币被普遍认为低估，而且应该升值，但只要进一步放松对资本流动的控制，就会导致资本大量流出，于是，货币就会在短期内大幅贬值。

此外，资本流动的波动性还会引发人们对币值波动性的顾虑。在货币市场上，超调现象（Overshooting）同样普遍存在，也就是说，汇率在经过较大振幅的升值或贬值后，最终会稳定在某个方向上的微小振幅范围内。在理论上，短期货币升值不应对出口产生长期性的持久影响。很多新兴市场擅长的恰恰是技术落后、利润微薄的产品。因此，即便是国内货币价值短期震荡引发的暂时性竞争力削弱，也会导致很多出口型企业陷入困境，将市场份额拱手让给工资更低的竞争对手，并最终沦于破产。

总而言之，通过均衡货币价值或集体货币体制描绘货币战争，显然是忽略了要害。无论是实行浮动汇率制的新兴市场，还是采取严格管理汇率制的新兴市场，在这个问题上的立场都是一致的。对于发达经济体的央行执行的非常规货币政策，不管对错，他们始终心存恨意。在他们看来，这些政策导致其国内宏观经济的管理更加复杂。

新兴市场 VS 美联储："竞争性不贬值" 才是最终出路

美联储的观点是，尽管存在种种潜在风险，但量化宽松这种非常规货币政策可能带来的收益依旧值得一搏。为提振美国经济增长，美联储已竭尽所能，对此，其他国家不仅不应记恨在心，反而应当感激涕零。

那么，怎么才能让美联储与新兴市场在这个问题上求同存异呢？其中的一个答案可以归结于规模和实力。对于量化宽松政策带来的资本流入效应，即使从全球资本流动角度看非常有限，但是在接受国看来，依旧有可能是极为庞大的。比如说，泰国的 GDP 仅有 3 500 亿美元，对于一个如此规模的经济体来说，要在一个月内应对 50 亿 ~ 100 亿美元的资本流入量显然绝非易事，而且必将给这个经济体带来巨大的影响。但如果以全球资本流动为基数，这样的规模显然只是一个可以忽略不计的小数点后数字。即使是对于巴西或印度等体量较大的经济体，在发达经济体看来微不足道的资本流动量，也有可能给他们的金融市场带来震颤，因为他们的金融市场尚缺乏足够的深度，以至于无法在不触发市场震荡的前提下吸收这些资本。

如前所述，这个答案的另一部分在于，新兴市场关心的不只是流入量，还有资本流动的波动性。美国的低利率和廉价货币不可能长久维系，利率迟早会上调，信贷迟早会收紧。

如果所有这一切与美国经济复苏同步发生，那么，货币或将迅速逃离新兴市场，就像它们当初迅速涌入新兴国家一样，必定会引发股票市场及其他资产市场的崩盘。实际上，到 2013 年 8 月，这种假设已经在一步步地演变为现实，很多新兴市场的货币和股票市场大幅下滑，甚至是一落千丈。

因此，新兴市场真正担心的问题可以归结为：对于非常规货币政策给发达经济体带来的增长效应，对他们而言是不确定的，最多也只是极其有限的。尽管货币政策可以限制发达经济体经济下行风险，但其本身还不足以重振经济和维持增长。相比之下，这种政策带来的成本就摆在眼前，并且通过溢出效应给新兴市场的国内政策带来巨大障碍，这种成本可能远非收益所能比。

新兴市场的新一代央行行长不仅机敏睿智，而且务实求是。他们当然不想在自己国家上演一出"克努特国王"① 大剧，他们不需要阿谀奉承，因为他们心知肚明，如果资本流入和货币升值源于合理的诱因，即本国经济生产率的快速增长，他们几乎毫无逆转的机会。他们担心的是，就在新兴市场国家做好应对汹涌而来的资本流入和迅猛的货币升值之前，发达经济体的政策已让这一切成为现实。

因此，新兴市场对待货币战争中的主导策略并不在于扭转升值，而是在于避免过度或过快升值。对此，美联储前高级官员埃德温·杜鲁门（Edwin Truman）的评价极为精辟，他们的对策就是一种"竞争性不贬值"（Competitive Non-appreciation），而非"竞争性贬值"！

既伤及无辜又伤及自身：颇具嘲讽的货币大战

任何战争都会带来间接伤害，货币战争同样不能例外。每个中央银行都有其国内目标，而且也只有国内目标才是中央银行的法定职责。但是当大央行采取行动时，其影响必然遍及世界。

随着美联储不断向经济系统中注入货币，投资者开始将注意力转向其他安全港，如日本和瑞士。但日本经济仍旧没有起色，过去 20 年里始终处于紧缩状态，而且又背负着沉重的债务负担，因此，要让其政府

---

①传说中的克努特国王出生于丹麦，是11世纪的英格兰国王，有一次去海滨游玩，他吩咐部下将座椅放在海边，并趾高气扬地命令海浪不要过来。但海浪还是涌过来，"无礼地浸湿了国王的鞋子和长袍"，据说这位国王当时说："应该让全世界都知道，国王的力量是空洞无物的，任何国王都不配万能这个称呼，除非他是上帝，天堂、人间和海洋都无法摆脱永恒的规律。"利用这次经历，克努特国王的用意就是让阿谀奉承的臣民知道，即使是国王，也不可能享有无限的权力。

债券或公司证券成为值得信赖的安全性资产，日本似乎还缺乏某些最基本的特征。不过，那些急于在美国以外寻找避风港的国际投资者还是经常光顾日本，这就抬高了日元价值，让日本以出口带动经济走出低谷的愿望成为泡影。投资者的反应造成日元大幅升值，在 2012 年的大部分时间里日元对美元的汇率均徘徊在 1 美元兑换 80 日元的水平上，几乎比 2008 年夏季升值了 30%。2012 年和 2013 年，日本央行实施了大规模的货币宽松政策，这种举措在某种程度上也是对美联储的反应，其目的无疑是为了防止日元进一步升值。

另一个无辜的旁观者就是瑞士，这个经济政策稳健、金融业高度发达的小国始终被世人看作是最安全的避风港。在金融危机的余波中，急于寻找安全港的全球资本开始指向瑞士法郎，尽管规模不大，但足以推高其对外价值。2009 年 7 月至 2011 年 7 月，瑞士法郎从每欧元兑换 1.52 瑞士法郎上涨到每欧元兑换 1.18 瑞士法郎。也就是说，仅在两年之间，瑞士法郎对欧元升值了 23%。

为了避免本币快速升值，日本央行和瑞士央行（Swiss National Bank，瑞士国家银行）实施了积极的外汇干预措施。2011 年，日本的外汇储备增加了 1 850 亿美元，比一年前剧增了 18%。瑞士央行同样在大规模买进外币，以防止瑞士法郎对欧元再次升值。2009 年 1 月至 2011 年 7 月，瑞士的外汇储备从 440 亿美元增加到 2 340 亿美元。之后，仅在 2011 年 8 月一个月时间里，瑞士的外汇储备便激增了 830 亿美元。

尽管采取了种种对策，但瑞士法郎依旧持续升值，导致该国的制造业陷入困境，对此，瑞士央行只好痛下狠心，展开更猛烈的阻击。瑞士央行首先放松了货币政策，大幅下调市场利率，这一措施暂时抑制了瑞士法郎的升值，让瑞士央行获得了短暂的喘息机会。

随后，到了 2011 年 9 月 26 日，瑞士央行在这场货币战争中再次祭出自己的重武器。为瑞士法郎设定升值上限的做法震撼了整个市场，瑞士央行决定将瑞士法郎对欧元的最低比价定为 1.20。瑞士央行宣布，将"以极大的决心执行这个最低汇率，并随时准备无限量购买外币"。换句话说，为防止瑞士法郎的升值水平超过这个设定的最低汇率，瑞士央行将不遗余力地干预外汇市场。这项举措让整个市场震惊，因为很久以来，执行完全浮动汇率制的瑞士始终被看作资本自由流动的天堂。此外，这项政策还预示着，货币战争已经开始将规模较小的发达经济体卷入其中，更多的冲突即将出现。

尽管瑞士法郎随后的升值压力有所缓解，但是在 2012 年夏季，随着欧元危机进入关键阶段，瑞士法郎再度遭遇重创。仅在 2012 年 6 月，瑞士的外汇储备便大增 690 亿美元，并在之后的几个月里持续增加，到 2012 年年底，瑞士央行的外汇储备规模已接近 4 700 亿美元，也就是说，在 4 年的时间里整整翻了 10 倍。为防止国内通胀加剧（为购买欧元而投入了大量瑞士法郎），瑞士央行始终对其外汇干预措施进行对冲操作，即卖出以本币计价的债券。

如果欧元未来对瑞士法郎出现升值，那么，瑞士央行以本币计价的储备资产就会遭受资本损失。瑞士央行已经清楚地表明，它已经完全意识到未来遭受重大损失的风险，只是感觉目前已别无选择，唯有倾力维护瑞士经济的稳定性。

枪炮变成玫瑰：新兴市场抗击美元之殇

货币战争带来的附带损失已蔓延全球。包括部分新兴市场在内的很多国家，都陷入了中美两大经济体对峙的夹缝里。比如印度等国家，美国和中国的货币政策同样让他们感到难受，在首尔 G20 峰会之前，美国和中国均对印度展开强大的说服攻势。夹在两个国家之间的印度左右为难，但又不愿意和任何一方公开为敌，于是，印度官员纷纷称赞浮动汇率制的好处，提示贸易保护主义政策的威胁，呼吁发达经济体采取更节制、更温和的货币政策。在首尔 G20 峰会上，印度前总理曼莫汉·辛格在发言中指出：

> 我们必须不惜一切代价避免竞争性贬值，拒绝贸易保护主义再度抬头……弹性汇率是实现经常账户可持续的重要手段，因此，我们的政策必须反映这个因素。与此同时，储备货币的发行国拥有更大责任，保证他们的货币政策不会影响资本流动的稳定性，减少新兴市场承受的压力。

货币战争还有另外一层含义。在通过干预外汇市场来抑制本币升值时，新兴市场必然要积累外汇储备。那么，他们会把这些储备资产放在何处呢？欧元显然不是安全投资，瑞士又太小。于是，他们会想到日本，但日本自身也在干预外汇市场，吸收利用流入安全港的外国资本。那么，这笔钱的最终落脚点到底在哪里呢？每个人都能猜到，是美国！

因此，其他国家原本送给美国的是报复性炮弹，但这些炮弹落在敌人的阵地上时，却变成了玫瑰花。更让人感到啼笑皆非的是，今天，新兴市场抑制本币对美元升值的动力反而变得更加强烈：毕竟，他们要避免以本币计价的储备资产遭受损失。

目前，通过外汇市场干预实现竞争性不贬值正在变得越来越复杂。因为这不仅涉及维护本国对外贸易的价格竞争力，还要有利于限制本国财富向其他国家的转移。

这就是说，新兴市场目前对货币贬值的顾虑存在两层诱因，而不仅是贸易上的单方面考虑。其他国家或许可以在小规模的局部战役中赢得胜利，但就总体而言，随着货币战争的延续，美国注定会赢得更有利的形势。

强势美元论

更让人感到不可思议的事情还在后面。尽管美国对新兴市场的某些货币政策颇有微词，而且新兴市场也对美国的货币政策举动愤愤不平，但在过去 20 年里，美国始终坚持强势美元论。1995—1999 年，时任美国财长罗伯特·鲁宾更是将美元的强势从理论层面升级到政策层面。在 1997 年的一次采访中，他曾说："我坚信，只有强势美元才符合美国利益。"公正地说，鲁宾确实提到过，人为影响货币价值的企图是毫无意义的，因为货币价值必须反映经济基本面。

然而，随后几任美国财长却发现，即使要偏离强势美元这个轨迹都很难，因为一旦偏离，就会有经济疲软之嫌。鲁宾的继任者劳伦斯·萨默斯曾反复重申"美国坚持强势美元政策的立场绝不动摇"。随后几任财长也多次在不同场合强调这一立场，而且大多会把强势美元与国家利益联系到一起。亨利·保尔森曾在 2006—2009 年担任美国财长，他也经常提及这种说法。他有一次说："在我的内心和灵魂深处，我只知道而且也坚信，强大的美元符合美国的利益。"

这种说法的根源似乎更多地源于政治动因，而非经济层面。这背后的道路显而易见：坚挺的货币代表了一个国家及其经济实力。尽管当一个国家的生产增长率超过其他贸易伙伴时，自然而然地会强化该国货币的坚挺性，但反向推论已逐渐成为美国人嘴里的新口头禅。2013 年 2 月，在参议院的就职听证会上，新任财长雅克布·卢（Jacob Lew）这样说：

> 多年以来，在两党的领导下，财政部始终坚定不移地致力于一种主张：强势美元最能体现促进美国增长、高效和竞争力的根本利益。如能就任，我将恪守这项政策。

尽管美国锁定这项政策的根源在于国内政治因素，但毋庸置疑，美国的决策者完全应该领悟到，强势美元政策缺乏坚实的经济基础。保罗·奥尼尔（Paul O'Neill）在 2001—2002 年担任美国财长，他被视为小布什政府中最善于标新立异的人物之一。在奥尼尔辞职后的一次采访中，他直言不讳地说："在担任美国财长时，除了'强势美元'之外，我几乎没反对过什么。我当时就认为，而且现在依旧认为，所谓强势美元的思想，完全是一种空洞无物的说法。"

或许"强势美元论"实际上只是一种转移注意力的伎俩。美联储前主席艾伦·格林斯潘曾在 2001 年告诉他的同僚，在克林顿执政时期，罗伯特·鲁宾每次重申白宫支持强势美元政策时，都会附上几句赞美之词。

但归根到底，格林斯潘还是成为这句口号的拥趸，就像他所说的那样，"这句话令人生厌，毫无新意，缺乏理性，而且不知道被人重复了多少次，它像幽灵一样挥之不去"。

在美国，还有一个让人看不懂的现象，货币价值的管理权限隶属财政部，而不是美联储，这种情况同样适用于其他很多发达经济体。有人或许会认为，货币政策是汇率的一个决定因素，但在理论上，财政部应拥有美元价值管理的最高权力。在 2011 年的一次新闻发布会上，美联储主席本·伯南克是这样说的：

> 我首先想说的是，的确，财政部部长应该是美国在美元政策上的第一发言人，昨天，盖特纳财长已经阐述了一些观点。对此，我想有所补充，首先，美联储相信，强大而稳定的美元不仅符合美国利益，也有利于全球经济。

因此，世界担心弱势美元会带来衰退，而美国明显也担心这样的事情，尽管它在行动上与此相反，尽管它公开宣称的目标是提振美国出口增长。

无节制的货币战何时停歇？

2012 年 9 月 13 日，联邦公开市场委员会（The Federal Open Market Committee）正式发起第三轮量化宽松（QE3），并同时宣布，美联储将无条件保证每月买进 400 亿美元机构抵押支持证券（MBS）。此外，公开市场委员会还指出，它将继续执行"扭曲操作"（Operation Twist），即卖出较短期限国债，买入较长期限的国债，从而延长国债资产的整体期限。这种操作将压低长期国债收益率。从收益率曲线来看，相当于将曲线的较远端向下弯曲，这也是扭曲操作得名的原因。这种操作的原理在于，将长期利率维持在较低水平，从而有利于房地产行业发展，并促进投资和消费需求。公开市场委员会最后指出，在 2015 年中期之前，美联储预期将维持短期市场利率接近或达到零利率水平。美联储通过这

179

一连串咄咄逼人的措施，旨在"提高长期利率的下行压力，支持抵押贷款市场，在总体上改善金融环境"。

就在美联储采取上述行动之后，日本央行马上跟进，推出了一系列对策。在2009—2011年的大部分时间里，日本经济始终笼罩在紧缩的阴云中。进入2012年之后，整体经济依旧没有起色。在已经长期执行零基准利率的情况下，日本央行唯一可以指望的就是通过提高通胀率来打压通胀调整后的利率，重振经济活力。2012年2月，日本央行宣布了1%的通胀目标。尽管这个目标并不高，但它却向市场释放了一个重要信号，即日本央行决心提升总需求。在经过2012年上半年的短暂飙升后，消费品价格在夏季再次回落。由于坚挺的日元给出口造成沉重打击，因此，日本经济再度应声下滑。

2012年9月19日，也就是美联储宣布第三轮量化宽松的一周之内，日本央行马上宣布，执行下一阶段的日本版量化宽松政策，扩大2010年10月开始实施的债券购买计划的规模，从70万亿日元提高到80万亿日元，增加量约相当于1 250亿美元。进入10月和11月，日本央行再次扩大计划的执行规模，每次增幅均达到了10万亿日元，总买入量达到101万亿日元（接近1.2万亿美元）。

有趣的是，欧洲央行（ECB）虽然在2012年8月宣布了类似的非常规货币政策，但并没有引发新兴市场做出抵触反应。欧洲央行推出了"直接货币交易计划"（Outright Monetary Transactions），这项计划的核心在于，对于按合理利率难以偿还债务的欧元区国家，只要同意在预算、劳动力市场、产品市场及其他方面实行相应改革，欧洲央行便承诺买进这些国家发行的主权债券。因此，这些国家就不会面临惩罚性借款成本。

欧洲央行明确表示，将采用对冲式的债券买进操作，这样，进入系统的所有货币都将通过其他方式予以冲回。之所以承诺采取对冲操作，部分原因是为了安抚德国，因为德国早已对欧洲央行的行为感到不悦，而且这样的操作至少不会引发通胀率上升。从新兴市场的角度看，这样的措施同样受欢迎，毕竟，所有国家都将从欧元区的稳定中受益，而且欧洲央行接纳大部分注入货币的承诺也意味着，不会有多余货币辗转进入其他国家的经济系统。

浮动汇率制不执行，货币战争不停歇？

按照美国和日本的量化宽松政策，其动用的货币量即便对于这两个国家来说也绝非小数。而且在如此庞大的新增货币量中，哪怕只有一小部分流出，都将是大多数新兴市场难以应付的。实际上，就在主要国家央行宣布宽松货币政策后不久，新兴市场马上体会到资本流入和本币升值的压力。一定程度上，这种趋势或许可以与美国经济的强劲复苏以及欧洲危机预期减弱有关，但在新兴市场的眼里，发达经济体央行采取的这种扩张性货币政策，则是造成资本与货币流动激增的主要原因。面对汹涌而来的货币大潮，巴西财政部时任部长吉多·曼特加一如既往地直言不讳，他警告，主要发达经济体采取的量化宽松政策，将迫使其他国家采取保护性措施，进而再度引发货币战争。他毫不掩饰地坦言，巴西将继续大规模干预外汇市场，以避免巴西里尔进一步升值。媒体引用曼特加的话称：

> [美国和日本]将激化货币战争，因为他们必将推动所有国家加入这场战争。很自然，其他国家不会坐以待毙，他们肯定要保护自己。[巴西]央行将增加外汇储备，我们的储备水平已经很高，如

果巴西经济中的美元供给剧增，我们肯定会买进更多美元……我们绝不允许让巴西的经济丧失竞争力。

与此同时，战场另一端的对手同样固执已见。尽管全球贸易失衡已经有所收缩，但美国和英国等国家的决策者依旧感到愤愤不满，他们也在据理力争：进一步调整这些失衡的根本性障碍，就是主要新兴市场拒不执行浮动汇率制。

2012 年 12 月 10 日，英国央行行长默文·金（Mervyn King）爵士在纽约经济俱乐部发表了一场演说。在提到英国央行面对的诸多国内挑战之后，默文·金话锋一转，直击全球经济协调问题。在强调再平衡贸易的重要性时，他指出，英国和美国等消费驱动型经济体，将继续面对巨大的贸易赤字，而中国等国家则继续享受庞大的贸易顺差。归根到底，他的核心观点在于，当下的货币战争还将延续：

> 赤字国家承受的巨大压力是毋庸置疑的，因为他们都是承担着天量债务的国家，因而也是必须实施自我调整的国家。而盈余国家显然没有这样的压力，而且在这些国家中，很多都没有表现出通过扩大国内支出让赤字国实现再平衡的欲望……至于各国为全球经济再平衡创造必要条件开展合作一事，迄今为止尚未达成一致……我们会看到……以积极管理的汇率制度将逐渐成为国内货币政策的首选……各位或许会看到，每个月，都会有更多的国家感觉到，积极管理型的汇率正在蔓延，当然，这种模式的目的在于压低利率。

这段话完全遵从一种我们所熟悉的思维路径：面对经常账户赤字

的发达经济体必须调整政策，主动减少赤字水平，但这种调整却受到顺差国家积极管理型汇率政策的阻挠，他们根本就没有采取提升本国需求的任何措施。彼得森国际经济研究所所长弗雷德·伯格斯腾（Fred Bergsten）曾指出，美国是这场货币战争中"最受伤的一方"，并呼吁美国采取单边措施或借助于国际金融机构，对抗被其称为货币操纵国的中国等国家。

发达国家无节制的货币车轮战

货币战争的对峙绝不限于发达经济体和新兴市场经济体之间。不堪来自国内新政府的政治压力，日本央行于 2013 年 1 月宣布实施新一轮货币宽松政策，随即，德意志银行（德国的中央银行）总裁詹斯·魏德曼（Jens Weidmann）便对日本发难。他警告日本，不要试图以无节制的货币宽松政策来操纵贬值，这样做只会导致其汇率被"政治化"。媒体援引魏德曼的话称：

> 不管是否有意为之，这种做法的后果都会导致汇率被越来越政治化。到目前为止，国际货币体系已经走出危机，而且没有引发竞争性贬值，因此，我真的希望能维持现状。

但就在他做出这段声明后不久，魏德曼的欧洲盟友、法国总统弗朗索瓦·奥朗德便让欧洲成为货币战争史中的一员。其实，奥朗德的主张也反映了欧洲其他领导人的心声，他号召欧元区国家直接加入货币战争，防止欧元进一步升值。2013 年 2 月，他将欧元升值归咎于区内国家竞争力的丧失：

> 欧元不应随着市场的情绪变化而起伏不定。一个货币区必须拥有自己的汇率政策。否则，它必将面对不能反映其真实经济状态的汇率。

随后，他便吹响了战斗的号角：

> 欧元区必须通过各成员国领导人的并肩战斗，共同决定中期汇率。我们需要在国际领域采取行动，切实维护我们的自身利益。

但这个鼓励欧洲央行积极防止欧元升值的号召，却成为德国的诅咒。实际上，欧洲央行脱离维护价格稳定性的基本使命，原本就已经让德国感到忧心忡忡了。对此，德国经济大臣菲利普·罗斯勒（Philipp Rösler）的措辞极为强硬，他认为，欧元区的首要任务应该是"强化核心竞争力，而不是制造疲软的贬值"。

与此同时，2013 年 3 月当选的日本首相安倍晋三任命旱田东彦为日本央行行长。这次人事任命的目的非常明确，那就是全力动用货币政策，不惜一切代价支持经济复苏，其中就包括无限制的货币扩张政策。在此基础上，实现日元贬值，为日本经济走出紧缩周期创造一切必要条件。由于日本的商品出口额仅占 GDP 的 14%，因此，要通过增加出口大幅提振 GDP 增长，显然需要超常的贬值措施。

2013 年 4 月，日本央行扣动了反击的扳机。它宣布将新的通胀目标定为 2%，并采取一系列手段实现这个目标。日元开始快速贬值，尤其是针对美元。这将美国置于尴尬境地。喜的是，日本终于为复兴本国经济采取了强力手段；忧的是，这些措施只会导致日元持续贬值，进而推高美元价值。2013 年 4 月，在提交美国国会审议的半年度货币政策报告中，财政部直接对日本发出了警告：

> 我们将继续敦促日本恪守承诺，切实维护 7 国集团和 20 国集团达成的协议，对内，以国内政策兑现国内目标，对外，避免竞争性贬值，以促进竞争为目的而制定汇率政策。

尽管亚洲邻国对日本提振经济的努力表示欢迎，但它采取的货币政策也招致了邻国的强烈反应。韩国企划财政部部长官玄旿锡认为，与朝鲜带来的军事威胁相比，日本的弱势日元政策给韩国带来的伤害更严重。

全世界都希望看到发达经济体采取有效对策促进其经济增长，但显然不愿意看到他们以牺牲其他国家利益为代价实现这种增长。

宏观经济政策施展无法承受改革之痛

疲软的经济、异化发展的形势以及充满分歧的观点，必然导致各国在宏观经济政策上的各执己见。在有些条件下，甚至会不可避免地爆发冲突。由于各国政府的支出水平居高不下，使得发达经济体在运用财政政策支撑经济增长时受到极大制约。在大多数新兴市场，尽管财政政策的执行不会受到高债务的束缚，但依旧要面对形形色色的限制。譬如说，不合理的社会转移支付体系，使得政府很难在短时间内有效发挥财政政策的作用。很多发达经济体或新兴市场经济体，对劳动力市场和产品市场以及金融体系实施深度改革已成为提升本国竞争力和促进本国经济增长的必要条件。但这些改革注定会异常艰难，因为它们都要经历改革的阵痛，而且需要在政治上付出高昂的代价。

历史从不缺少这样的事例。政治家强迫自己的国家面对艰难抉择，并为此付出惨重的政治代价，但他们的经济最终却会受益于此。即使是一向自我标榜为简朴节制的德国人，也拒绝这样的改革。为此，他们甚至将矛头直指总理格哈德·施罗德（Gerhard Schröder），并最终迫使施罗德下野。但不可否认的是，正是他采取的一系列改革措施，才让今天的德国成为拥有强大竞争力的出口大国。

2003 年，德国失业率飙升，一度接近 10%，德国经济已经停下了增长脚步。2003 年 3 月，施罗德开始正式实施一系列名为"2010 年议程"（Agenda 2010）的改革计划。该计划涉及简化劳动法，下调失业保险，减税以及对一系列福利计划的修订。然而，改革让施罗德付出了沉重的政治代价，他不得不面对此起彼伏的民众游行示威，来自党内的反对声音不绝于耳。最终，在 2005 年的国民议会提前选举中，施罗德铩羽而归。2006 年，施罗德发起的经济改革终于让德国经济重现增长。但对施罗德来说，这一切显然来得有点迟。

政治家经常会发现，要在短时间内采取最理想的对策并不容易，这也让货币政策承受了过多的重担。因此，在全球范围内，当宏观经济发生震荡时，货币政策便成为抵御国内外冲击的第一个防御武器，而且往往是唯一武器。对于量化宽松及其他非常规货币政策带来的收益和成本，即便是发达经济体也不得不审慎权衡。毕竟，这种均衡太过微妙了。然而，发达经济体和新兴市场的决策者在这个权衡问题上存在严重分歧，要弥合这种根本性分歧，显然绝非易事。全球金融市场一体化趋势的演进，不可避免地招致恶性货币竞争。摆在我们面前的现实很严酷：货币政策正在成为重中之重，借助它给货币带来的影响，注定会让这场竞争成为零和游戏。

但这场游戏让新兴市场经济体的经济笼罩在阴云之中。智利央行行长何塞·德·格雷戈里奥曾指出，对于新兴市场而言，利用外汇干预或资本管制阻止资本流入、维持本币低估值的做法，完全是徒劳无功的。他认为，如果以这些策略应对货币战争，必然会导致新兴市场实施一系列有损于本国经济的政策。因为这些政策会招致各种各样的扭曲，首当其冲的就是金融市场。在华盛顿特区进行的一次公开活动中，格雷戈里奥再次以雄辩的口才诠释了这个逻辑：在货币战争中，某些新兴市场国家最终把自己置于"货币式自杀"的绝境。

即使将货币战争视为注定会自生自灭的短期冲突，任何战争也都不可能是没有代价的。贸易保护主义的威胁正在抬头，已经开始侵蚀到全球自由贸易体系。如果货币战争筑起阻碍贸易和资本自由流动的壁垒，那么，它所带来的伤害将是永久的。和平守护者已关注到这种动向，并试图戳破这种保护主义毒瘤，积极寻求终结当前冲突的途径。那么，他们能否说服相关国家从普适性福利出发，以合作取代冲突呢？

要回答这个问题，回顾发生全球金融危机前的故事或许会让我们有所感悟，毕竟，在金融危机爆发之前，有关货币政策的分歧就已经在持续发酵，而调停者已经涉足其中，试图将这些问题遏制在萌芽之中。我们将在第 8 章里看到，整个事态的演进过程令人扼腕叹息，但更值得人们深切反思。整个过程告诉我们，要把政策协调的崇高思想转化为实践行动，恐怕难于上青天。

THE
DOLLAR
TRAP

第 8 章
探寻货币战争的休战之路
IMF 与中国的世纪大战

——

弗朗斯先生：各位，男人没有不赌博的，这是男人的通病。

马特·狄龙（堪萨斯州道奇城的执法官）：在这里，你可以随心所欲地赌博，前提是只要你不出老千。

弗朗斯先生：这就是我来找你要说的事情，马歇尔。其实，不是我不诚实，只是经常有人说我不诚实。有时，这让我很郁闷。

马特·狄龙：在这里，这种事情很容易引发枪战……这也是我不能容忍在赌博中出老千的原因。

《荒野大镖客》（*Gunsmoke*），第 95 幕 "绅士"

在全球经济疲软的形势下，货币战越发引人关注，因为它极有可能诱发针锋相对的贸易战。如果一个国家发现其贸易伙伴正在操纵本国货币，它最可能做出的反应往往就是构建贸易壁垒，限制进口，并通过补贴或其他强化本国商品国际竞争力的措施推动出口。在当前全球贸易流动的规模下，中断正常贸易很容易加剧全球经济的紧张局势，并最终伤及全球贸易增长。这必然会造成紧张——自由贸易会让所有人受益，但如果一个国家试图以货币管理作为促进本国出口的主要工具，那么，贸易本身就会脱离合作主题，演变为冲突的对象。

在货币问题上，最大的挑战就在于如何管理这个"零和游戏"，而游戏的本质却使得我们很难找到合作性答案，而且希望极为渺茫。每个人都深知，这场游戏或将变得丑陋无比。如果很多国家都试图规避既有（不成文）规则，它就有可能变成一种"负和博弈"。但在这个过程中，完全应该存在某种合作性解决方案。

然而，合作只存在于理论上，在现实中实现合作与协调显然绝非易事，尤其是全球经济因当前国内需求不畅和就业增长乏力而尽显疲态的大环境下。要撇下短期目标，全面践行长期利益，还需要更有远见、更强大的政治意愿和政治领导者，而不止是让政客们越俎代庖。政治家往往目光短浅，而且他们的行为总是表现出与竞选周期相一致的规律，因此，他们的反应也仅是为了呼应国内选民的声音。

毫无疑问，要维护游戏的正常进行，让所有参加者诚信守则，唯一需要的就是一个强大独立的执法者。但在执法者火力有限而且又经常受到诱惑时，要让他维护游戏的公正和顺畅就不那么容易了。要避免货币战争恶化升级，首先需要的就是一种规则，或是一系列相互协作、相互制约的机构，凭借其能力和信誉，制定并实施一整套游戏规则，包括货币价值的宏观经济政策以及国际贸易的运行机制。以往，这两个领域始终是相互隔离的，相应的管理职责也分别被赋予两个不同的机构：国际货币基金组织（IMF）和国际贸易组织（WTO）。这样做或许不无道理，因为它们毕竟各有专长，但最终结果却差强人意。

虚无缥缈的多边协商机制

1945 年，发达工业化经济体为改善国际金融稳定性而组建了 IMF。随着时间推移，IMF 扮演的角色也在不断变化。在经历了"大萧条"和第二次世界大战之后，人们开始关注货币贬值给全球贸易和世界经济增长带来的危害；于是，主要发达经济体货币间实行固定汇率制被视为克服这个问题的一种途径。因此，在 IMF 创建后的最初几十年里，它的主要任务就是维护以固定汇率制为核心的布雷顿森林体系。具体职责包括监督各国政策，为国际支付出现暂时性赤字的成员国提供资金援助。

20 世纪 70 年代初，布雷顿森林体系土崩瓦解，IMF 的角色也随之转变，它的职责也开始转为监督资本自由流动、市场导向的浮动汇率以及全球金融和商品市场的自由化。随着时间推移，IMF 开始逐渐成为个别国家宏观经济政策的仲裁者，并试图将自己扮演为最后贷款人，当个别国家经济遭遇危难时，IMF 就成为他们的最后一根救命稻草。目前，IMF 拥有 188 个成员国。

WTO 的职责在于防止成员国公然采取以妨碍自由贸易为目的的贸易限制政策，并充当调停者，协调成员国之间的贸易纠纷。尽管货币及其他宏观经济政策理论上也会让个别国家在国际贸易获得不公平优势，但并不在 WTO 的管辖范围内。例如，货币贬值在本质上就是一种提供给本国出口商的补贴。但目前的现实却是，WTO 在宏观经济领域的管辖权和治理能力均非常有限。从理论上说，IMF 是唯一有能力宣判货币战争就此休战的国际金融机构。

实际上，21 世纪初发生的一系列事件为 IMF 涉足货币战争打开了大门。各国决策者和学术界陆续关注到，中国及其他新兴市场巨大的经常账户顺差，恰恰来自为美国及其他发达经济体经常账户逆差提供的融资，而这两者导致当前的国际需求陷入不可持续的失衡状态。2005 年，本·伯南克就曾在讲话中提及全球储蓄过剩问题。实际上，他的观点也代表了发达经济体对这个问题的基本看法。尽管措辞委婉，但伯南克的观点很明确，他将全球性失衡的很大一部分责任加罪于顺差国的过错。这激怒了中国及其他新兴市场，尤其是拥有经常账户顺差的亚洲国家，他们纷纷通过官方渠道做出反击，认为伯南克的言论是五十步笑百步的不齿之举。

就在这场口舌大战如火如荼进行时，经常账户失衡问题也在悄然无声地不断升级。随着国际石油价格的上涨，中东国家也加入了经常账户顺差阵营，其顺差增速甚至让中国和其他很多新兴市场望尘莫及。尽管澳大利亚、西班牙和英国等发达经济体也存在经常账户赤字问题，但是在全球性失衡的赤字另一侧，美国显然占据了最大的份额，而且也是增长最迅速的国家。

IMF 向中国扔出炸弹

人们开始越来越担心，这种失衡有可能导致灾难性后果，譬如美元价值迅速崩盘。就在各方为谁是失衡加剧的始作俑者而相互指责时，IMF 高层管理者在内部部分人的怂恿下，决定以中立仲裁者的身份插足失衡问题。按照 IMF 管理团队的意愿，不仅要直中要害、从根本上解决全球失衡问题，还要以建设性方式让当事各方共同参与这个过程，而不是相互指责，加罪于一两个国家。

2006 年 6 月，IMF 高调宣布了第一轮多边协商计划。不同于每次只与某个国家开展双边协商并对该国政策进行评估的惯例，这项新举措的目的旨在评估主要国家之间的政策协调性。为此，IMF 选择的经济体包括中国、欧元区国家、美国、日本和沙特阿拉伯，并得到了这些国家的允许。根据 IMF 发布的消息，选择评估上述对象的原因在于"这 5 个经济体均以不同方式与全球失衡相关联：要么是因为他们存在庞大的经常账户顺差或逆差，抑或是因为这些经济体在全球总产出中占据较大比重"。

IMF 为这项计划订立了一个极为崇高的目标，那就是要在 IMF 的支持下，创造一个以合作为主题的新时代：

多边协商机制是 IMF 为实现国际合作而发挥载体作用的一个例证。其具体功能体现在为各国提供共同分析和协商的议事渠道，通过拟定基本框架，在强调合作共赢的前提下，为成员国执行个别行动扫清障碍。

事实表明，接受评估的各方不仅希望摆脱被指责的尴尬，而且希望评估能让他们无罪一身轻。在经过 2006 年夏季和秋季相关各国的多轮技术磋商后，由 IMF 高层与各国要员（多为财政部部长和央行行长）进行最后的高端会议。在此期间，IMF 官员首先与其他国家展开会谈，最后才是美国。但此时，美国突然失去兴趣，导致 IMF 因未能完成与美国代表的会议而无法形成最终报告。纵然 IMF 团队在此过程中有可能徒劳无功，而且这样的结局的确令他们感到意外，但至少有一点是很清楚的：如果一个正式的高层会议没有世界第一大经济体高层领导人参与，任何多边磋商机制都不可能得到实质性结果。因此，IMF 的计划又被拖延了数月，直至 2007 年 4 月完成与美国的磋商后，IMF 才发布了最终报告。

为什么美国会在关键时刻临阵脱逃呢？原因很简单，美国财政部最初曾推断，IMF 首先会对中国的货币政策严加指责，但事实却让他们逐渐意识到，IMF 最终将一视同仁，对美国财政及经常账户赤字带来的风险同样会给予严词拷问。一旦中国认为美国是这场游戏的操纵者，那么，在报告发布后，中国官方就可以不动声色，并从此开始静观其变。

但报告并没有止步于会诊全球失衡的病源以及世界经济的其他问题。据称，所有国家均同意实施一整套改革措施及政策调整，其目的就在于通过相互制衡履行这些承诺。这一系列承诺机制的确可以让 IMF 认为，它的努力获得了应有的回报，但他们却忽略了一个更重要的事实：

IMF 及其他国际组织根本就没有能力敦促这些大国履行上述承诺。比如说，尽管相关会议对减少外部失衡问题进行了深入探讨，但中国的经常账户顺差依旧在 2007 年年底创下历史新高，占到 GDP 的 10.7%。

此外，在针对改革措施承诺的相关文本中，大部分内容含混不清，基本来自各国政府已有的措辞。例如，中国政府对于改进其货币体制弹性的承诺是这样描述的："将以循序渐进、可控制的方式改进其汇率形成机制。"其实，很多年以来，中国政府就一直使用这些语言。IMF 承认，其执行董事会对各国承诺政策及措施的评估并没有实际意义。尽管这些政策总体上不及《IMF 宪章》"第四条"（磋商机制）或《世界经济展望》描述的那样雄心勃勃，但它们毕竟意味着在原有基础上向前迈进了一大步。

虽然美国还是一如既往地以甜言蜜语支持多边磋商机制，但亨利·保尔森领导下的财政部还是决定，必须以更强有力的手段对付中国，而且 IMF 肯定不是他们心目中的战斗工具。在美国对中国货币政策咄咄逼人的压力面前，IMF 的西班牙裔执行总裁罗德里戈·拉托（Rodrigo de Rato）走出了一步险招：终止 IMF 与中国改善关系的努力。

作茧自缚的 IMF：向中国开出罚单最终自缚手脚

中国与 IMF 之间的关系一直在跌宕起伏中徘徊不前，这个历史最早可以追溯到十几年前。中国的货币政策始终令中国政府与 IMF 分歧不断。双方在处理这个问题上的方式似乎也心照不宣。在 2002 年被任命为 IMF 中国部负责人时，我开始直接参与双方事务，并掌握了大量的第一手资料。无论是在北京还是其他城市举办的会议，中国团队每次都会提前向 IMF 相关机构提交一份事无巨细的问题清单。随后，我们会得到中国方面提供的书面答案。

在会议上，每当我们问及如下问题时，中方的答复基本上就是在重复这些答案。对于中国的汇率体制，中方的回应始终是标准式答案，几乎一成不变："中国的汇率是由市场力量决定的，中国政府始终致力于以稳健的方式推进汇率形成机制。"

在为我们的第一次中国之行做准备时，我的团队增加了一个有关中国汇率运行机制的问题。中国政府在回复中，再次将问题巧妙地归结到市场力量："汇率完全取决于市场供求。中国政府长期致力于对供求双方进行管理，从而推进汇率形成机制的稳定运行。"换句话说，中国通过对供求双方的控制，获得"由市场决定"的人民币汇率。显而易见，对于市场因素的运行，中国政府有着自己特殊的理解方式！到2004 年年底我离开中国部进入 IMF 研究部为止，货币问题几乎没有取得任何进展。

次年夏天，中国做出了一个异常低调但却极其引人关注的举措。2005 年 7 月 21 日，中国政府将人民币对美元的汇率上调 1.8 个百分点，同时宣布，允许人民币汇率以前日水平为基准进行小幅浮动。每日波动幅度不得超过中国人民银行规定基准利率的上下 0.3%。

这就是说，人民币在原则上每天可升值 0.3%，而一个月的累积升值将是可想而知的。消息传出，立刻引发坊间一片欢呼，因为这毕竟是中国在强化汇率形成机制弹性化方面迈出的第一步。

实际上，人民币的升值极为缓慢，一年后对美元的合计升值幅度也仅有 5%。但外界认为，如此缓慢的调整根本就不足以影响全球失衡的现状，因为中国的贸易顺差还在持续增长，其外汇储备也在快速膨胀。

2005 年，外汇储备规模已突破 8 000 亿美元大关。

进入 2006 年，很多发达经济体，尤其是美国还在敦促 IMF 继续对中国货币政策施压。显然，IMF 需要以更有效的方式处理这个问题，当然，任何将中国排除在外的方式都是站不住脚的。

2006 年中期，就在多边协商计划进行当中，IMF 决定对其成员国宏观经济政策监测程序开展评估。此次评估的依据是 1977 年制定的《国际货币基金协定》第四条原则"关于汇率政策检查的决定"（1977 Decision on Surveillance Over Exchange Rates，也被称为"1977 决定"）。很明显，该"决定"亟待更新，因为它已根本无法反映当前的货币形势。有足够理由认为，在全球金融一体化趋势不断加强的形势下，任何国家操纵汇率的行为都将影响到其他国家，因此，IMF 必须强化其对货币政策的监管。

更新监测程序的计划受到很多新兴市场的反对，在这些国家看来，这只是 IMF 按发达经济体的意愿对他们的货币政策吹毛求疵的另一种工具而已。到了 2007 年年初，多边磋商计划落空，更是让 IMF 在这个问题上备受指责，因为新兴市场已经越来越清楚地认识到，发达经济体总有办法将他们置于不利境地。然而，经过 IMF 高层的反复考虑，最终还是决定继续实施程序调整，并马上加以落实。

在 IMF 团队于 2007 年 5 月造访北京的过程中，中方明确表达了对更新监测程序的不满，但是在关于中国货币政策调查报告出台之前，他们的反应似乎较为内敛。IMF 董事会计划于 7 月初讨论该报告，并预计马上落实相关建议。随后，到了 2007 年 7 月份的第一周，IMF 执行总裁罗德里格·拉托便向中国扔出了炸弹。

倔强的中国拔掉了 IMF 的毒牙

在提前通知时间明显短于通常的情况下，拉托召集 IMF 执行董事会举行紧急会议，集中讨论新政策。6 月 15 日，IMF 通过一套各国汇率政策监督的新程序，并以此取代 1977 年起执行的旧程序。IMF 执行董事会以此种方式实施政策调整明显不合标准，这让外界产生一种强烈质疑，在他们看来，这完全是拉托在美国强大压力下被迫做出的事情。

在解释新监测程序的文件中，针对货币操纵的措辞极为强硬。很明显，IMF 已经为对付那些为本国利益而操纵货币的国家而摩拳擦掌。尽管文件在总体上措辞严谨细腻，但依旧很容易看得出，IMF 的炮口直指一个国家：中国。与中国有关的描述几乎与美国的一贯说法如出一辙：货币政策就是为中国的出口创造不公平的竞争优势，也是造成全球失衡的一个重要因素：

> 新"决定"不仅为监测成员国汇率政策的执行情况提供了更完整的指南，也涵盖了这些政策造成外部不稳定的主要原因。"1977 决定"要求各成员国不得以特定目标进行汇率操纵，尤其是不得以此对其他成员国形成不平等的竞争优势。新"决定"还增加了一项原则性建议，即不管目的何在，成员国应避免实施可导致外部不稳定的汇率政策，进而遏制已被证明为造成过去几十年国际金融不稳定的根源。

显然，IMF 的决定激怒了中国人民银行原行长周小川及其同仁。他们深知，IMF 的做法就是在让中国出丑。实际上，为了说服中央政府接受人民币与美元汇率在 2005 年 6 月实现脱钩，中国人民银行几乎已经耗尽了自己的全部政治资本。中国人民银行的提议曾遭到商务部的强烈反对，后者认为自己是出口企业利益的维护者，但中国人民银行最终还是成功说服了最高领导人，适度调整货币政策将有助于为中国在国际经济事务上赢得广大的话语权。但现在，也就是在实行人民币与美元脱钩的两年之后，IMF 却对中国开出了罚单。

中国政府的反应迅速而强烈：立即中止与 IMF 进行的双边磋商计划。此时，当年的报告已提交给 IMF 执行董事会，这项工作通常需要在会议两周之前完成。但由于中国甚至拒绝与执行董事会讨论年度报告一事，使得报告被迫暂时搁置。

另一方面，中国方面要求 IMF 在 2007 年秋季向北京派出一个新团队，就最新规则下如何评价中国的汇率制度做出解释。实际上，中方非常了解这种新方法，随后，还要求 IMF 说明这种新方法如何适用于中国。IMF 接受了中方的要求，并在此后的每两个月内对报告进行更新和修改。但随后的事实证明，中方接受并批准该报告的希望似乎很渺茫，但这却是 IMF 执行董事会对报告开展正式讨论之前的必要步骤。

这让 IMF 被自己制造的问题束缚了手脚。如果未能在这份报告中反映与世界第二大经济体政府的讨论情况，IMF 就没有资格认为自己有能力对全球经济进行有效监督。2008 年 8 月，IMF 试图以建立"特别措施机制"的方式平息中国的愤怒，按不同于针对其他国家的模式讨论中国汇率政策。但 IMF 的提议再次遭到了中国拒绝，此时，全球金融危机已开始肆虐蔓延，僵局也就此形成。

IMF 知难而退

两年之后，也就是 2009 年 6 月 22 日，IMF 计划全身而退。由于美国已开始全力应对金融危机，使得 IMF 可以抽身对付其他大国，而不必担心受到这个最大股东的骚扰。然而，IMF 还是感到力不从心，原因很简单，在它发布的报告中，如果没有对世界经济增长贡献最大的经济体执行的政策做出评估，IMF 就没有资格将自己称作可以公正评价全球经济政策的裁判。

宣布终止多边磋商计划的文件是在悄然无声之间推出的，但此时推出似乎显得顺理成章。这份文件名为《2007 年监督决定：操作指引修订版》（*The 2007 Surveillance Decision: Revised Operational Guidance*）。文件序言部分坦言，新的监督方法让 IMF 颜面扫地：

> 《2007 年监督决定》的实施就总体而言实现了既定的预期目标，但也遭受了重大挫折。《2008 年三年度检查》（*2008 Triennial Surveillance Review*）发现，监督重点已有了明显的针对性，且对汇率问题分析的覆盖面和质量有所改善。但事实证明，采用与汇率相关的"标签"（如"根本性失调"等之类特定术语的使用）妨碍了"决定"的有效落实。《2008 年三年度检查》指出，汇率分析在各国间的一致性问题已引起广泛关注，考虑到固有分析方法及数据方面的局限性，因此，不应过度渲染精确测算的重要性。

在 IMF，有人马上注意到个中措辞的言外之意。他们指出"就总体而言实现了既定预期目标"背后的含义，无非就是说，没有完全实现预期目标。

按 IMF 工作文件的一般性思路，该报告的第二段绝非寻常。它不仅没有进一步掩盖问题的企图，或是宣称项目进展"基本"按计划运行，而且坦言：《2007 年监督决定》影响了 IMF 监督和评估货币政策的能力。尽管没有直接提及中国，但报告还是承认，"决定"是 IMF 对"个别成员国"措施终止采取的直接对策：

> 此外，有迹象表明，上述"标签"的使用可能已经严重弱化了某些评估的公正性。另外，落实"决定"的本条款也是造成"协议第四条"未能顺利实现的主要原因，导致与个别成员国的磋商未能达到预期目标。这种无休止的拖延造成 IMF 在成员国汇率政策的某些关键问题上缺乏针对性。在这种情况下，如果考虑到世界经济的多边化特征，必然削弱了 IMF 的监督职能，进而与《2007 年监督决定》设定的目标背道而驰，并最终伤及 IMF 的可信度。

实际上，在对待自己的政策上，IMF 很少会以如此尖锐的语言进行自我批判。而在这个问题上，它本来可以轻描淡写地将责任推卸给这些政策的发起人和推行者——已经在 2007 年 10 月卸任执行总裁的罗德里格·拉托，这样，新任执行总裁多米尼克·施特劳斯－卡恩（Dominique Strauss-Kahn）就可以随心所欲地将过错推到前任身上，给自己一个清清白白的开端。

在宣判新汇率监督方法失败之后，IMF 随后宣布终止原计划。分国家的报告无须明确说明某个国家的货币是否存在低估现象，而且必须声明，要判断某种货币的价值是否适当是很困难的：

> "指引"将面临重大修订，以删除采用"根本性失调"等特定术语的要求，并通过其他一系列调整，认定汇率分析所需达到的判

断程度，保留违反某个"原则"等极特殊案例的相关证据。因此，基金管理当局还应主动取消 2008 年 8 月 4 日有关特殊磋商事宜的声明，因为该机制明显与目标不符，根本无助于结束拖延已久的措施并达成一致。上述调整将有助于实现更有效的监督。

中国很有风度地接受了 IMF 的投降。2009 年 7 月 8 日，也就是在双方僵持了三年之后，IMF 执行董事会再次重启中国报告的讨论。然而，该报告并没有在当年如期公布，因为有关中国货币问题的措辞依旧过于强硬，让中国方面无法接受。

2010 年，中国当局正式表态，他们不反对 IMF 发布根据当年措施执行情况撰写的报告，但前提是必须在报告中强调中方与 IMF 的不同意见。于是，当年的报告中出现了如下这段冠冕堂皇而又令人费解的公式化语言："IMF 认为，人民币的估值以可持续方式始终低于由中期基本面决定的水平。"而后又特别指出，对于本次评估所依据的证据已经过适当评估这一点，中国表示强烈反对。总体而言，报告中充斥了"低估"之类的字眼，并以相当美妙的语言称赞了中国在货币体制改革方面取得的成就，但也隐讳地指出了中国在以后还需完成的工作：

> 中国央行近期决定，重新实施在金融危机前既已采用的有管理的浮动汇率制，这一决定受到了广泛好评。它为中央银行通过汇率升值紧缩货币供应提供了巨大的灵活性。着眼未来，中国央行还需避免通过根据与美元价值对比，人为影响真实有效汇率的波动。在这个问题上，必须考虑到两个经济体有着完全不同的经济周期。

这些事件的结果是不言而喻的。IMF 最有攻击性的毒牙已经被中国拔掉，它永远也不会再公开讨论中国或是其他任何主要发达国家的货币问题。从此开始，所有国家都开始单枪匹马地加入这场货币战争。

本章介绍的这段历史横跨金融危机的整个酝酿期，并覆盖危机初期阶段。但是，当危机真正袭来时，全球主要经济体的领导人再次走到一起，合作精神再度复兴。那么，形成于世界经济最黑暗时期的这种合作模式，是否会长此以往呢？按照本章的逻辑，在当前的货币战争大环境下，答案必然是"否"，但在第 9 章里，我们还是要从更宽泛的角度探讨国际货币合作的现状和未来。

THE
DOLLAR
TRAP

第 9 章
现实很骨感
不靠谱的全球政策协商

———

安德雷亚（伽利略的学生）：
一个不能产生英雄的世界是不幸的。
伽利略：你错了，安德雷亚，
一个需要英雄的世界才是不幸的。

《伽利略传》（*Life of Galileo*）
贝尔托·布莱希特（Bertolt Brecht）

2009 年 4 月 2 日拂晓，伦敦天空阴云密布，寒气袭人，显然，这是全球主要国际金融中心最典型的一个春季清晨。然而，同样令人压抑的还有笼罩在全球金融市场上方的氛围，让人们隐约有一种不祥之感。此时已经是世界主要经济体的领导人云集伦敦的第二天，当天将是二十国集团峰会的闭幕日。但就在一夜之间，发生了很多戏剧性事件，与会领导人及其随从人员都在忙于调整各自的公告——针对会议期间的讨论情况以及相关承诺做出的官方声明。本次会议将针对危机和重振全球经济发布一项宏伟的计划。与会者都热切期待着，各国领导人将发布一系列新的重大政策措施。

当天晚些时候，英国首相戈登·布朗将成为聚光灯下的明星。他大步流星地走上讲台，面前是来自全球各大媒体的新闻记者，他们屏住呼吸，不想错过布朗说的每一个词。布朗的讲话令人振奋，他称，二十国集团已决定合力支持全球金融市场，并着手实施国际货币体系改革。此外，布朗还宣布，与会国家已同意为主要国际金融机构提供 1 万亿美元的补充资金，主要是 IMF。这些机构可利用这笔资金，帮助贫困国家修复此次危机造成的破坏。布朗的措辞极为高调，与当时的氛围相映生辉：

> 原有的"华盛顿共识"已经废止。今天，我们达成了一个新的共识——我们将采取全球性行动，应对当前面对的诸多问题……一种新的世界秩序正在浮出水面，它将为创造一个以国际合作为主题的新时代奠定基础。

这也是二十国集团历史上最美好的一天，就在全球危机如火如荼的时候，曾经各执己见的各国领导人走到一起，站在同一个舞台上高声宣布，他们将同心协力应对暂时性的危机，并积极采取措施，确保危机不再发生。正如奥巴马总统所言："无论从哪个方面看，伦敦峰会都是历史性的，其历史价值体现在当前挑战的严重性和覆盖范围，在于相关对策的及时性和广泛性。"

但与会领导人返回本国后，随着时间推移，原本其乐融融的大团结场面在他们的心中就不那么完美无瑕了。当赞美全球合作的颂歌散尽之后，相关国家就开始拼凑布朗讲话中留给他们完成的细节。二十国集团为国际机构补充 1 万亿美元资金、包括为 IMF 提供 7 500 亿美元的宏伟计划，现在看来还为时过早。比如说，布朗在声明中宣布，中国政府将提供 400 亿美元，但这个承诺根本就没有得到中国方面的确定。最后的结果是，中国等国家仅向 IMF 出资一事做出"一般性保证"，而非无条件的强制性承诺。

尽管问题诸多，但布朗还是如愿以偿地体验了荣耀一刻。遗憾的是，这很可能就是他政治生涯的顶点。很快，布朗的政治命运似乎也走到了转折点，在 2010 年 5 月的英国大选中，布朗被赶出了首相办公室。而布朗走过的政治生命轨迹，也从一个方面反映出，曾被二十国集团大肆鼓吹的大团结已经度过蜜月期，并逐渐走向分崩离析。在国内政治的严酷现实面前，全球领导人为共同利益而并肩战斗的豪言壮语开始变得软弱无力。

在宏观经济及监管政策上开展全球性协作，这听起来似乎更像是一个可望而不可即的梦想。不过，二十国集团伦敦峰会或许对提升企业和消费者的信心有着微妙的促进作用，至少在全球金融危机最危急时刻，在一定程度上强化了个别国家财政政策的效力。这个问题可以这样理解：尽管各国经济的主要动因在于国内因素，但让二十国集团领导人走到一起，宣布他们将并肩作战、共渡难关，这显然有助于提振信心，让人们感到，这些措施必将创造更大的收效。

2009 年 4 月 2 日，二十国集团领导人齐聚伦敦峰会。前排左五为本次峰会主持人、英国首相戈登·布朗。（图片来源：Presidencia del Gobierno de Espana）

当然，还可以从经济角度看这个问题。按照传统的经济理论，当一个国家通过减税和增加政府开支的某种组合实施财政刺激时，其货币必将升值。货币升值则会造成扩张性财政政策带来的刺激作用出现一定的"漏出"，因为它会吸引更多进口，导致该国出口商品在海外市场上的价格更高，从而减少其贸易顺差。但是，如果所有主要经济体均执行刺激性财政扩张，可以想象，这种漏出效应就会减少，使得各国的财政政策更有效，进而鼓励决策者更积极地使用这种政策工具。

2009 年秋季，最危难的时刻似乎已经过去。9 月份，二十国集团领导人再次聚会匹兹堡，共同庆祝抗击金融危机的胜利："我们的对策奏效了。"如下段落摘自峰会结束后发布的宣言：

> 我们采取的强力应对措施，显然有利于阻止全球经济活动出现危险的剧烈下滑，并稳定了国际金融市场。目前，各国的工业产量几乎都在稳定回升。国际贸易已经开始复苏……各国致力于恢复增长的承诺，成就了有史以来最大规模、同时也是最有效的财政和货币刺激行动。

但事实很快就证明，这个成功宣言来得有点早，合作的颂歌很快就被分歧和争吵所取代，对此，第 7 章描述的货币战争便足以说明问题。

从协调到被协调

理论上，政策协调当然值得期待，但在现实中显然绝非易事。要实现不同国家间的政策协调，最难以克服的问题就是每个国家的自身管理。

在任何国家，当政的立法机构和决策者都必须将本国利益置于首位。当国家利益与国际利益相吻合时——金融危机时期就属于这种情况，协调机制自然运行顺畅。当然，这种情况不乏先例，比如在 1985 年签署《广场协议》（*Plaza Accord*）时，国家利益和全球利益之间的协调让人感到其乐融融，尽管这种利益协调的大环境似乎更加令人沮丧[①]。

多国政策协调的先例

1985 年，始终强劲的美元和居高不下的美国经常账户赤字引来保护主义者的指责，全球金融市场暗潮涌动。9 月份，法国、德国、日本、英国和美国五大发达经济体财经首脑来到纽约广场酒店（Plaza Hotel），并签署协议，以期共同采取措施引导美元有序贬值。各签字国均承诺，通过实施外汇市场干预及一系列国内政策，共同致力于降低美国的贸易逆差。德国和日本同意采取有助于提振国内需求的措施，而美国则同意削减其预算赤字。

打压美元价值的尝试取得了空前成功，也促使上述 5 国与加拿大在 1987 年共同签署了另一项协议——以阻止美元进一步贬值为目标的《卢浮宫协议》（*Louvre Accord*）。尽管这些协议确实有效地影响了货币价值，但它们对各签署国国内政策的影响却微乎其微。当然，这些由多国共同达成的政策协调措施确实有利于各国的长期利益，但事实证明，货币干预显然比调整国内政策容易得多。毫无疑问，与政策的简单修补相比，通过更基础的改革，以短期痛苦换取长期收益当然要艰难得多。

[①] 有关《广场协议》的文稿见1985年9月22日的《法国、德国、日本、英国及美国财长与央行行长宣言》。《卢浮宫协议》的文稿见1987年2月22日的《G6财长及央行行长声明》。

协调的障碍：利率难调，国家利益至上

当国家利益与全球利益存在现实冲突时，为了共同利益而搁置国家利益自然会变得尤为艰难。政治家显然不愿意违背国内选民意愿，以牺牲短期增长速度为代价，换取本国及全球的长期增长与稳定。即便是在欧元区内部也存在这个问题，尽管现有协议要求各成员国限制本国的赤字和债务规模，相互监督各国的公共财政，但他们仍无法兑现这些承诺。

此外，央行等机构在行使职权时，根本就不会考虑到全球性因素，因为他们必定受命于本国的权力机构。因此，即便个别国家利益与更广泛的全球利益相互背离，每个央行也只能以维护本国利益为唯一使命。实际上，中央银行的使命已经过于宽泛，过于分散了，这只会影响其效率和独立性。在危机过后，人们纷纷要求各国央行承担起更多职责，不仅要降低通胀率和失业率，还要确保金融系统的稳定性。除了担当起这些维护政治合法性的使命之外，他们或许已经别无选择。因此，再让他们更多地考虑跨国影响，只会让他们的职责更加困难化和复杂化。

这种观点或许过于悲观。金融业监管政策方面的协调完全有可能促进全球金融系统的稳定性，而全球金融系统稳定恰恰也是各国央行最期待的目标。

当然，每个国家在试图妨碍某种改革的时候，都必然会有着一种强大的既得利益动机，而政策协调却可能是克服这些改革桎梏的一种手段。例如，当拥有强大政治背景的大银行阻挠改革并有可能降低银行业利润时，如果采用一套共同的银行业监管规则，就有可能帮助央行挫败这些大银行的企图。但最大的问题在于，迄今为止，尚无明确的承诺机制确保所有国家都能通过和执行国际性协议，履行自己应承担的职责。不过，只要国家利益与全球利益基本一致，这个问题或许就不是无法克服的。

但在货币政策方面，冲突原本就是当前形势的基本特征。毕竟，针对汇率的货币政策本身就是构成一国国际竞争力的基本要素。汇率体现为一种货币相对于另一种货币的价格，因此，一国的货币政策必然会影响到该国的汇率，进而影响到贸易伙伴国的汇率和竞争力。

对于主要贸易国，汇率是一种至关重要的价格形式，因为它决定了一国的出口竞争力。对于新兴市场，汇率的意义就更不言而喻了。毕竟，在这些国家，由于货币衍生品市场的发育程度有限，缺少规避货币风险的有效手段，因此，其贸易伙伴应对汇率波动性的能力相对较差。此外，某些较小的新兴市场盛产大宗商品，其 GDP 也高度依赖大宗商品的出口。还有很多新兴市场则依赖于技术含量较低的商品出口，由于利润率很低，因此，即便是微不足道的货币升值，也会让他们的出口行业遭受灭顶之灾。就目前形势而言，任何一家央行都不会说，他会在自己的货币政策中顾及对其他国家的影响，因为这无异于异端邪说，除非他们的善举有可能带来更多回报。因此，要解决这些棘手问题，就唯有无畏的学者了。

让央行考虑政策溢出效应无异于天方夜谭

2011 年，我加入了一个由众多学者和央行行长创建的委员会，参与编著一份名为"反思中央银行业"的报告。这是一个自发成立的机构，它将自己的使命定义为思考全球制度结构的基础性改革，而不拘泥于对当前重大变化具有影响作用的现状及现实挑战。这样，我们就可以从更广义的视角去认识问题，而不仅是对现实弊端进行修修补补。

在报告中，我们针对各国政策冲突部分的介绍尤为引人关注，因为大国的中央银行根本就不会考虑到，他们的政策会给其他国家带来什么影响。我们对此持反对意见，在我们看来，无论是发达经济体，还是新兴市场，主要中央银行不应将政策协调仅限于全球金融危机这种极端情况的应急之举。相反，即便在正常情况下，这些央行也应当关注他们之间的共同政策立场，以及由此带来的全球性影响。当然，这就要求他们必须说服本国的执政当局，允许他们在央行的货币政策框架内适当考虑更广泛的要素。要兑现这种观点，就必须建立一种相应的机制。因此，我们在报告中是这样描述的：

> 我们……主张，少数在重要性程度上相当的中央银行，或者可以称其为国际货币政策委员会，应定期接受国际清算银行（BIS）下属的全球金融体系委员会（Committee on the Global Financial System）协助和监督。该机构的任务是讨论和评估各国政策对全球流动性、杠杆率及风险暴露程度的影响，并从全球价格、产量及金融稳定性的角度，评价共同货币及信贷政策的合理性。

我们的建议却遭遇了两种同样持否定态度的回应。一种观点认为，这种思路根本行不通。要让央行行长做出妥协，在制定国内目标时充分考虑政策的溢出效应，无异于天方夜谭。另一种观点认为，这种情况已经发生了。后一种观点的依据来自BIS的央行行长定期会议。但我们坚持自己的观点，因为建立这种非正式闭门磋商机制的目标，并不是为了取代对政策溢出及协调机制开展正式讨论的论坛。此外，我们还主张，通过简短的报告从全球角度评估和判断其政策，指出这些政策间的分歧或非一致性，并将这种报告模式制度化，必将有助于央行行长合理权衡其国内外压力。

这样的报告同样也符合提高中央银行透明度的目标。无论是发达经济体，还是新兴市场，大多数主要经济体的中央银行都在努力提高自身的透明度和开放度，尽管每家央行在这方面取得的进展参差不齐。2011年4月，在联邦公开市场委员会声明发布之后，本·伯南克召开了一系列新闻发布会。在很长时间内，日本央行和欧洲央行一直通过各种公开场合解释他们的货币政策主张。其他央行也开始通过官方网站就其政策主张发布各种文件或综述。

对此，我们的看法是，中央银行在行动上的沟通不仅关乎国内民众，在全球层面上同样重要。值得期待的是，如果要求各国央行定期公开发布报告，可能有助于央行行长及时发现其个别货币政策与其他央行在相关政策上存在的冲突。随着时间推移，这种做法逐渐引导他们学会考虑本国货币政策对外部造成的影响。要兑现这项建议并非易事，因为目前各国央行的对内职责已经非常繁重，因此，该建议将导致央行的职责范围更加复杂。但我们认为，将这个问题摆到桌面上很重要，因为当下世界在金融系统上的联系日趋密切，各国央行之间的相互影响不断加重，因此，必须以某种方式解决这个问题。

2011年11月，在旧金山联邦储备银行会议上发表的一篇论文中，瑞典银行副行长拉尔斯·斯文森（Lars Svensson）直接引用了我们的观点。在谈到中央银行应更多关注其共同的政策立场（Collective Policy Stance）及其全球性影响的建议时，他写道：

> 我不同意这个结论。美联储的职责在于维持美国的通货膨胀和就业形势，而且美联储不会对其他国家的通货膨胀、真实增长及货币政策负责，除非它们通过逆向作用影响到美国。这些职责应归属

于所在国家的政策当局，而不是美联储。对于那些选择稳定对美元的汇率甚至是盯住美元的国家，往往会将美国的货币宽松政策输入本国……弹性汇率有助于让这些国家采取最适合本国情况的独立货币政策……然而，如果某个国家采用盯住美元的汇率政策，那么，他们必须对资本流入、资产泡沫及其他负面效应的影响承担责任。

在这篇论文中，斯文森简单总结了发达经济体央行的基本观点：它们既没有责任、也没有使命考虑自身政策对其他国家的溢出效应。只要新兴市场采取弹性汇率制并停止干预外汇市场，就不会发生这样的问题，因为货币流动本身就是一种天然的调节机制。

对于政策的全球溢出效应问题，目前显然还找不到标本兼治的解决方案，既然如此，完善现有制度也就成了最可行的选择。

不甘心的 IMF 试图东山再起

随着纠纷和指责的不断升级，全球性政策协调成为狭隘利益的牺牲品，有一个问题也变得越来越清晰，要避免贸易保护主义或为资本流动设置壁垒等逆向结果的出现，就必须有一个公正的裁判。战后时期建立的某些国际金融组织，实际上就是在扮演这个裁判的角色。随着二十国集团内部的冲突和对立不断加剧成为众人皆知的事实，这些机构也从幕后协调者的身份走到了前台。在这种情况下，或许应该再看看第 8 章里讨论过的那个国际机构，看看能否将解决这个迷局并将各国拉回同一条道路上的使命交付给它。

20 世纪 90 年代中期，IMF 始终在谋求对各国资本账户行使管辖权，

致力于将全球资本账户的自由化进程向前推进一大步。但 1997—1998
年的亚洲金融危机让 IMF 的努力无果而终。坊间普遍认为，这场危机的
罪魁祸首就是区内国家在开放资本账户后，无力承受外国资本流动的波
动性过度带来的风险。毫无疑问，全球金融危机终结了一个周期，不过，
IMF 依旧没有放弃寻求对国际资本流动的管辖权，但由于国际社会对开
放资本账户的态度更为审慎，使得 IMF 只能另辟蹊径。

根据规定机构运行方式的"协议"，IMF 有权监督经常账户交易引
发的资本流动。如果一国试图限制与贸易项下交易或海外劳务汇回款项
相关的资本流动（即商品及服务进出口相关的支付），那么，该国就违
反了 IMF 规定。但在目前形势下，大部分资本流动与贸易项下的交易关
系均不大，反而大多与跨境投资流动相关，因此，这部分资本流动应划
分在资本账户下的交易。

除了收集和发布数据之外，IMF 并不讨论各国如何实现、监管或限
制这种资本流动。IMF 也曾提议对资本账户下的交易实施控制，并声称，
这种控制是促进全球金融系统稳定的必要条件。IMF 的主张引发了争议，
因为在如何定义某个国家经常账户或资本账户在特定时点的余额是否适
度这个问题上，到目前为止不存在公认的标准。此外，新兴市场也对
IMF 的提议群起而攻之，在他们看来，IMF 的提议是别有用心的。

新兴市场也曾提出过不同的见解，但发达经济体不加节制的财政及
其他不检点的政策带来的诸多问题，最终让他们的主张无疾而终。很多
新兴市场经济体的决策者始终认为，IMF 等国际机构不应只是一味地向
他们传道说教。相反，它们应更多地关注由私人资本供给者引发的全球
不稳定。当然，最主要的私人资本供给者就是更富裕、更先进的发达经
济体。

实际上，新兴市场就是在告诫 IMF：你的职责就是做一名合格的交通警察，让那些驾驶 SUV 的马路杀手不要再超速驾驶了，而不是把小汽车逼到资本流动高速路的路边，不分青红皂白地指责他们，因为这些循规蹈矩的小汽车才是真正的受害者。

IMF 的远大抱负：为全球资本流动制定规则

IMF 已经意识到，它必须更认真地聆听新兴市场的呼声，并努力安抚那些影响力不断扩大的成员国。为此，IMF 实施了一个雄心勃勃的计划——为全球资本流动制定一套指导原则。2010 年 11 月，在首尔峰会上，二十国集团领导人授权 IMF 以此为最终目标开展更多的研究工作。显然，这样的规则对所有国家都是一种解脱，它可以将所有针对自己的指责转

法国前总统萨科齐（左）与 IMF 前执行总裁多米尼克·施特劳斯-卡恩（右），2009 年 7 月 9 日。（图片来源：Michael Gottschalk，AFP / Getty Images）

嫁给"系统",因为这个系统最根本的特征就是起伏不定、无法预测的资本流动,这个系统本身还不完美,还需要不断完善。时任 IMF 执行总裁的多米尼克·施特劳斯–卡恩是一个从不放过任何机会的人。他深知,这样一种指导原则足以保证 IMF 更直接地涉足全球资本市场事务。他的想法得到了法国前总统尼古拉·萨科齐的支持,而法国恰恰又是下一届二十国集团峰会的主办国。卡恩马上将 IMF 的目标从控制不受约束的资本流动,升格为将制定资本账户相关政策纳入 IMF 的监管下。要实现这个目标,就必须针对资本账户管理制定一套基本规则。

这个项目在某些方面可以说是崇高的。因为它的目标就是建立一条"规则路线",保护那些政策合理却遭受全球震荡溢出效应或大国政策冲击效应的国家。凭借资本流动规则,IMF 也就拥有了一种有效的工具,对发达经济体政策的跨境效应进行合理评估。

对于新兴市场而言,这个想法最初曾让他们感到前途无限美妙。在这些国家的官员看来,IMF 之类的国际机构已倾向于将造成资本流动波动性的责任归咎于真正来源国的政策和制度。他们认为,如果发达经济体对经济的不当管理让他们成为受害者,那么,他们自己的行为是否符合道德标准就不再重要了。

此外,发达经济体的金融机构更有能力制造巨大的伤害,但诸如对冲基金之类的很多机构,却可以优哉游哉地游离在本国金融监管雷达之外。

流产的协议,目的不纯必然遭遇重创

尽管 IMF 的意图无上崇高,但令参与该项目的经济学家大跌眼镜的是,在 IMF 发布制定资本流动规则路线图基本框架的报告后,得到的回应却是清一色震耳欲聋的反对声。对于让 IMF 在评价资本流入或流出规模是否符合本国经济基本面因素方面发挥重要作用的观点，发达经济体的反应是嗤之以鼻。而新兴市场也意识到，IMF 永远都不会拥有超越发达经济体的话语权，其目的无非是建立一种新的基本框架，扩大对新兴市场政策的管辖权。巴西等国家肯定不想让 IMF 对他们的资本账户政策是否合理指手画脚。实际上，这种观点也反映了一种普遍存在于新兴市场的怀疑：这些国际机构总是将发达经济体的利益和他们关心的问题放在首位。

2010 年 12 月 17 日，IMF 的执行董事会对报告展开讨论，整个过程极为激烈，充满了火药味和怨气，与会各方对报告表现出毫不掩饰的反对，在他们看来，这样的规则要么是毫无意义的干涉，要么就是赤裸裸的夺权。但会议官方公报还是试图为这个再糟糕不过的结果披上一层美丽的外衣：

> 与会董事就《协议条款》的修订方针各抒己见，并针对解决资本流动相关问题，提出了一套具有完整而可持续的法律框架。个别董事同意在未来适当时候考虑《协议条款》的修订案，但大多数人认为，在未经进一步分析和实践检验的情况下，在当前阶段启动此项讨论还为时尚早。

但对于置身于国际政策领域的业内人士来说，上述言辞传递的含义非常明确。"各抒己见"背后的意思就是意见不一致。"个别董事同意"和"大多数人认为……还为时尚早"则意味着，该项目已经被宣判流产。

但有一个人永远都不会放弃这个宏伟的愿景。2011 年 1 月，萨科齐再次祭出新武器。他提议，制定一套旨在监管国际资本流动的行为准则。萨科齐向国际社会发出信号，他希望将这个目标确定为当年秋季二十国集团戛纳峰会的主题。施特劳斯-卡恩马上便领会到这个信号背后的契机。

他认为，这是 IMF 将问题重新提到议事日程上的又一个机会。但和一年前首尔峰会如出一辙的是，欧元区债务危机和持续不断的货币战争等一系列更紧迫的问题，再度成为戛纳峰会的焦点。因此，和其他很多志在高远的伟大目标一样，制定规则路线图的计划被搁置一边。

顾此失彼：均衡化标准终究胎死腹中

除政治因素之外，在最棘手的分析问题上，往往需要设计一个基本框架，为资本流动设定合理的指导原则。要在这个问题上有所突破，就必须用一套清晰的标准评估经常账户余额和资本流动的适度性。经济理论显然不能为资本流动方向和模式提供有效基准，尤其是存在各种阻碍市场平稳运行的摩擦与分歧的情况下。比如信息障碍、疲软乏力的金融监管以及促使投资管理人强调短期收益的逆向激励等，这个基准就更难以确定了。如前所述，标准的新古典理论似乎并不能完全解释现实：为什么会出现资本逆流，而不是如理论所说的那样顺流而下？同样与理论相悖的是，拥有较小经常账户逆差或较大顺差的发展中国家，在经济增长方面的表现似乎更令人钦佩。

其他构造"均衡化"标准或经常账户合意头寸的尝试也都以失败告终，这倒不是因为缺少投入，而是因为这个问题实在太复杂。即便是一般意义上的经常账户均衡，也需要在较长时期做出判断，而长期性均衡的概念就更复杂了。在评价所谓的"均衡"时，我们必须考虑到某个国家的商业周期状态及其他具体要素。因为这些要素会导致评价过程不再依赖一般性公式，而是倾向于主观判断（因而也使得这个过程易受到人为操纵）。

另一个问题就是需要评价经常账户余额到底是源于暂时性波动，还是永久性冲击，因为这会导致难以对预期余额水平是否合理做出判断。

因此，确定经常账户余额是否合理，正在成为一个越来越复杂的问题，因为货币估值效应以及对外投资的收益会加剧经常账户变化。归根到底，正是由于这种复杂性，在资本流动这个问题上，要构建一个具有广泛适用性和现实相关性的指导原则极为困难。

如何恰当地用好"看不见的手"？

为此，一种更有效的分析模式正在浮出水面，这种模式强调的不是经常账户余额及汇率的适度性和可持续性，相反，它以全球资产市场为何不能如期运行等某些基础问题作为出发点。尽管存在种种缺陷，但这种模式毕竟是一个以自由金融流动为主题的标准理论模型。它强调的是，通过资本市场在全球范围内将资金配置到最有效的用途上。因此，它完全可以成为这种分析的参照框架。总体上，我们可以从新兴市场的角度出发，构建出理想世界的一系列必备要素：

◆ 稳定的长期资本流动，具有显著的直接或间接（附带性）收益。

◆ 资本流动受经济增长率、生产率以及商业周期等宏观经济基本面因素驱动，且不易遭受剧烈、随机性的中断或逆转。

◆ 资本流动可以缓冲国内商业周期带来的波动性。

◆ 发达经济体制定合理的政策，并在财政政策和货币政策上严于律己。

◆ 监管完善的金融市场。

但现实却略有不同：

◆ 外国直接投资目前在新兴市场净资本流入中占有相当大的比例，这本身是好事。但波动性和具有破坏稳定性的银行资金流依旧在全球金融中扮演重要角色，尤其是在发达经济体之间的资本流动中，体现得更为明显。

◆ 资本流动易于受到羊群效应、集体狂热和市场恐慌等与经济基本面关系不大的因素影响。

◆ 资本流动具有扩大经济周期的效应，因而会在国内经济周期处于上升（通胀压力和资产泡沫等）及下降阶段时造成需求管理问题。

◆ 发达经济体的货币政策本身就会加剧资本流动的波动性和金融风险。他们的财政政策同样会增加全球金融及宏观经济压力。

◆ 在将金融市场纳入有效监管框架这个问题上，取得的进展始终非常有限。与此同时，包括对冲基金、私募基金及其他不受监管的金融企业在内的经济影子系统，不仅规模依旧庞大，而且还有可能进一步扩大。

全球金融在理想与现实之间存在着巨大鸿沟，而且这个鸿沟还在继续加宽。因此，我们需要在两者间搭建起沟通桥梁。发行储备货币的大国注定不会接受市场约束，因为他们能以低廉的成本从其他国家获得天量借款。

无论是在国内方面，还是在跨境流动方面，资本市场显然都没有恪尽职守，很多显而易见的市场扭曲影响了金融市场的运行效果。金融市场的监管形同虚设，使得金融机构可以随心所欲地利用负债疯狂赌博，并最终演绎出跌宕起伏的大规模跨境资本流动。对于资产管理者，逆向激励促使他们只考虑短期回报。道德风险是另一个经常受到质疑的罪魁祸首。无论是金融机构，还是国家，都有可能成为具有系统重要性的实体，进而变成"大而不倒"的恶魔，让他们有能力掀起更大波澜。

对于这其中的某些问题而言，理智可行的答案是存在的。比如说，有效的监管工具完全可以解决不受约束的高杠杆问题。如提高针对大型金融机构的资本金要求及其他规范，再加上对失败机构进行有序清算的相关法律制度，那么，当这些机构经营失败时，就可以减少它们带来的破坏性。显然，全球监管政策的协调有助于克服其中的某些问题，并减少监管套利行为，即金融机构将经营地转移到监管较弱的地区。

毫无疑问，作为新的银行业国际监管框架，《巴塞尔协议 Ⅲ》已在逐步落实上述某些措施。不过，这个新监管体系完全是自愿性的，每个国家可自由选择是否采纳以及何时采纳这个体系。对于英、美等重要的发达经济体，尽管已经签署该协议，但其他国家却一直在指责他们拖累了协议的实施。不可否认的是，各国的金融市场和监管结构之间存在巨大差异。因此，即便是在最理想的情况下，也会在实施过程中出现非均等性，而且这些改革也会带来各种各样的后续问题。

总之，在寻求对国际资本流动实现完全可监管的过程中，必然要经历一段相当漫长而艰难的探索之路，而且这种摸索很有可能会徒劳无果。

金融监管缺失及普遍性的政策差异

很多问题被标榜为有害政策的溢出效应，但它们的根源却可以追溯到宏观经济及金融监管政策本身存在的缺陷。这些政策既涉及资本的供给方，也包括资本的需求方。然而，如果仅从宏观经济的基本面出发，要对国际金融的相关价格（汇率）或数量（资本流动）做出合理解释是很困难的。某些时候，货币价值以及资本流动的波动性与基本面之间似乎相互脱节。这些变化可能完全来自投资者情绪的波动，而这种情绪变化又纯粹是因感觉而来，与现实毫无关系。因此，仅保证国内政策不出错，还远不足以修复短期波动性，因为波动性完全有可能是私人资本市场的内在属性。

如果资本流动完全是基于经济基本面而做出的反应，从理论上讲，就可以轻而易举地将问题的核心归结为资本流动供给方和需求方的国内政策。但政策的差异性会导致紧张局势出现，只是因为两个经济体处于经济周期的不同阶段。适用于一个经济体的政策，却有可能带来不利于另一个经济体的资本流动，进而对后者构成问题。宽松的货币政策或许有利于深陷衰退和紧缩恐惧症的发达经济体，但对那些正在快速增长、并承受通胀压力的新兴市场而言，显然不是一件好事。毫无疑问，任何针对资本流动的规则都不可能解决这种根本性对立。当然，这种规则也不会直接解答持续性原因造成的暂时性资本流动，因此，对任何一种理论模型来说，其复杂性都会因此而提高。

除上述诸多障碍之外，一个核心问题在于，IMF 是否有能力通过政策协调解决特定的市场失灵。因此，我们必须通过一种非常有说服力的方式证明，无论是借助 IMF，还是其他渠道，多边协调机制不仅是金融监管的有效模式。对于造成金融和宏观经济失稳的资本流动的波动问题，它同样是一种合理的解决方案。

这就让新兴市场的决策者陷入两难境地。尽管在理论上秀色可餐，但在现实中，政策协调机制以及实现有序资本流动的规则或许并不可行，尤其是在涉及主权国家的情况下，它们的现实意义就会更加大打折扣了。在政策协调不再是可选项的时候，着眼于自身利益的个别国家就唯有以自保为出发点，选择各自为政了。

第 10 章
灵药还是毒药
新兴市场资本控制之殇

———

埃文斯少校：执法官，你到底是怎么想的呢？

马特·狄龙（堪萨斯州道奇城的执法官）：我以后肯定

会告诉你——如果我的想法可行的话……

埃文斯少校：我真希望你知道自己正在做什么。

马特·狄龙：少校，真有人知道（自己在做什么）吗？

《荒野大镖客》（Gunsmoke），第 89 幕 "枪支走私者"

在政策协调这条路已明显走不通，而且新兴市场经济体决策者又担心受到围攻的情况下，他们自然会重拾原有的工具——资本控制。尽管资本控制的功效早已名声扫地，最好的结果就是无效，最糟糕的则是有害。毕竟，绝望时刻，有谁会怪罪他们求助于同样令人绝望的手段呢？随着新兴市场在全球范围内的经济影响力不断加强，他们已开始转移争论焦点，声称资本控制是应对资本大潮入侵的合法防御工具。但这种资本流入又会造成持续性的货币升值，给该国的制造业和出口市场份额留下永久伤疤。

资本控制强势回归，迫不得已还是势在必行？

在国际领域，资本控制曾经历过一段平凡而漫长的历史。但时至今日，它们再次强势回归，并蔚然成风。以前，很多新兴市场都曾尝试过这种控制手段，以防止在宏观经济政策招致危机时，国内外投资者携资本外逃。还有一些国家始终就不愿意放弃控制，因为他们担心，一旦放弃资本控制，资本流入就会给本国的金融市场带来巨大冲击。对资本流出放开控制，则会招致他们原本就弱不禁风的银行体系濒于崩溃。对于一个金融市场机能失调、腐败高发且财政、货币政策绵软乏力的经济体，不加节制的资本流动很可能酿成灾难。

面对货币剧烈贬值，再加上对热钱涌入催生的资产泡沫的担忧，有些新兴市场已着手重拾狭隘的资本控制手段，试图以此来限制资本入侵。当汇率上涨导致出口商面对更大压力时，很多新兴市场的官员焦虑不安，于是，他们开始考虑对资本流入实施更大范围的控制。

资本控制的尴尬：缥缈的证据，未确定的有效性

针对资本控制的有效性，尽管证据可谓五花八门，但还不足以形成任何结论。广泛的资本控制会招致不受欢迎的副作用，因而始终遭到国际投资者的口诛笔伐。对此，有人认为，选择性地执行资本控制是解决这一问题的灵丹妙药。这种方法的实质就是区分良莠两类资本流，然后设法规避非良性的资本流。我们在第 4 章已经讨论过，长期投资，尤其是外国直接投资，通常被认为比短期投资更可取，而且也更稳定。因此，在寻找投资对象时，外国投资者不仅要考虑能在最短时间内尽早获利的投资，还要考虑到，一旦形势发生逆转，他们能够马上退出，迅速变现投资。相比之下，由于短期债券在形势恶化时不能迅速变现，因而被视为有害的投资。股票市场不仅有利可图，而且变幻无常，因而会让牛市更牛，熊市更熊。

很多国家都曾尝试过对后一种资本流进行管制。但问题在于，货币的形态往往是可替换的，一种形式的资本可以轻易转换为另一种形式，这就让细微的差别对待政策难于实施。例如，印度曾一度对债券投资实

行限制措施，并导致货币流入开放度较高的股票市场。显然，我们可以认为，通过债券与股票的互换，导致投资者将对印度的债券互换为股票。在金融市场相对较发达的经济体，由于复杂的金融交易更易于进行，因此，投资对象的替换性问题也变得更严重。而且事实也证明，由于渠道诸多，要限制资本流入（或离开）是非常困难的。

但也有证据显示，如果有相应的配套性政策支撑，目标精准的控制完全能影响到资本流入的组成结构和期限结构。最权威的例子出现在智利。1991 年，智利政府对短期资本流入设立没有利息的准备金要求。这项要求的实质相当于对资本流入征税，因为它要求外国投资者必须将部分投资存入一个不支付利息的准备金账户，存满一年之后，投资者才能动用这笔准备金。此后，智利当局定期调整和更新该项控制政策，直至1998 年才停止使用。在此期间，它确实对促进资本流入长期化发挥了一定的积极作用，这是税收无法实现的。

资本控制对流入总量的影响很有限，而总量才是决定货币升值的主要因素。智利的控制政策同样不例外。只要存在资金跨境流动的强烈动机，它就总能找到实现这种流动的渠道。随着贸易持续扩张，金融市场不断发展并日趋复杂化，以及企业和金融机构不断增加其跨境运营业务。不管法律上对资本流动作何限制，在无孔不入的资本面前，资本账户总会变得漏洞百出。这些渠道会让资本控制形同虚设，而规避资本控制的限制变得易如反掌。如果存在寻求跨境利差之类的强烈动机，那么，这种主动规避资本控制的行为将更普遍。

在过去 10 年里，即便是在对资本实施严格管制的国家，大规模的资本流入也能找到规避资本控制的渠道。例如，规避资本控制的一种常见手段就是对贸易项下的交易虚开进出口发票。由于这种方式难以跟踪，因而已成为资金出入一国的简易通道。实际上，坊间一直存在疑问，认为按发票金额计算的出口额高于实际结算金额。这就为规避对资本流入的管制提供了可乘之机，因为以出口收款形式流入的资金属于贸易项下的交易，因而不受资本管制的约束。

枉费工夫且伤及自身：是否还有必要一试？

尽管最终有可能被证明为无效，但这种所谓没有成本的资本控制是否值得一试呢？虽然说资本控制对资本流入遏制作用极为有限，但它的成本却是实实在在的。在某些情况下，这种控制会演化为个别拥有强大社会关系网的企业精英及政客的敛财手段。控制往往会导致资本流入拥有良好政治联姻的企业，从而为腐败提供了温床。此外，对于这些拥有强大政治、经济网络的企业，资本控制也是他们规避市场竞争或资本控制的保护伞。大企业往往更容易进入海外金融市场，因此，流入控制给小企业带来的伤害要远超过大企业。

再者，实施控制也提高了一国政策的不确定性。每当执政当局试图通过新政策管制投资者时，投资者总会在最短时间内找到规避管制的新途径。于是，一场"猫捉老鼠"的游戏就此展开。这种"互动"进一步提高了政策的不确定性，这显然不利于增长和稳定。以智利的管制政策为例，为了应对已经找到办法绕开现有控制政策的投资者，政府就不得不频繁更新资本控制的具体方式。但投资者可以通过将短期性流入标榜为长期性流入，达到规避控制的目的，因为长期性流入不受资本控制的约束；也可以利用国内金融交易对不同期限的流入进行互换。在巴西等拥有发达金融市场的国家，投资者可以利用衍生品等金融工具，或是通过金融交易的设计，将一种类型的流入互换为另一种类型，然后轻而易举地避开资本管制。当国内外投资者将原本适当的资本控制解释为政策不稳的信号时，情况就更糟糕了。

戏剧性的泰铢噩梦

2006 年 12 月，泰国央行承受巨大压力。由于短期资本蜂拥而入，泰铢在当年经历了 12% 的升值之后，对美元的汇率创下历史新高[①]。泰国出口厂商在国际市场上的竞争力几乎被彻底摧毁，由此激起了他们的愤怒。尽管货币升值会降低进口商品价格，但外国资本流入则会导致国内通胀率被推高到一种令人不安的水平。央行的一个重要使命就是管理通胀，但如果以大幅上调利率来遏制通胀，实际上就会吸引更多资本流入，导致通胀问题愈加恶化。当时，泰国股市恰值蒸蒸日上之势，不免让人担心，资产泡沫正在酝酿，其一旦破裂，注定会让投资者陷入水深火热之中。

2006 年 12 月 18 日，泰国央行行长塔丽莎（Tarisa Watanagase）宣布，对流入股市的资金实行控制——投资额的 30% 必须预存到一个不支付利息的准备金账户，期限为一年。如在一年之内提取上述预留资金，则需缴纳 33% 的税。其他国家也曾实行过类似的无息准备金。央行官员认为，市场会认同这种做法的道理和必要性。据报道，当天晚上，心情愉快的塔丽莎行长离开曼谷，前往清迈进行预先计划好的旅行。

当泰国股市在第二天早上开盘时，市场对银行新政做出的反应迅猛而惨烈。由于央行的控制手段还会进一步升级，外国投资者首先开始清空其股票仓位，随后，国内投资者也如影随形。在不到两个小时的时间里，

---

①2006年12月，泰铢对美元的汇率为1美元兑换36泰铢，币值达到自1998年以来的最高点。2005年12月的汇率为1美元兑换41泰铢，也就是说，在2006年期间，泰铢升值了12%。

泰国主板股指应声下落了近 15%。随即，股市迅速收盘。当晚，泰国财政部时任部长帕蒂亚通·德瓦库拉（Pridiyathorn Devakula）宣布，资本控制措施已严重滞后，根本不适用于股票市场的投资者。

对泰国央行来说，这完全是一种两难境地。它不仅没有想到市场会做出这样的反应，更不用说有所准备了，而且还给外界造成一种央行完全屈服于财政部的印象，这对他们的可信性和独立性来说，无疑是一次重大打击。随后，塔丽莎行长对银行实施的控制政策进行了辩护。她指出，全球贸易和储蓄的巨大失衡，必然会导致大量资金进出泰国这样的国家。塔丽莎提出警告："如果不能以合作的方式解决此类问题，我们还会在其他地方看到类似事情。每个国家都必须找到控制这类事情的方式。"

新兴市场率先动手，IMF 紧步后尘

对于这些遭到游资攻击的国家来说，对他们认为有害的资本流动实行管制绝对不是令人羞耻的事情。尽管他们自己很清楚，这种管制是他们最后的救命稻草，而且最理想的效果，也只能是提供一种有效的暂时性保护。2009 年，发达经济体的中央银行开始求助于非常规货币政策及大规模的量化宽松政策。自此之后，包括巴西、印度尼西亚、韩国、秘鲁和泰国在内的很多国家，均采取了以限制资本流入为目的的控制措施。有趣的是，目前只有少数国家对资本流出实行管制，其中比较突出的包括阿根廷、塞浦路斯、爱尔兰和乌克兰。

阿根廷显然是一个特例。自克里斯蒂娜·基什内尔（Cristina Kirchner）于 2011 年 10 月再次当选总统以来，阿根廷政府一直采取措施，抑制资本流出，维持央行储备金。国际社会曾一度指责阿根廷的政策变幻无常，包括对外资企业实行国有化，认为政府存在人为操纵经

济数据的行为。对此，阿根廷政府持反对意见。因此，阿根廷始终在我行我素，对外国投资者或国际金融机构的观点置若罔闻。

在不利经济形势下实行流出控制的其他国家就没有这样潇洒了。庞大的外债导致爱尔兰的银行体系濒临崩溃，因此，该国在 2008 年彻底关闭了资本流出的大门，取消国内经常账户交易与资本账户交易间的转换。2008 年，受出口商品价格暴跌、出口需求大减以及资本倒流等因素影响，乌克兰的（金属）出口商损失惨重。面对严重的银行业和货币危机，乌克兰政府对银行及其他金融机构实施了一系列管制政策，试图减少资本流出，维护汇率稳定。为避免银行破产，塞浦路斯也曾在 2013 年对资本流出实行了严格管制。

上述三个欧洲国家都需要 IMF 给予资金援助，摆脱各自面对的危机。因此，在寻求 IMF 认可其资本控制政策的同时，这些国家必须极为谨慎。为此，他们提出，这些控制措施仅针对极端形势，而且完全是暂时性的。

相比之下，对资本流入实施控制的国家，则无须以这样或那样的方式应付 IMF 的质问。由于对成员国的控制政策几乎没有什么约束力，让 IMF 感到自己的威信受挫，并迫使 IMF 开始调整自己的观点：只要有合理的理由，而且是在正当条件下，那么，资本控制就是可以接受的。于是，IMF 的智囊团开始开足马力，针对现有形式拟定新的规则框架，希望借此恢复 IMF 对国际资本流动的影响力。

一厢情愿的 IMF：为资本流动正名却弄巧成拙

和其他大多数领域一样，在国际经济政策中，名称同样重要。为了洗清资本控制的罪名，首先就要重新赋予它一个名正言顺的称呼，将它明确为管理资本流动，而不是阻止资本流动。于是，IMF 将资本流动

命名为"资本流动管理"（Capital Flow Management）政策。随后，在
2012 年 12 月 3 日发布的研究报告中，IMF 再次明确了它对资本流动自
由化及其管理的态度。该报告沿用了 IMF 的一贯作风，以冠冕堂皇的语
言描述了其基本立场，并做出宣言："IMF 以全面、灵活和均衡的观点看
待全球资本流动的管理，以便为各国提供清晰、一贯的政策咨询建议。"
该报告明确指出，IMF 不会对资本控制政策一概而论，它们的合法性取
决于每个国家的具体情况，而且在特定时期内：

> 在特定环境下，引入资本控制政策可能是有益的，尤其是在基
> 础宏观经济形势处在高度不确定、宏观经济政策调整空间有限以及
> 适当政策调整因时滞效应而不能立竿见影时。此外，当资本涌入导
> 致金融系统出现系统性风险时，资本控制政策可能还适用于维护金
> 融稳定性。

然而，尽管这个附加很多条件和警示的使命有着良好初衷，但根本
就不能提供任何具有可操作性的具体指导意见。于是，IMF 又增加了一
项附加条件，旨在进一步明确，绝不应将资本控制视为对其他政策的替
代："资本控制政策应具有具体的执行对象，此外，它还应具有透明度，
而且在总体上应是暂时性的，并考虑到有可能带来的成本。因此，一旦
资本流动恢复正常，就应立即中止。"

尽管 IMF 对资本控制采取了宽容态度，对实施时间和方式的要求也
简洁明了（针对性、透明度和暂时性），但依旧未能赢得新兴市场的芳心，
他们仍然对 IMF 的良苦用意心存狐疑。对于这份报告，一向好斗的巴西
驻 IMF 代表保罗·诺盖拉·巴蒂斯塔（Paulo Nogueira Batista）及 IMF

的其他拉美国家执行董事是这样说的：

> IMF 试图采用这种指导性方法，在如何实现资本流动自由化和管理等方面为各国提供建议，这种做法有点操之过急。但这并不新奇，因为这也是基金组织在这个问题上的一贯作风。事实上，不稳定的大规模资本流给接受国带来的损害程度尚不得而知。此外，对于影响资本流动的主要动因——发达经济体的货币、金融及其他政策，IMF 也很少进行过深入研究。因此，这样的做法显失公允。

上述评论也反映了他们此前的观点，即 IMF 就是在为发达经济体制造有碍稳定的资本流进行开脱。路透社曾援引持相同观点的印度财政部官员的话称，每个国家最清楚如何控制本国的资本流入和流出，因此，有关于此的政策不应依赖 IMF 的建议：

> 之所以会在资本控制问题上出现这种说法，始作俑者就是欧洲和美国采取的货币宽松政策。他们在实行这些货币政策时，根本就没有考虑到给其他国家带来的溢出效应。可以说，IMF 目前的做法就是想让我们给这些国家收拾残局。

当下的现实是，新兴市场想在这个问题上成为主宰者。实际上，IMF 是否批准并不重要。不过，为资本控制制定一个基本框架还是有意义的。而且对于旨在防止金融失稳与意在阻止货币升值的两类控制之间，IMF 已经做出了有价值的理论区分。因此，只要是在金融稳定基础上实施的控制，并且在实施中对国内外投资者（或称国内外机构）一视同仁，那么，它们就会得到 IMF 的福佑。但这种区分在现实中就很模糊了，而且所谓的"宏观审慎"措施也很难与赤裸裸的贸易保护主义政策相区分。此外，要评价资本控制是否合理，还需要对流动的暂时性和永久性做出精准判断，但这在现实中很难做到。

开放资本账户才是解决之道？

资本控制或许已经不再是一个贬义词。但显然也算不上彻头彻尾的褒义词，而且在现实中，它也远不像在理论上那样光彩迷人。对于资本控制这样的应急手段，纵然再有诱惑力，风险也是显而易见的。因为它们会造就一种虚假的安全感，并延误一个患病经济体必需的调整和修复。实际上，对于资本控制或其他特殊手段而言，它们只是在以一种错误纠正另一种错误，但最终结果却只能是错上加错，让原本的扭曲变得更加扭曲。归根到底，事实总会证明，它们必然会以不断恶化的政策失稳成为反生产力的黑手。

面对汹涌的资本流入大潮，国内对限制货币升值的批评不绝于耳，各国央行行长或财政部部长早已疲惫不堪。在这种情况下，对好的财政和货币政策的颂扬不会给他们带来丝毫宽慰。面对生产率强势增长而招致的汇率上涨，他们的本能反应就是遏制，但这只会招来更多的资本入侵。

上述观点并非是说，外资带来的风险已不复存在，新兴市场应该义无反顾地开放资本账户。实际上，由于羊群效应及其他心理异态依旧存在，国际金融市场仍然存在严重的无效性。因此，摆在面前的现实依然严酷：新兴市场的决策者只能主动管理资本账户的开放过程，改善资本流动的成本—收益属性，而不是通过控制阻止开放。除此之外，他们别无选择。否则，他们或许就只能面对最悲观的选项了——资本控制招致巨大的成本，起伏不定的资本流动加剧国内政策的复杂性，而外国资本的潜在收益则全部付之东流。

只有对症下药，没有万能灵药

对新兴市场而言，他们完全可以用一种更现实、更可取的策略去应对资本流动，而且这也是一种更可控的策略。其核心在于，首先确保从金融发展和银行业监管到财政、货币政策等各方面基本要素的正确性。只有这样，才能保证资本流动更稳定、更有效。

某些具体措施或许有助于达到这个目的。比如说，对中国和印度等大国在内的很多亚洲国家，他们还远未建立起健全的企业债券市场。造成这种结果的原因，不仅有来自监管上的制约，还有法律制度匮乏等一系列因素。企业债券可以吸引长期投资者，让他们受益于这些国家的长期增长预期，因而有助于引导这些资金进入以长期收益为目标的投资对象。当然，改善企业治理，推进会计制度的严谨和透明，同样有助于推进债券市场的健康发展。此外，这些措施还有助于引导外国资本进入管理更先进、效率更高的企业。总而言之，加强金融市场的广度和监管水平，有利于新兴市场吸引长期资本的流入，并有效引导这些资本进入生产性活动，而不是一味寻求投机。

此外，对中央银行来说，随着金融市场的发展，他们通过干预外汇市场循环利用流入资本的压力也会大为减小。在这些国家，私人投资海外的动机极为强烈，因为这至少有助于他们提高投资的多元化程度。要从事海外投资，仅仅依赖银行存款还远远不够，他们显然还需要更多、更有效的金融工具。要帮助这些私人投资者通过国际化投资达到分散风险的目的。当然不能依赖有毒的金融产品，而基础证券和共同基金只是实现这个目的的充分必要条件。

此外，作为一个共同的群体，同步推进金融市场的发展也符合他们的自身利益。有了这样的共同发展，他们就可以进行更多的相互投资，而不是无可奈何地为发达经济体的挥霍埋单。

宏观经济政策同样可以减少资本流波动带来的风险。经济政策乏力的国家，通常会出现较高的公共债务水平和不稳定的通胀率。因此，流入资本不仅在类型上不利于他们，而且这些国家本身也很容易成为资本流波动的受害者。以印度为例，公共债务水平（2012 年相当于 GDP 的67%）和经常账户赤字（2012 年达到 GDP 的 5%）始终维持高位。这就是说，它的公共财政和对外财政都已经到了不堪一击的临界点。印度的私人储蓄率很高，而且经济增长亟需投资率的提高，但不加节制的政府开支却造就了庞大的预算赤字，而这又让原就已不堪重负的经常账户赤字进一步恶化。

因此，在资本流入枯竭时，印度面对的选择很简单，要么削减消费和投资，要么消耗其国际储备。但两个选项同样不可取。土耳其也是经常账户赤字大国，因而严重依赖于外部融资。将政府赤字和债务控制到可控限度，同时解决滋生经常账户赤字的其他问题，或将有助于新兴市场在资本流波动的面前更加灵活自如。

资本流动狂潮下的成本—收益的权衡

同样，与上述规范性描述的场景相比，现实往往复杂得多。最大的分歧就在于，在短期内，拥有发达金融市场和良好增长前景的新兴市场，最终必将面对大量的资本涌入。因为对金融市场欠发达的经济体而言，他们本身就一直在限制外国投资。

例如，马来西亚很早就已经建立起相对完善的金融市场。相对于邻国，腐败因素对马来西亚金融市场的影响程度也较小。但当亚洲经济总体向好时，马来西亚却发现，外国投资者似乎并不看好他们，而原因恰恰在于，和菲律宾等金融市场不发达的国家相比，投资者可以在马来西亚发现更多的投资机会。面对这样的窘境，马来西亚国家银行（该国央行）副行长苏克戴夫·辛格（Sukhdave Singh）一语道破天机：

> 有些人可能会认为，建立更有深度的金融市场有助于新兴市场吸引这些资本流入。但事实并不一定如此。对新兴市场来说，要建立起这样的市场绝非易事，而且即使能做到，这样的金融市场也是一把双刃剑。一方面，它可以提供更多的金融工具，吸引更多的市场参与者，这或许可以缓解低层次市场出现的极端波动性；另一方面，深层次、高度流动性的市场也有可能带来更多的资本流入。在后一种情况下，央行的任务或许就不那么轻松了。在资本流动规模较大时，中央银行就必须维持较高的储备规模，以缓冲这些资本流对国内金融体系的冲击。

同样来自亚洲的另一个事例却告诉我们，当一个国家对外国资本开放金融市场时，其成本—收益的权衡将变得异常复杂。外国投资者在投资该国股票市场上的便利，曾经让印度受益匪浅。中国则与此形成鲜明对比，其他国家投资者投资中国的股票市场受到严格限制。外来的资本流入深化了印度的股票市场，并增加了该市场的流动性。此外，资本流入也为印度企业提供了一种有效的融资来源，让他们不必再依赖于本国的银行体系。实际上，印度银行体系为国内超大企业融资的能力极为有限。不过，尽管有如此之多的好处，流入印度股市的这部分外资还是加大了股市的波动性，加剧了货币价值的不稳定。但这也不是全无可取之处，毕竟对于他们的股票投资，外国投资者不仅要承担货币风险，还要承担收益风险，因此这种波动性带来的压力不完全落在印度民众的肩上。

在资本流动漩涡中寻找平衡点

通过本章的上述分析，我们得到的是一个令人不安的结论：没有轻松的答案。稳健的财政和货币政策，配之以发达的金融市场，或许有助于管理资本流动，但也有可能招致不利结果。因为它有可能在不需要的时候引入更多的资本。因此，无论是出于主动还是被动，当新兴市场的资本账户更开放时，促使他们为抵御资本流波动而积累更多外汇储备的各种力量，也会变得更强大。

对于这种两难困境，巴巴多斯央行行长在 2005 年的一次演说中做出了精辟的总结：

> 加勒比地区的资本市场在深度上还远远不够，因此，资本流动往往较为稳定，因而就目前而言，还没有证据说明，加勒比英语国家的市场存在高度波动性……随着加勒比国家不断深化其资本市场——这也是很多国家正在努力追求的目标，除非他们接受任由汇率升值的结果，否则，区内各央行可能就需要维持较高水平的外汇储备，以应对资本深化带来的波动性。

简而言之，随着金融市场的发展以及全球金融市场一体化程度的提高，新兴市场对安全性资产的需求也在不断增加，随后的结果就不难想象了，这必然会促使他们积累更多以美元计价的资产。

对于那些深陷资本流动漩涡中的国家来说，他们追求的目标就是永久安全，不要坠入美元设下的陷阱而无法自拔。因此，无论是全球性政策协调，还是通过资本控制实现的自我保护机制，这些策略在表面上符合逻辑，但终究还是不能独立生存的。最可取的答案或许存在于两者之间。也就是说，在全面、无条件的协调和闭门造车的自我保护之间寻找平衡点。

在第 12 章，我们将谈论一系列具有中间道路性质的解决方案——全球金融安全网的各种现实形态，并逐一分析它们是否会成为逃脱美元利爪的合理选项。

THE
DOLLAR
TRAP

第 11 章
漏洞百出的安全网
货币互换和保险基金就能补上？

没有谁是一座孤岛，在大海里独踞；

每个人都像一块小小的泥土，连接成整个陆地。

如果有一块泥土被海水冲刷，欧洲就会失去一角，

这如同一座山岬，也如同一座庄园，

无论是你的还是你朋友的。

无论谁死了，都是我的一部分在死去，

因为我包含在人类这个概念里。

因此，不要问丧钟为谁而鸣，丧钟为你而鸣。

英国诗人约翰·多恩（John Donne）

如果将诗中的"人"替换成"国家"，我们就会在约翰·多恩的诗句中深切感受到，四面楚歌的新兴市场决策者是多么脆弱。无论是在世界的哪个角落，只要金融危机的警钟响起，他们就知道，那也是为他们而响起的钟声。由于全球政策协调已不再成为选项，而自我保护也徒劳无益，因此，他们一直在试图寻找其他途径，抵御打劫的货币投机者。与此同时，他们也在寻找新的生命线。但每一条出路都有缺陷和制约。事实上，只要把握问题的核心，即每个国家都想得到规避危机的保险，就会有更简单、更明显的答案。但是在厘清这个问题之前，最好还要调查一下，为什么现有选项不仅不能提供解决方案，甚至还有可能以某种方式强化现有状态。

强势美元造就力度空前的货币互换

　　每个央行的兵器库都有一件威力无比强大的武器：印钞机。20 世纪 30 年代的"大萧条"和 90 年代日本的漫长衰退，给货币学家上了最生动也是最重要的一堂课：如果拒绝使用这件武器，甚至长时间卸下弹药，中央银行就有可能让原本不利的经济形势更糟糕。

2000 年，本·伯南克还在普林斯顿大学任教，他撰写了一篇论文，题为《日本的货币政策：是自我摧残的个案吗？》。正如论文标题所示，伯南克严厉指责日本的货币政策，并声称惨淡的日本经济业绩在很大程度上源于消极的货币政策。他用极为辛辣的语言指出："我赞同传统的说法，即日本在经常账户上遭遇的窘境，源于它在过去 15 年实行的极端拙劣的货币政策。"他认为，日本央行应考虑增发货币，并将增发的货币直接提供给居民，或购买金融资产，从而扭转通货紧缩的恶性循环，并压低真实利率。这种观点凸显出"法定货币"的最大优势，法定货币由中央银行发行，它本身没有任何价值。在金本位体制下，短期内货币供给的扩大受当时黄金供给量的严格限定。与金本位货币体制不同的是，法定货币具有无限扩张供给的能力。

大多数央行，尤其是长期对通胀失去控制的央行，除加大印钞机的工作强度为政府赤字埋单之外，几乎没有任何其他可选项。由于扩大货币供给有可能引发恶性通胀及货币贬值，因而，他们应对这种策略采取极端审慎的态度。而欧洲央行和日本央行等主要经济体央行，在使用这件武器时却可以不必过分担心负面影响。但在当今世界里，只有一家中央银行可以肆无忌惮地运用这件强力武器，通过毫无节制地发行货币，不仅为自己的金融机构提供流动性，还可以无止境地满足其他央行的欲望——这就是美联储。

美联储为全球央行紧急输血

2007 年 12 月，美国金融市场的压力不断汇聚。对此，美联储推出了一项名为"短期拍卖工具"（Term Auction Facility）的项目，并以最后贷款人的身份为美国银行提供资金。2008 年秋季，随着其他国家的金融市场纷纷沦入血雨腥风，全球美元供给严重告急。实际上，在危机爆发前，很多设在发达经济体，尤其是欧洲发达经济体的跨国银行，在资金来源方面既已开始依赖批发性的廉价美元供给。但危机袭来时，由于这些银行不能像美国银行那样拥有大量美元存款，因而陷入严重的资金荒。当欧元区及欧洲其他国家的银行出现资金短缺时，他们的央行就要想方设法解决流动性短缺的问题了。

由于银行间的融资渠道已基本冻结，美联储意识到，离岸银行正在面临巨大的资金压力。这些银行大多设在发达经济体，其中包括很多在美国境内设立大量分支机构的外国银行，因此，它们需要建立一种能有效缓解这种资金压力的机制。此外，某些新兴市场中央银行担心，一旦出现资本外流，他们就要面对流动性危机，进而开始消耗其外汇储备。事态的发展或将进一步加剧市场紧张情绪，并引发进一步的资本外流。此外，美联储也意识到，大规模清仓政府债券，将进一步加剧金融市场恐慌。

为平息美元需求疯涨，美联储开始为全球多家银行紧急输血。这种急救措施在技术上被称为流动性互换安排（Liquidity Swap Arrangement），其实质就是一种货币互换协议。按照该协议，美联储同意其他国家央行以本币换取美元。发起互换交易的央行承诺在一定时间内偿还美元，用以购回最初作为抵押品的本币。对于该交易涉及的汇率风险，由借取储备金的央行承担。交易开始时按当期市场汇率计算，交易结束时，借款行按同一利率用美元换回本币。通常，借款央行还要为美元贷款支付利息，利息为该央行为国内私人银行提供相同美元贷款时收取的利息。

246

经联邦公开市场委员会授权，2007 年 12 月 12 日至 2008 年 10 月 29 日，美联储与 14 家外国央行开展暂时性互换交易。按计划，上述互换协议于 2010 年 2 月 1 日到期。联邦公开市场委员会公布了与其签署互换协议的外国央行名单，却没有提及虽提出申请但未获得美联储批准的国家信息。这背后的玄机不免令人浮想联翩。

得势的美元：全球货币互换力度空前加大

2007—2008 年，与美联储签署暂时性货币互换协议的 5 家央行分别为加拿大银行、英格兰银行、日本银行、欧洲央行以及瑞士国家银行。在此名单之外，最令人瞩目的无疑是中国央行。中国人民银行根本就没有向美国提出互换申请，因为他从来就不缺少美元储备，而且中国的银行也不需要硬通货币的流动性，因为他们的海外业务是受限的，其主要融资来源就是国内储蓄。此外，由于中国人民银行管理的是不可兑换的货币，即以人民币结算国际交易受到严格限制。因此，美联储始终认为，不适合与中国人民银行开展货币互换交易。

随着雷曼兄弟在 2008 年 9 月 15 日轰然倒下，美联储开始加大货币互换的执行力度。9 月 24 日，美联储先后与澳大利亚储备银行、丹麦国家银行、挪威银行和瑞典银行等央行签署新的货币互换协议。9 月 29 日，美联储提高了新签约央行及此前 5 家签约央行的贷款上限。据此，这些央行可以向美联储借取更多的美元贷款。10 月 13 日和 14 日，由于市场压力进一步升级，美联储再次祭出大手笔，干脆取消了针对英格兰银行、日本银行和欧洲央行设置的贷款上限，这样，他们就可以从美联储手里拿到无限的短期美元融资。10 月末，金融危机已席卷全球，于是，美联储又着手与亚洲及拉美的四家央行签订暂时性货币互换协议，这四家央行分别是韩国银行、巴西银行、墨西哥银行和新加坡货币管理局。但各家央行的贷款额度相对有限，均为300亿美元。此外，新西兰储备银行也在这段时间签订互换协议。

2008年10月份，互换额度的兑现总额大幅上升，并在2008年12月中旬达到最高点，接近6 000亿美元。其中，互换额度的最大使用者包括欧洲央行、日本银行和英格兰银行。他们的使用额度在11月底到12月初陆续达到最高点，分别为2 910亿美元、1 220亿美元和450亿美元。有四家央行始终未动用互换额度，分别为新西兰储备银行、加拿大银行、巴西银行和新加坡货币管理局。值得注意的是，主要国家央行获得的美元注入远多于较小的发达经济体与新兴市场的央行。

在危机肆虐时段，尽管有些新兴市场的央行始终未动用互换额度，但美联储互换协议带来的信心同样发挥了至关重要的作用。对巴西央行而言，其外汇储备在2008年9月达到2 060亿美元。因此，区区300亿美元货币互换额度根本就不足挂齿，但互换额度对其储备的支持作用是不言而喻的。

互换额度并不是完全由美联储作为美元供给方的单向贸易。2009年4月6日，还有四家央行批准了暂时性外币互换安排，他们分别是英格兰银行、欧洲央行、日本银行和瑞士国家银行。在美国金融机构的海外机构需要外币时，美联储可以启动这些互换安排，获得由这些国家央行发行的外币。但美联储始终没有动用过这些互换额度。

按预定计划，美联储提供或获得的全部互换额度均在2010年2月到期。到2010年5月，美元的短期海外融资市场再次告急，联邦公开市场委员会只好重新授权，与五家主要经济体央行约定美元流动性互换额度，本次批准的额度于2011年1月到期。2011年秋季，欧元区债务危机加剧，再次在金融市场上掀起骚动。2011 年 11 月 30 日，联邦公开市场委员授权下一轮货币互换安排，由美联储与上述五家主要央行具体签署互换协议。此外，这些国外央行相互之间也建立了双边互换安排。对这些互换额度的授权属于应急措施，如果市场形势表明有必要动用互换额度，这些央行即可以外币为市场提供流动性。2012 年 12 月，上述央行再次授权此类双边互换安排，并于 2014 年 2 月到期。

既做了救世主又赚到了钱，何乐而不为？

在金融危机过程中以及此后的一段时间里，美联储实施的这项计划在国内曾饱受指责，主要原因就是，到底有哪些经济体央行最终获得了资金，始终缺乏透明度。此外，也有人尖锐指出，美联储的行为已经超越了国家使命，成为全球银行的最后贷款者。

2011 年 12 月，达拉斯联储前副主席杰拉德·奥德里斯科尔（Gerald P. O' Driscoll Jr.）曾在《华尔街日报》上撰文，严词谴责美联储公然救助欧洲央行的做法，他认为这会将美国纳税人的钱置于风险之中。而纽约联储主席威廉·杜德利马上在《华尔街日报》上予以驳斥：

> 对于美联储近期实施美元互换计划的目的，我想澄清的是，它是为了强化美元市场对欧洲危机的屏蔽性，提高美国银行对本国家庭和企业的放贷能力。

随后，杜德利在文章中指出，对于总部设在美国本土以外的金融机构，为它们所在国家的央行提供美元流动性是非常重要的。因为只有这样，这些金融机构才能继续在美国提供信贷及其他金融服务。当然，美联储不可能指定这些央行到底应资助哪家金融机构，以及这些金融机构是否会使用这笔钱为其在美国或其他国家的业务提供资金。但杜德利的反击对此做出了保证：

> 货币互换协议不仅做到了这一点，还保护了美国纳税人的利息。美联储只是暂时性地为外国央行提供美元，并按固定汇率互换该国货币。随后，该央行在对方提供抵押的基础上将这笔美元借给私人机构，并承担相应的全部信用风险。

外国央行从美联储借到美元之后，再对本国私人银行放贷，如果这些私人银行破产，全部风险将由该央行承担。这些贷款不会给美联储招致任何风险，因为外国央行向美联储全额还款的概率几乎为100%。文章结尾指出：

> 作为一种政策工具，货币互换协议的历史最早可以追溯到1962年，美联储每天在其官方网站上披露互换的最新进展及使用情况。目前货币互换的使用情况完全符合美联储的法定职责，即在危机时刻，为金融体系提供流动性，以维护美国经济不受外部干扰，最大程度屏蔽各种金融不稳定因素带来的负面影响。

换句话说，美联储并不认为，互换安排是美国金融体系失灵给世界献上的大礼，而是一种在总体上符合美国利益的货币政策。它是为外国银行提供流动性的有效方式，尤其是那些在美国从事金融服务的外国银行，与此同时，却可以将评估外国金融机构信用度及放贷风险的任务转移给其他央行。在 2012 年 3 月 27 日的国会委员会听证会上，国会议员直接向杜德利发问，互换安排是否会强化美元的储备货币地位。他的回答是：

> 尽管我认为这不是影响美元地位的主要因素，但肯定有助于提高美元的储备货币地位。换句话说，美联储主动参与美元互换这一事实，就足以让人们对使用美元作为全球金融交易货币产生安全度和舒适度。

对此，杜德利还做了进一步补充，维护美元地位并不是美国执行这些安排的初衷。在作证过程中，杜德利还指出，美联储通过这些互换约定实现了 40 亿美元的利润。对美国来说，这些安排既帮助其他国家渡过难关，而且又能赚到一笔钱，况且很多问题还是直接或间接由美国输入的，这难道不是一笔一举两得的生意吗！

被抛弃者艰难地寻找救命稻草

在金融危机期间，获得美联储互换额度的 14 家央行名单尤其耐人寻味。与杜德利证词相一致的是，这种安排充分考虑到与美国拥有共同政治、经济利益的国家，尤其是欧洲国家。看看哪些国家进入这个名单就已经很有趣了，但更有趣的问题是，有哪些国家原本希望进入这个名单，但最终却未能如愿以偿。很多国家似乎都想求得美联储的庇佑，在他们看来，不管金额大小，这种互换额度为他们提供了一种坚实的保护层，帮助他们躲避市场群狼的追杀。当然，美联储不可能确切指出哪些国家的乞求遭到拒绝，而且也不会有哪个国家承认他们曾求救于美联储，因为这样做或许就是在引狼入室。

部分刚刚解禁的文件为这个问题提供了新线索。"维基解密"事件不仅在国际安全领域引发了一场地震，还在这个异常敏感的经济事件上提供了大量信息。这些解密资料讲述了一个跌宕起伏的故事。但笔者引用的资料，都是可通过其他渠道做出独立验证的。

2008 年 10 月，智利央行行长何塞·德·格雷戈里奥在首都圣地亚哥接见了来访的美国驻智利大使保罗·西蒙斯（Paul Simons）。格雷戈里奥首先提到，智利外汇储备充足，暂时还不需要美联储以互换额度形式提供资金，但他还认为，智利的表现具有示范性，其一贯表现理应获得美国某种形式的认可。谈及这次会晤，美国大使馆的一份报告指出："格雷戈里奥其实就是请求财政部或美联储高层做出公开表态，认可智利在应对全球金融危机中发挥的积极作用，并澄清一个事实：智利完全有资格获得与巴西和墨西哥相当的互换额度（尽管他并不需要这样做）。"但美方并未给出任何类似声明。

2009 年 1 月，秘鲁财政部部长路易斯·瓦尔迪维索向美联储提出签署货币互换协议的请求。他可能提到秘鲁在通货膨胀、赤字以及债务等方面的优异表现。此外，秘鲁拥有 320 亿美元的外汇储备，这些储备足够偿还其对内和对外的债务。但秘鲁政府还是希望能获得额外的保险额度，以防全球经济在年内发生进一步恶化。

美国财政部和美联储拒绝了瓦尔迪维索的请求。后者曾公开指出，他同样就此事接触过中国央行，但他认为遭到拒绝的可能性很大。瓦尔迪维索称，尽管自己国家在宏观经济政策方面中规中矩，但与美国做成这笔交易的可能性不大，因为"我们都是小国"。多米尼加共和国总统曾在 2009 年 2 月 2 日发出过类似感慨，尽管该国与美国关系密切，但他也不得不承认，多米尼加是一个小国家，而美国却似乎只喜欢与大国建立这样的关系。不过，美国并没有对他的感叹做出积极响应。

2009 年 2 月，作为亚洲之行中的一站，美国时任国务卿希拉里·克林顿出访印度尼西亚首都雅加达。在与希拉里会晤过程中，苏西洛总统曾请求美联储为印尼提供货币互换额度。

2 月 18 日，印尼外交部长哈桑·维拉尤达（Hassan Wirajuda）在另一场会晤中提及这个要求，甚至提出，只需获得巴西、墨西哥及新加坡额度的一半即可。

由于此次出访的日程安排极为紧张，而且希拉里本人也不愿触及国务院权限以外的事务，于是，她并没有理会印尼方面的请求。由于印尼高层多次提出获得互换额度的请求，作为回应，美国驻印尼大使于 2009 年 3 月 10 日向国务院及白宫转交了多名印尼高层的请求。然而，美国方面礼貌而坚决地拒绝了印尼政府的请求。

向美联储之外的央行另寻出路

未能获得美联储恩赐的印尼中央银行开始另寻援助。2009 年 3 月 25 日，美国驻印尼大使馆向国务院在华盛顿特区的总部发送了一份机密备忘录，名为"印尼与中国签订货币互换协议应被视为中方积极参与的信号"，备忘录称"据传，印尼与中国已签署了一份总额为 150 亿美元的双边本币互换协议"。该备忘录指出，尽管互换安排对印尼意义有限，因为人民币毕竟属于不可兑换货币，但这次安排还是获得了媒体首肯。

对于备忘录，《雅加达环球报》称，该协议"对印度尼西亚至关重要，它将有助于印尼实现储备资产的多元化，摆脱对美国及西方跨国机构的依赖，也是显示中国经济实力进一步增强的信号"。对此，美国大使馆的报告充满愤怒之意，并阐明了美国在这个问题上的底线："不管得当与否，在未能获得美联储提供的互换额度情况下，印尼政府大加宣扬与中国签署的协议，就是在挑衅美国。"在美国驻印尼大使馆于 2009 年 10 月单独发出的电报中，美方再次重申了美联储拒绝向印尼提供货币互换的言外之意：

> 尽管与中国达成的这笔交易对印尼央行的价值很有限，但它确实向印尼方面发出了一个信号：中国是他的朋友。在印尼人看来，没有美联储参与的货币互换，则是美国向他们发出的一个负面信号。

2012 年 11 月，印度央行行长苏巴拉奥在一次企业家集会上指出，他提出与美国签署美元与卢比互换协议的请求，遭到美方拒绝。事情发生在一个月之前，当时，美财长蒂莫西·盖特纳与美联储主席本·伯南克联合造访印度。媒体援引苏巴拉奥的话称："对于印度的请求，他们不置可否，他们对提供互换便利矜持的理由是，印度卢比还不是完全可兑换的货币。"与美联储达成协议的优先选项未能兑现，于是，在 2012 年 12 月，印度政府与日本银行签订了一份为期 3 年、总额为 150 亿美元的双边互换安排。这份协议包含了一个限制性条款：只有印度在获得一笔 IMF 贷款或至少接近获得这笔贷款的情况下，该互换协议才能被激活生效。实际上，印度还在独自奋斗，因此，印度有足够的动机继续扩大其外汇储备规模，减少外部输入危机风险。

显而易见，美联储并不是正在援助其他国家央行的唯一央行。在金融危机爆发初期，欧洲央行和日本银行也和部分未能获得美联储互换额度的国家签署了双边货币互换额度，或是扩大了现有的互换额度。比如

2008 年秋季，欧洲央行与匈牙利及波兰签订了欧元互换协议，额度分别为 50 亿美元和 100 亿美元。这些安排的特点就是金额非常有限，与美联储提供的互换额度相比，带来的信号效应在强度上尚不得而知。此外，这些约定的对象也仅限于少数精挑细选的央行。

对于美联储及其他主要央行提供的互换额度来说，尽管他们确实帮助很多央行在没有大量消耗本国储备的情况下渡过难关，但这种选择性本身却成为这些协议的最大问题。到底谁有资格获得这些互换额度，显然是一个政治问题。哪些国家最终会获得美联储的青睐具有极大的不确定性，因此，新兴市场不可能一往情深地指望得到主要发达经济体央行的庇护。于是，为了实现自我保护，他们必然会继续积累储备，尽管这样做需要付出巨大代价。对新兴市场来说，并非一切希望都已化为泡影，眼前最现实的答案，或许就是危急时刻相互伸出援助之手，而不是向经济大国乞求怜悯。实际上，早在金融危机爆发之前，他们就已经在这个方向上迈出了脚步。

齐心协力打造更大的火箭筒却再次徒劳

2000 年 5 月 6 日，东南亚国家联盟（ASEAN）及中国、日本和韩国三个主要亚洲国家的财长齐聚风光秀美的泰国北部城市——清迈，参加每年一次的亚洲开发银行年会。此时，部分国家还没有完全走出 1997—1998 年亚洲金融危机的阴影，IMF 对他们的刻薄和不公正让他们怒不可遏，在这些国家看来，IMF 迫使他们采取的财政紧缩措施，不仅没有解决问题，反而让他们雪上加霜。会上，各国财长共同签署一项协议，也就是后来所说的《清迈倡议》（*Chiang Mai Initiative*），提议在区域内国家间建立一整套双边互换协议。

《清迈倡议》已成为一个代表性范例，为新兴市场通过货币互换及其他安排建立共同储备基金、携手打造强大的防火墙开创了先河。这种地区性安全机制的宗旨在于，当储备基金中的某个成员国需要保护时，其他成员国应同意动用其缴纳的储备份额对该成员国出手援助。因此，该机制不仅是对地区性贸易及金融协议的有益补充，也有助于加强地区内成员国之间的联系。

在某些亚洲国家看来，《清迈倡议》将进一步巩固亚洲开发银行的力量，有朝一日将取代 IMF 在该地区的影响力。

全球金融危机是《清迈倡议》经历的第一次大考。事实证明，这些复杂的双边安排显然不足以应对如此严峻的考验：协议涉及的金额太小，其机制难以应对区内大多数国家同时遭受压力的情况。从 2008 年 4 月到 10 月，东盟 10 个成员国合计损失了 530 亿美元的外汇储备，相对于外汇储备总量的 10%。

2009 年 12 月，相关各国将《清迈倡议》升级为《清迈倡议多边化》（ *Chiang Mai Initiative Multilateralization* ），打通双边协议之间厚重的隔离层，从而以更轻便的工具实现储备集合化。新"协议"表现为东盟和中国、韩国及日本之间的一个扩大化互换安排，并以各国之间的双边协议作为补充。由此形成的储备基金在金额上达到 1 200 亿美元，其中的 80% 来自中国、日本及韩国。2012 年 5 月，新协议约定的储备基金被提高到 2 400 亿美元。

《清迈倡议多边化》并不是一个简单的保险型基金，它还有很多有趣的细节。其中的一个细节是，在任何情况下使用基金，必须获得大多数国家投票同意，每个国家的投票权取决于他对基金的出资份额。另一个细节是，在对各国政策的监督上以及在决定遭遇危机时需采取哪些措施时，《清迈倡议多边化》仍采用了 IMF 的技术手段。在出现危机时，协议国可自动启用协议所提供信贷额度的 30%，且无须提供任何说明，也无须获得 IMF 提供的任何纾困计划。但是要使用剩余额度，协议国就必须获得 IMF 提供的贷款计划，或者至少已经与 IMF 就获得援助的计划开始谈判。理论上，《清迈倡议多边化》可动用更多资源。

2012 年年底，东盟 10 国的外汇储备总额约为 7 800 亿美元。再加上中国、日本与韩国庞大的外汇储备存量，其储备总量达到 5.5 万亿美元。但尽管有关亚洲和睦相处的言论遍地开花，但相关国家间依旧存在严重的分歧和失信。此外，地缘政治对立以及个别国家间长期冲突的历史，也加剧了各国矛盾。中国和日本一直争执不断。此外，很多东盟国家对中国疑心重重。

考虑到政治利益相互冲突的格局，东盟经济体不可能心安理得。因为他们知道，在原有以积累外汇储备建立自我保险机制的基础上，《清迈倡议多边化》只不过是一种简单的修修补补而已。《清迈倡议多边化》涉及的金额仍旧很小，根本就不足以提供多少保护，尤其是对区内的大国，更显得微不足道。

原则上，东盟的每个创始国都可以动用 230 亿美元的资金，这个金额对印尼这样的大国最多也只算是勉强。此外，在未得到 IMF 批准的情况下，各参与国能动用的资金仅有 70 亿美元，从而让这个保险性基金相对于自我保险机制的价值进一步缩水。

所有区域性保险机制都存在一个共性弊病。一般情况下，危机往往会同时降临到一个区域的很多国家，尤其是区域内国家在出口及金融方面相互依赖性较强时，这种现象会更突出。比如在亚洲地区，贸易一体化程度越来越高，这也提高了专业化程度，因此，各国凭借不同产品专攻供应链的不同环节。一个验证这种相互依赖性的鲜活例子就是，在2011 年的季风季节，泰国的洪灾殃及亚洲其他很多国家。泰国计算机零部件及计算机硬盘的发货因洪灾而受到严重影响，并在区域内产生涟漪效应，受到影响的国家包括日本。同样，很多外国投资者将亚洲的新兴市场看作一个共同的资产类别，因此，只要区域内的某个国家陷入危机，资金就会撤出整个地区。

在金融危机时期，可能整个地区都急需储备，这就限制了每个国家为其他国家提供保险的能力。所有这一切都扭曲了《清迈倡议多边化》的初衷。在某个基金成员陷入危机时，其他成员承诺为其提供资金支持，但在区域性危机爆发时，它根本就没有可用于分配的资金。此时，这种承诺的可信度必将遭受严峻考验。

意料之中的搁浅："金砖国家"打造的防火墙

《清迈倡议多边化》这样的区域性互助性安排，不可能是唯一选择。全球五大新兴市场，也就是通常所说的"金砖五国"（BRICS），这五个字母分别为巴西、俄罗斯、印度、中国和南非的英文单词的首字母。它们合计拥有的外汇储备接近 4.6 万亿美元[1]。苦于全球货币体系改革进展缓慢以及对美元的持续依赖，这五个国家决定将命运掌握在自己手里。在 2013 年 3 月的南非德班峰会上，五国领导人一致同意建立金砖国家开发银行（New Development Bank），为各国的基础设施及可持续发展项

---

[1] 2012年年底，金砖五国持有的外汇储备规模分布如下：中国，33 180亿美元；俄罗斯，4 740亿美元；巴西，3 630亿美元；印度，2 620亿美元；南非410亿美元，合计为44 580亿美元。资料来源：IMF。数据均采用期末汇率（1 SDR = $1.54）从SDR转换为美元。

258

目提供融资。此外，他们还同意设立应急储备基金（Contingent Reserve Arrangement），以便在危机时刻互助。

实际上，在这五个国家中，每个国家的储备规模都足以吓跑试图打压其货币的投机者，因此，即便各国拿出本国储备的一小部分，也会造就一支威力巨大的火箭筒。不过，这五个国家的政治和经济利益并不趋同。比如说，长久以来，印度和中国之间的边界一直未划定。因此，在需要大规模资金注入时，印度肯定不愿意依赖中国的慷慨解囊，因为担心中国可能会在此问题上做文章。尽管中国与俄罗斯在伊朗和叙利亚等问题的立场上始终站在一起，不过，在局部边界和能源等相关问题上多少有些分歧。

由于中国一直试图利用其经济影响力改变地区政治力量格局，因此，金砖国家间的冲突依旧存在恶化的可能性。这些国家间目前的契约性安排还不具有法律约束力，而且也不为国际法庭所认可。因此，契约必须建立在相互信任的基础上，而信任则有可能在全球性危机中消失殆尽。事实已经证明，这些担心绝非杞人忧天，这些担忧也让德班峰会远非最初媒体所报道的那样令人期待。对于峰会即将宣布的有关建立金砖国家开发银行及治理结构的细节，原有的乐观期望显然为时尚早，因为各国领导人根本就没有在这些问题上达成任何协议。

同样，对于应急储备基金，五国领导人也只是认可它在理论上的价值。包括基金规模等关键性细节则被留作以后讨论，而部分国家在前期讨论中提出的基金规模，也被压缩到了 1 000 亿美元。按照当时预期，尽管在规模上很有限，但金砖国家开发银行和应急储备基金应在未来的一两年内基本建成。

这种具有互换额度性质的机制与货币储备基金的确有可取之处，它们强化了一国对危机的抵抗力，但归根到底，它们还不可能取代一国的外汇储备，成为保护本国经济安全的第一道防线。或许，只有名副其实的全球性体制才能解决相互信任与履行承诺的问题。

如何灵活应对狡黠多变的 IMF

在传统意义上，IMF 的职责包括为遭受危机或即将陷入危机的成员国提供贷款。但 IMF 的贷款计划对成员国附加了很多条件。要获得贷款，成员国政府就必须接受并履行这些条件。但这些条件也是很多国家都需要的苦口良药：更苛刻的财政货币政策、政府开支大幅削减、更全面的劳动力市场改革以及银行重组等。这也是很多政府官员对 IMF 贷款退避三舍的原因。

为了改善自身形象，IMF 一直试图对成员国做到有求必应，尤其是那些被视为无辜的旁观者，即拥有健康的政策，却因为自己不能左右的外因而被拉入全球性或地区性危机的国家。

2009 年，IMF 启动了一项新贷款计划，名为"灵活信贷额度"（Flexible Credit Line，简称 FCL）。这项计划的基本思路是只要达到某些特定标准，一国即可预先获得使用这项贷款的资格。在遭遇危机侵袭时，该国即可按预先设定的金额无条件使用这笔贷款。在审核贷款资格时，IMF 将评估一个国家是否满足如下条件：

1. 拥有极其强大的经济基本面和较完善的制度框架；
2. 正在实施稳健有效的经济政策，并拥有良好的运行记录；
3. 承诺在今后继续实施这种政策。

为打消对这些条件过于含混的顾虑，IMF 制定了一套更为精确的标准。比如，成员国必须拥有健全的公共财政、稳定的低水平通胀率、可持续的经常账户头寸、相对充裕的国际储备、健康的银行体系以及有效的金融监管等。这显然是一套让很多国家望而却步的高标准，即便是很多发达经济体也未必完全合格。

如果一个国家有资格享受这项计划，那么，他就可以得到 IMF 最坚强的呵护和庇佑。该贷款计划的诱惑力是显而易见的，如果一个国家与 IMF 签署贷款协议，那么，他不仅能轻易获得抵御投机者的资金，即便是达到贷款条件这件事本身，就足以将投机者拒之门外。

2009 年 3 月 24 日，IMF 大张旗鼓地推出这项贷款计划，此时，IMF 已经为蜂拥而来的申请者做好了一切准备。但火爆场面并未出现，相反，各成员国对这项计划的反应异常冷静。尽管这样的结果令 IMF 十分沮丧，但他也不愿就此放弃。IMF 高层认为，第一个走出这步的国家可能会认为，他或许会成为被猎食者盯住的对象。因为市场参与者可能会问，这个国家为什么要寻求保护，他是不是有什么藏而不露的问题呢？或许这就是很多国家不愿接受这种援助的根源。不过，只要有一个国家与 IMF 签约，其他国家无疑就会发现其中的好处，然后便随之而来。

约一个月后，墨西哥成为首个接受 IMF "灵活信贷额度" 计划的国家。这还要归功于墨西哥财政部部长奥古斯丁·卡斯滕斯（Agustín Carstens）的努力。"灵活信贷额度" 计划迎来了第一个客户，卡斯滕斯曾在 2004—2008 年担任 IMF 副执行董事长。随后，波兰和哥伦比亚也在 2009 年 9 月与 IMF 签约。但此后却再无进展。到目前为止，也只有这三个国家接受了 "灵活信贷额度" 计划，尽管这几个国家的国际地位都很重要，但没有一个大国，而且这些国家本身也一直在通过积累外汇储备实现自我保险。从 2009 年 5 月到 2012 年年底，这三个国家的外汇储备总额从 1 680 亿美元增加到了近 3 000 亿美元。

"灵活信贷额度"的设计难道就更合理吗？有趣的是，确有部分证据显示，对于这三个符合贷款条件并与 IMF 签署该计划的国家，其借款成本有所下降。不过，考虑到仅有这三个国家，且他们又缺乏代表性，因此，这些证据显然还不具有结论性。归根到底，在任何情况下，"灵活信贷额度"计划带来的好处还远不足以抵消它造成的污名效应（Stigma Effect），因为此后该计划再无接受者。

"灵活信贷额度"计划始终未得到普及，这或许不应该是什么意外的事情。很多国家担心，与 IMF 签约获得信贷额度不仅不能显示实力，相反，它只能向外界传递出一个信号：本国或将遭遇危机。这或许会吓到外国投资者，以至于获得 IMF 的保险反而变成他们必须敬而远之的警报。

他们的另一个顾虑是，如果一个国家符合条件，而且完全有资格享受该信贷额度，却因为政策调整而无法获得续约。因此，当该国要兑现贷款额度时，而 IMF 从既定标准出发，却不得不拒绝该国的请求。IMF 的拒绝无疑再次向市场传递一个信号，该国的政策正在恶化，并就此引来外界对潜在问题给予不必要的关注。

但 IMF 绝对不会轻易放弃潜在商机。它认为，造成这种结果的原因或许是标准过于苛刻，但又不想彻底取代"灵活信贷额度"计划。于是，IMF 又创建了一个新的计划：预防性信贷额度（Precautionary Credit Line，简称 PCL）。该计划于 2010 年 8 月 3 日正式公布，尽管预防性信贷额度的推出不像灵活信贷额度那样高调，但 IMF 依旧希望能得到成员国的广泛接受。

"预防性信贷额度" 粉墨登场

作为灵活信贷额度的远亲，预防性信贷额度计划的对象为"拥有稳健的政策和经济基本面，但因尚存某些缺陷而无法满足'灵活信贷额度'计划严格条件的国家。"

换句话说，对于有资格使用该计划的国家，尽管 IMF 不完全认同其政策，但愿意给予他们开放式的信贷额度。结果再次出人意料，只有一个国家自愿接受 IMF 的信用评估，这个国家是马其顿共和国（后改名为"北马其顿共和国"）。其政策不能完全达到灵活信贷额度的要求，但足够获得预防性信贷额度的条件。

原因很简单：在 AAA 信用等级已经随处可见的情况下，获得 AA 级或 A 级听起来似乎还说得过去，但实际上只会招致外界对一国政策缺陷的关注。

2011 年 11 月，IMF 又在预防性信贷额度基础上推出"预防性和流动性额度"（Precautionary and Liquidity Line，PLL）。尽管两者的缩写差了一个字母，但结果却并未因此而有所改变。迄今为止，调整后的信贷额度始终没能吸引到任何接受者。2013 年 1 月，甚至马其顿共和国也在签约两年后放弃了该计划。2011 年，IMF 对这些信贷计划进行了总结，并在相应报告中用心良苦地指出："成员国对这些计划的兴趣相对有限，这可能反映出各国对自曝家丑的担心，因此，他们更愿意通过增加储备解决自我保险或其他问题，如合格性、可获得性、灵活性及主观性等。"

此外，IMF 还提议，建立一个集成上述计划的全球稳定机制。按这个全球稳定机制，如出现系统性危机，IMF 将迅速介入，并马上对某个国家可能适用哪个计划做出评估。这样，一旦危机到来，该国即可获得相应的资金支持。

这种方法有其内在的风险。在危机爆发时，让 IMF 扮演信用评级机构的角色，判定哪个国家适用于哪个信贷计划，很可能会雪上加霜。因为这必定会引发市场恐慌，进一步加剧形势的恶化。

IMF 被不屑一顾：无法提供全球保险谈何立足

尽管不遗余力，但如何减少对安全性资产的需求，以及如何提高全球货币体系的稳定性，对 IMF 来说依旧是一个无解的问题。这个问题的根源在于，IMF 在国际货币体制中必须兼顾两个关键角色：监督（即监督各国的货币政策及其运行情况）和提供应对危机的贷款。

那么，IMF 在以独立、客观的仲裁人身份评判各国政策合理性的同时，为什么不能为各国提供有效的保险呢？其实，IMF 有足够的理由兼顾两个角色：如 IMF 认为某个公司拥有稳健的财务，而且有一个像穆迪这样的信用评级公司随时监督受援公司的信用状况，这肯定有助于维持评级的质量。就目前形势看来，穆迪对公司（或国家）的评级总体上还被视为具有独立性和客观性，因此，其评级一旦被事实所推翻，必将名誉扫地。

然而，国际问题远非如此简单。事实或将证明，如果将目标定义为通过 IMF 提供全球性保险，以及减少具有系统重要性的新兴市场以增加储备实现自我保险的需求，那么，监督和提供贷款这两个角色就有可能出现根本性冲突。在发挥双重角色的过程中，除上文提到了的污名效应之外，IMF 还要面对如下三重障碍。

首先，它要求相关国家必须执行的（也是最亟需的）紧缩政策，这就使得 IMF 的参与必然会对新兴市场，尤其是亚洲新兴市场造成伤害。尽管代价高昂，但他们有足够动力通过积累储备实现自我保险。

其次，IMF 根本就没有足够的资源，即使 1 万亿美元也算不上什么。尤其是在全球危机大背景下，更显得微不足道。以往，IMF 贷款的价值在于，一个国家因接受贷款而做出的政策承诺，可能招致私人资本涌入。金融危机时期的经历显示，在全球性危机爆发时，IMF 贷款的乘数效应根本指望不上。如果一个国家接受 IMF 的条件并签署贷款计划，他就无法吸引到更多的私人资本。

第三，如果一个符合"灵活信贷额度"等贷款计划的国家出现政策恶化，IMF 就不可能维持原有贷款额度，而不对接受国施加任何事后条件。除此之外，只要是 IMF 给予的，它就可以收回。经验说明，在危机当中，游戏规则可以迅速改变。

上述方法的实质在于调整现有制度格局，以新的方式提供抵御危机侵袭的保险。答案或许很简单，而且就摆在我们的面前。首先，我们必须切断冗余制度的掣肘，找到问题的关键要素：保险。

全球保险基金：解决经常账户失衡的良药？

有些国家的储备积累加剧了全球经常账户的失衡，因此，最关键的问题就是如何矫正这些国家积累储备的动机，以便让他们在制定政策时考虑本国政策对全球金融稳定的影响：这也是一个典型的集体行动问题。显然，这是一个全球性问题，而且其解决方法同样应该是全球性的：通过全球性的保险基金，减少个别国家积累储备的动机，帮助他们将关注点转移到其宏观经济政策给其他国家带来的溢出效应上。

全球保险基金横空出世

上述分析表明，最显而易见的解决方案就是为全球主要经济体建立一个保险基金：主要针对新兴市场，但并不一定完全局限于新兴市场。以下是这种保险基金的运行方式：每个国家首先支付一笔10亿到100亿美元不等的入门费，具体取决于各国GDP规模。这笔入门费构成保险基金的初始资本；之后，参与国家按年度支付保费购买保险，并在危机情况下获取保险。

保费金额取决于参与国打算购买的保险水平，平均数约为保单面值的5%，即如果购买1 000亿美元的保单，每年需支付50亿美元的保费。这个保费水平与通过对冲干预积累储备的财政成本大致为一个数量级；以新兴市场货币为基准，持有储备货币价值每年会给他们带来2%～3%的贬值，具体数据取决于各国间的生产增长率差异，这也是积累储备需要支付的隐形成本。某个年度的保费水平不仅依赖于计划购买保险的总额，还取决于一国的政策质量。如果一国选择承受庞大的预算赤字或是积累巨大的外汇储备，其遭遇危机的概率就会增加，因此，为获得既定金额的保险，这个国家每年就必须缴纳更高的保费。这其中的道理与汽车保险是一样的，如果车主拥有的汽车价格较高，而且驾驶风格更大胆（取决于年龄和性别等可检验的特征），那么，他们需要缴纳的保费也就越高。同样，如果一个国家严守政策规范，就可以享受折扣性的保费。

确定保费的标准必须简单、透明。比如说，可以制定这样一条规则：如果一国的经常账户赤字超过该国GDP的3%，该国就需要缴纳较高的保费。影响保费的其他标准可以是预算赤字、公共债务和外部债务等变量，但均需以相对GDP的比例为准。为维持规则的简洁性，就必须保证，

任何国家都不享有调整权，比如按商业周期的条件调整预算赤字，因为这种调整必然会在不同国家间引发争议，而且难以做出实时处理。

根据各国政策在影响经济稳定性方面的程度和持续时间，其保费水平将出现非线性（加速）变化。对于连年拥有预算赤字或持续累积大量外债的国家，其支付的保费水平将逐年递增。如果一国需要的保险金额相对其经济体量而言很大，那么，该国需缴纳的保费水平就要以非线性形式增加。也就是说，如果一个小国需要大量保险，该国需缴纳保费水平的递增速度将超过所获保险的递增幅度。随着保费及保险基金的规模不断增加，所有国家缴纳的保费水平都会逐渐减少。

这是一种建立在规则基础上的透明化运行机制，强化了道德说服的力量，它至少可以激励各国将本国政策造成的一部分溢出效应内部化。但保费水平不涉及任何潜在的污名效应或信号效应，因为它所依赖的国家变量都是众所周知的信息。对于这种保险机制的最初版本，很多评论人士一直认为，保费可以和衡量国家风险的市场化指标联系到一起，如债务规模或政府债券信用违约互换的利差等。但如果保费因某些与市场基本面有关或无关的市场情绪而产生波动，那么，决策者肯定不愿意参与这样的保险计划。毕竟，市场未必总是正确的。

大打折扣：仅适用于流动性危机且风险不共担

保费收入将投资于由美国、欧元区或日本政府债券构成的组合。为获取对部分债务的融资，美联储、欧洲央行和日本央行就必须在危机时增加对保险基金的信贷额度。按事前约定的互换安排，三家央行必须在危机爆发时根据实际情况为其他国家央行提供流动性，而上述补偿机制的本质就是将这种互换安排制度化。

保险赔偿应采取有效期为一年的贷款额度形式，而非直接拨款。贷款利率应为非惩罚性的，并以保险基金出资国的短期政府债券收益率为基准。使用保险的国家必须在一年内以获取贷款时采用的货币偿还所借款，这一点非常类似于本章前面讨论的货币互换额度。因此，如果一国货币在借款后的年度内出现贬值，那么，该国按本币计算的负债就会相应提高。在某种程度上，这一特征会激励通过信贷额度获得庇护的国家不再坚持外部性较强的政策。在完全偿还对保险基金的前一笔借款之前，一国不得另行借用新保险。在提取信贷额度后，如果一国希望在随后一并续借其保险，但在政策改善方面又没有取得明显进展，那么，该国就必须大幅提高其保费水平。

因此，此类保险仅适用于流动性危机，即极端暂时性现金流短缺。如果一个国家陷入长期性偿付能力危机，因而不能及时履行其偿债义务，那么保险补偿只能给该国带来非常有限的喘息空间。有些人或许会认为，储备积累的目的是为了防御偿付能力危机，因而应将这种保险机制当作抵御流动性风险的手段。一旦某个国家丧失信贷额度，而且即将爆发偿付能力危机，但又不存在流动性问题，那么，保险机制就会将保费提高到惩罚性水平。但它们的属性在事前是很难判断的，往往只能在出现之后才能确定。在这种情况下，该国就只能求助于 IMF 的传统借款，并接受一系列苛刻条件。

例如，希腊就不属于适用这种流动性保险机制的国家。早在财政危机爆发之前，希腊的预算赤字和债务水平就已经到了无法忍受的程度。因此，纵然希腊能获得这种保险救助，也必须支付极高的保费。事实上，即使希腊政府有能力承受这么高的保费，但通过这种保险计划获得的信贷额度也不足以解决问题。实际上，信贷额度之所以非常有限，是因为按照希腊当前的宏观经济形势，要获得超过最低限度的保险，需要缴纳的保费水平肯定是希腊政府无力承担的。显然，希腊面对的是财务偿付问题，因为该国的债务水平持续上涨，且属于不可持续的，而非暂时的流动性问题。

本章介绍的保险机制不同于传统意义上的商业保险，后者的原理是建立风险池，实现风险共担。例如，通过大量增加汽车保险池的参保人数，就可以让每个人支付最低限度的保费，因为在这个参保人群中，实际发生事故而需要赔偿的人毕竟只占一小部分。但是在上述的国家保险建议中，实现这种风险共担要困难得多，因为主要风险可能是全球性的，而且会影响到每一个国家，比如金融危机就属于这种情况。

此外，这种风险很难从保险精算的角度对保费做出准确定价，从而保证一定时期内的保费总额等于预期赔偿金额。这种困难体现在，从理论上来讲，如果潜在危机是全球性的，各国间的主要风险必然存在极高相关度。该计划极为简单，便于国际清算银行等国际机构执行其相应的管理任务。

国际清算银行的使命在于"帮助各国央行维护本国货币和金融系统稳定，在相关领域建立国际合作，并担任央行的银行"。这一使命与保险计划的目标和结构不谋而合。由于国际清算银行本身并不负责监督各国政策，因此，它可以作为中立方负责该计划的运营。

该建议的核心在于，在相关国家遭遇重大全球性危机时，它可以将主要发达经济体央行或 IMF 提供资金支持的方式非政治化。这样，IMF就可以集中精力履行自己的分内之事：监督各国宏观经济政策，修复各国因政策失误而对国内外债务出现偿付危机。

高性价比的保费与可能的道德风险

对一国政府来说，为这种保险支付保费在政治上是否可行呢？鉴于该方案的成本低于（或至少不高于）为实现自我保险对冲其储备所带来的财政成本，而且不会招致任何货币风险，只需缴纳相对较低的保费即可。因此，对一国政府来说，在国民面前为参与此类计划找到足够理由应该不是什么难事。而对新兴市场来说，保费只不过是他们为摆脱 IMF 魔爪的控制而支付的一笔小代价。

还有一个道德风险问题：政客会因本国得到保险的庇佑而采取不够严谨的政策。很多保险计划都会招致道德风险问题，由于保险会让人们感到，只要遭受损失，他们就可以获得保险赔付，因而导致被保险人放松戒备。比如说，如果一个车主为自己的汽车购买了全额防盗险，那么，他就会对汽车是否上锁以及停车位置是否合适等问题漠不关心。

如果将一个国家的政策及其实施结果置于公众的监督视线下，道德风险就不会成为什么大问题。另一个相关的问题是，投资者或许更愿意借钱给那些获得这种保险的国家，因为在他们看来，自己的债务肯定是可偿还的。此外，还有可能造成财政上的奢侈浪费。提高保费相对于债务的水平，即可克服这个问题。

如何在规避污名效应的前提下广泛参与

大国，尤其是主要新兴市场愿意参与这种保险计划吗？ G20 国家的广泛参与是削弱污名效应的基本前提。寻求保险这种行为本身或许就是一个国家存在问题的信号。

对健康保险补贴，通过强制的普遍性参与而扩大保险群体的规模，可以减少保费水平和逆向选择问题。对本书所讨论的保险，之所以要强调广泛的强制性参与，主要目的就是为了规避污名效应的影响。

实际上，解决这个问题的方法很简单，那就是将参与该保险基金作为加入金融稳定委员会（Financial Stability Board）等实体的前提，但参与保险基金不一定保证能成为该委员会的会员。当然，每个国家都希望能在金融稳定委员会中谋得一席之地。该委员会成立于 2009 年，在为国际金融制定基本规范的过程中发挥了关键性作用。这个前提不仅有助于消除污名效应，而且还有整合各国金融及宏观经济政策的好处，毕竟，经济和金融政策的协调是实现全球经济发展目标的关键。

当然，任何国家都没有义务一定要购买这种保险计划，但是要成为这个保险基金的一员，就必须缴纳最基本的会员费。低收入国家或许没有能力购买这样的保险。但他们同样需要以发展为目的的帮助，而不只是抵御货币危机。因此，尽管该保险基金最初也欢迎其他国家参与，但主要对象还是主要新兴市场或许多中低收入国家。

为新兴市场特制的成本低廉的"保护伞"

如果说这种保险计划会减弱各国以积累储备，实现自我保险的动机，那么，它还会通过提高借款成本，让发达经济体严守财政政策的约束。因为挥霍无度只会让其他央行减少购买该国的政府债券。即使保费收入还是要投资于发达经济体的债券，但肯定会远低于新兴市场为实现自保而积累的储备金额。

此外，这种保险计划还会推高发达经济体的市场利率，从而抑制私人资本流动，而这种资本流动的"推手"恰恰就是发达经济体的低利率。始终让新兴市场担心的一个问题是，美国及其他发达经济体制造的廉价货币不利于他们的资本流动，并导致其国内宏观经济管理的复杂化。

因此，这种保险机制显然是对这些新兴市场的一种庇护。

此外，此类保险还有助于区分外汇干预及相关储备积累的两种动机：预防性动机和重商主义动机。在某些新兴市场的决策者看来，参与保险和维持贸易竞争力的附带收益，将在很大程度上抵消积累储备带来的成本。由于这些保险机制为新兴市场提供了一种成本更低廉的方案，因此，在他们试图以干预外汇市场而维护其贸易竞争力时，必然会更多地考虑到干预成本。

尽管全球金融稳定性符合每个国家的利益，但同样也需要解决集体行动问题。这种保险计划则有助于纠正不正当的动机。首先，它减少了新兴市场实现自我保险的动机；在遭遇流动性危机时，这些国家在无须满足各种附加条件的情况下，即可获得保险基金的资助。这种资助可以让他们执行更完善的宏观经济政策，而不是只盯着积累储备。其次，它降低了全球性宏观经济失衡持续不减的风险，同时也减少了出现相关危机及溢出效应的风险。最后，它还创造了一种透明度较高的保障机制，在一定程度上将一国政策给其他国家造成的影响予以内部化，或者至少让这种溢出效应显现化。

纸上谈兵：国家性保险何时才能付诸实施

现有的各种制度安排，譬如央行的互换额度、地区性储备基金以及灵活的 IMF 计划，尽管在原则上是合理的，但显然还不足以为相关国家提供直接有效的保险。且上述安排也不可能造成安全性资产的需求大幅减少。本章讨论的这种保险机制是一种形式简单的国家性保险，尽管在理论上简洁清晰，但迄今为止还停留在理论层面。遗憾的是，全球货币体系马上摆脱当前结构的可能性几乎是不存在的。现有国际金融机构当然也不可能急于给自己制造竞争对手，而且主要发达经济体也没有动机兴风作浪。总之，本书第 14 章和第 15 章的分析将表明，随着对全球安全性资产的需求不断升级，而供给的相对有限，美元的统治地位正在日趋稳固。但美元的竞争对手早就觊觎已久，某些对手甚至已经开始行动，随时填补美元留下的空缺。现在，我们不妨看看有可能取代美元的某些主要货币，听听那些跌宕起伏、趣味横生的故事。

第四部分
货币战争

作为世界第二大经济体，中国的持续成长是否意味着人民币未来将替代美元成为储备货币？

新型货币的诞生是否预示着美元的地位已经无足轻重？最大债权国是否会引爆手中的美债核弹来报复美国？

货币战争激战正酣，以美元为中心的均衡体系犹如一个处于临界状态的沙堆，只需移动几粒沙子，沙堆就会崩塌。

美元陷阱或止步于美元的崩溃，但在灾难来临之前，人们对灾难的担忧反而让这种脆弱的均衡变得愈加稳定。

THE
DOLLAR
TRAP

第 12 章
人民币国际化
中国是否已经做好准备？

————

在理想与现实之间……

在理性与创造之间……

总有阴影重重。

《透明人》(*The Hollow Men*)

托马斯·斯特恩斯·艾略特(T. S. Eliot)

事实上，在人类文明史中，没有任何事物是永恒的，而美元的统治地位经受同样命运的可能性也十有八九。尽管货币间的实力对比斗转星移，但大多也只能维持一两代人时间。代际转移的节奏可能快得令人眼花缭乱，即使这种变化的酝酿可能耗时长久。

因此，最重要的问题并不是美元是否能成为永久的全球头号储备货币，而是它的领导地位还能维持多久。另一个根本性问题是，美元是否会让位于另一种货币，或整个储备货币体系被另一套不同的体系所替代。在本章和第13章里，我们将首先剖析第一个问题。随后，我们再探讨第二个问题，后者也是更重要的一个问题。

跃跃欲试的人民币，咄咄逼人的美元对手

全球金融市场已高度发达，因此，美国的领导者地位已岌岌可危，尽头似乎就在眼前。即便是像中国香港和新加坡这些相对较小的金融中心，也在不断挑战美国的地位，至少已构成威胁。他们提供的金融产品

和金融服务在范围和复杂性方面，丝毫不逊色于任何传统意义上的金融中心。此外，随着金融交易越来越多地依赖电子化平台，物理距离和时间跨度或许已不再像以前那么重要了。如果一个国家拥有蒸蒸日上的新型金融市场，只要这些市场拥有良好的监管，而且有值得信赖的政府机构提供强有力的支持，那么，这些改变必然让他们在全球金融战役中赢得公平竞争的机会，不断提升自己的竞争力。

那么，其他货币取代美元，并成为全球货币体系核心的前景又如何呢？或是从事实角度出发，是否存在现实可行的选项，不断侵蚀美元的体制地位，让美元仅被当作货币游戏中的众多参与者之一呢？

在很大程度上，这些问题的答案取决于，美元的潜在替代者是否已经做好了登堂入室的准备。

很多发达经济体前景不佳，最理想的情况也只能说是弱势增长，因此，他们的货币也在日渐衰微。可以说，在它们中间，似乎还找不到任何一种货币能向美元发起真正有威胁的挑战。地域相对有限，但经济实力异常强大的欧元区似乎大有让欧元重登巅峰的势头，但真正实现这个目标还需假以时日。于是，就只剩下新兴市场的货币了。这些经济体增长势头迅猛，并在世界经济中扮演着越来越重要的角色。从现有规模和发展趋势看，中国可能疾走先得。

目前，中国已成为世界第二大经济体，也是对全球经济增长贡献最大的国家。或许在不远的将来，中国就会超越美国，成为世界上最大的经济体。因此，人民币登堂入室，成为主要国际货币似乎只是一个时间上的命题。不过，眼下讨论人民币还为时过早，因为中国既未实行弹性的浮动汇率制度，也未开放资本账户。这两点恰恰是一种货币在国际金融市场上成为主角的基本前提。

然而，中国政府近期采取了一系列措施，希望提高人民币的国际化使用程度。考虑到中国的经济体量及其在全球 GDP 和贸易中持续提高的份额，这些措施正在形成巨大推力，并预示着人民币必将走上国际主要货币的舞台。

在本章里，我们将讨论人民币的发展前景，并在第 13 章里对更多潜在的国际性货币及其他储备资产加以剖析。

人民币国际化的三大"拦路虎"

国际社会对人民币的颂扬显然有些夸大其词，甚至有评论人士称人民币即将取代美元成为全球最主要的储备货币，让美国人对中国感到心生畏惧。姑且不论好与坏，单就事实而言，显然并不令人振奋。

首先，最重要的问题就是要厘清某些基本概念。实际上，对于货币在国际金融体系中扮演的角色，它存在着三个相互关联又相互区分的方面，而坊间有关人民币的讨论，则大多将这三个方面混为一谈：

> **资本账户的可兑换性。**一国对金融资本流入和流出本国的限制程度。开放资本账户对跨境资本流动的限制最小，它意味着，本国的货币可以按市场汇率自由兑换为其他国家的货币（反之亦然）。
>
> **国际化使用。**货币用于对跨境贸易及金融交易进行计价和结算，也就是说，这种货币可作为进行国际交易的记账单位和交换媒介。
>
> **储备货币。**外国中央银行持有以某种货币计价的资产，用来防备国际收支遭遇危机。

一种货币的可兑换性及其国际化使用是两个完全不同的概念，两者之间相互不为充分或必要条件。通过下文分析，我们将看到，尽管中国对资本流动依旧进行严格限制，但人民币在当前国际交易中的使用确实在不断增加。

在当前情况下，虽然有很多国家已经充分开放资本账户，但其货币却未能在全球市场上得到普遍运用。另一个值得关注的误区是，一个国家充分开放其资本账户，并不一定意味着它一定会采取以市场为基础的浮动汇率制。比如说，中国香港地区很早就开放其资本账户，但它的货币局制度[1]，实际上就是采取了盯住美元的汇率制度。因此，只有同时具备资本账户的可兑换性、国际化使用和浮动汇率制这三个条件，才是一种货币成为储备货币的必要条件。在本章里，我们首先考虑中国在这三个方面到底取得了哪些进展。

中国开放资本账户的时机和路线图

在原则上，中国依旧对资本的跨境自由流动实施严格限制。但随着时间推移，很多针对资本流入和流出的限制已有松动，这也在一定程度上刺激了人民币作为国际性货币的使用。在大多数情况下，这些限制只是有所松动，但绝非一次性的彻底取消。

最近几年，中国政府始终鼓励企业和包括养老基金及保险公司在内的机构投资者走出国门，以抵消贸易顺差及资本流入带来的人民币升值压力。此外，针对资本流入的控制措施依旧存在，但控制程度却在逐步

[1] 货币局制度（Currency Board Arrangement），从法律上隐含性地承诺，本国货币按固定汇率兑换某种特定货币，同时限制官方的货币发行以确保履行这一法律定义。

放松。对于外国直接投资，中国政府始终采取欢迎的态度。目前，政府已开始允许经过筛选的外国投资者进行更广泛的投资，借助于合格境外机构投资者（QFII）政策投资于中国的股票和债券市场。

除了对资本账户限制之外，评价一国金融开放程度的另一种指标就是这个国家持有的外国资产及债务总额。中国的对外总头寸规模持续增长，仅在 5 年时间里就翻了 3 倍。2012 年，已突破 8.5 万亿美元。这个数字甚至已经超过了其他主要新兴市场以及瑞士的对外总头寸，但还不及其他主要储备货币国。目前，中国的对外资产及对外负债总额与 GDP 的比率超过 100%，相对于反映经济总体规模的指标而言，对外头寸总额对 GDP 的比率更适用于反映一国的经济开放度。按照这一指标，尽管中国的实际金融开放度超过大多数新兴市场，但还远远滞后于所有储备货币发行国。

简而言之，尽管中国始终执行全面的资本控制制度，但已经开始审慎而有选择性地取消或放松了部分管制。正是由于在资本控制方面的放松，使得中国的资本账户正在表现出越来越明显的开放性，但距离放开资本自由流动显然还有相当长的距离，而这也是储备货币的基本特征之一。

渐行渐远：人民币离岸与在岸价格背离

1997—2005 年，人民币采取了盯住美元的汇率机制。从 2005 年 7 月开始，中国政府允许人民币对美元缓慢升值。随着全球金融危机爆发，人民币恢复盯住美元，并在 2010 年 6 月再次取消。尽管中国在人民币实现浮动汇率制的进程中采取了一系列措施，包括将汇率围绕前日中间价的日波动幅度扩大到 ±1%，但始终对人民币与美元的汇率实行严格管理。

目前，人民币实现了在岸金融市场和离岸金融市场的交易，因此，通过限制两个方向上的资金流动，资本账户管制有助于实现控制人民币价值。人民币在这两个市场上的汇率符号分别为 CNY（在岸）和 CNH（离岸）。在岸交易通过由中国人民银行管理的中国外汇交易系统（China Foreign Exchange Trade System）进行，而离岸交易主要由香港银行间市场（Hong Kong Interbank Market）完成。人民币在上述市场上的交易需遵守政府的监管体系。在岸市场必须遵守中国大陆的资本账户管制，因此，人民币在该市场上的价值接受中国人民银行的管理。相对于在岸市场，离岸市场则较少受到中国政府的直接控制或干预。

自 2010 年年底以来，两个市场上的汇率走向在总体上还是同步的，反映出中国在岸金融市场与离岸金融市场一体化程度的不断增强。两个市场间的资金流动仍然受资本控制及其他监管规则的严格管制，因此，它们之间的一体化进程还远未完成，而且两种汇率常会出现背离的现象。

不可调和的矛盾：放开资本账户却管制汇率

在实现汇率完全浮动之前率先开放资本账户，这样的做法是否可以说，中国正在本末倒置呢？这种安排通常会带来高风险。由于固定汇率或者严格管理下的名义汇率不能发挥缓冲器的作用，导致对资本流波动性的管理难度更大。比如说，当净资本流入因国内利率上调而增加时，汇率通常会上涨，这就进一步限制了因货币升值带来的资本流入。固定汇率制度破坏了这种自我调节机制，进而引来更多的资本流入，加剧了资本流动的波动性。

另一个风险来源是，开放资本账户往往会催生外债的积累。中国的外债不足 GDP 的 10%，而对外资产的净额则在 2012 年年底达到 1.7 万亿美元。换句话说，中国拥有的对外资产不仅足以偿付外债需要，而且远超过其对外债务的总额。因此，中国的外债在结构和规模上均不会招致大的风险。

如第 4 章所述，最大的风险可能在于国内。严格管理的汇率制度和不断开放的资本账户相结合，限制了中央银行通过利率等货币政策工具管理国内增长和通胀的能力。中国同样不能规避这种束缚。尽管资本控制的范围依旧广泛，但中国的资本账户实际上并未开放，尤其是在中国与其他国家的利息差扩大的情况下，逃避资本控制的动机更为强烈。不妨以当前形势为例：美国以低利率推动经济增长，而中国则需以高利率抑制通胀。在这种情况下，中国央行就会被迫上调利率，但这又会吸引外资流入，进而增加货币升值压力。事实上，仅是对人民币价值进行严格管理引发的人民币升值预期，就有可能加剧投机性的资本流入。

此外，强化资本流动控制也有可能给整个金融系统带来风险。直到最近，中国政府还一直对银行贷款设置了利率下限，并同时对银行存款设置利率上限。最低贷款利率和最高存款利率之间的差额，形成了银行的净利差。由于银行间缺乏竞争，使得上述利差不会自动下降，从而让银行得以坐享不菲利润。这种利润是以存款人付出的高利率为代价的。存款利率上限意味着，在过去几十年里，经通胀率调整后的实际银行存款利率很低，甚至是负利率。在维持存款利率上限的同时进一步放开资本流出，必然会导致家庭和企业将放置在银行的存款转移到离岸市场。大规模提存不仅会给银行带来损失，甚至会让整个金融体系承受压力。

那么，中国到底应该对这些风险给予多大程度的关注呢？中国政府不仅对金融市场拥有足够的控制，也拥有充足的资源来支持银行运作。因此，这些风险可能还不至于酿成银行的系统性危机乃至更广泛的金融危机。除此之外，只要发达经济体的通胀调整后的利率可以继续维持低位运行，中国的银行存款继续由政府给予无形担保，那么，向海外转移资金的动机就十分有限。

尽管我们很难为中国勾勒出一个金融危机全面爆发的图景，但中国的银行系统的确存在一些不健全之处，金融体系不受监管的部分依旧有可能诱发严重问题。在国有银行发放的贷款中，很多贷款对象为亏损的国有企业或地方政府为支持当地项目建立的空壳公司，这些贷款全额偿还的可能性很低。储蓄者和借款者也开始远离银行，越来越多地转向非正式金融机构和金融产品，它们既不受政府监管，也没有政府提供的隐形担保。

逐渐开放的资本账户很有可能导致某些问题不断激化，甚至演化为危机。那么，中国到底如何保证其所进行的一系列改革始终维持正确的方向呢？

摸着石头过河会不会摔倒呢？

中国以循序渐进的方式谨慎有效地实施了各项改革。首先，在少数省份进行试点改革，经过去伪存真的甄别之后，然后在全国范围内普及。在经济改革这个问题上，中国是少数真正系统性采取"边干边学"策略的国家之一，首先从简单的措施做起，然后在实践中不断汲取教训，最后将经过实践检验的改革措施推向全国。

2006 年，拉格拉迈·拉詹和我发表了一篇有关中国改革的文章。这篇论文包含两个观点。第一个观点是，在改革进程中，中国已进入到以渐进式改革根本不足以解决现实问题的阶段。实际上，无论是这篇极富说服力的论文，还是其他评论人士的观点，有一点应该是毋庸置疑的："边

干边学"也有局限性。我们在这篇文章中指出,渐进式改革策略或许已
经不再适合于中国,尤其是在汇率弹性和开放资本账户这样的问题上。
道理很简单:如一国逐渐提高汇率的弹性,即使实行资本控制,资本也
会涌入这个国家。因为在这种情况下,货币升值可能成为所有人的唯一
赌注。另外一个观点是,根据 2005 年我与托马斯·鲁姆博夫(Thomas
Rumbaugh)、王庆以及 IMF 同事进行的研究,拉詹和我认为,保证顺序
的正确性至关重要。对中国来说,在开放资本账户之前实行弹性汇率制
度,才是最符合逻辑的路径。

不失控的渐进性开放:中国特色的资本账户自由化

中国则向我们证明,第一种路径在某些方面是错误的,而且他们也
正在实施第二种策略。在改善弹性汇率方面,中国始终进展缓慢。在开
放资本账户方面,步伐快速但幅度却非常有限,而且必将继续维持严格
管理。中国政府喜欢让一切都处于可控状态,而且不承担任何重大风险。
很明显,即便是对于大规模的宏观经济改革,他们也希望能采取类似措
施。那么,他们会如何在不失去对资本账户控制的前提下实施渐进性的
开放呢?

2007 年之前,中国的贸易顺差持续增加,普遍存在于投资者中的人
民币升值预期以及受益于中国经济增长的想法,造成了大量的资本涌入,
使得人民币一度承受巨大的升值压力。为抵消大规模资本流入的影响,
中国政府积极鼓励一部分私人资本走出去。

2007 年 8 月,中国政府推出"港股直通车"计划,为大陆的散户
投资者直接购买在香港股市交易的股票提供渠道。由于预计会有大量资
金涌入香港股市,香港恒生指数应声暴涨,并在 10 月份创下历史新高。

考虑到该计划不仅会成功，而且完全有可能取得超乎想象的成功，以至于导致整个局面失控，因此，中国政府开始重新审视这项计划。监管者最担心的是，在整个股市阴云密布的情况下大举投资香港股市，可能会导致中国家庭遭受巨大损失。当年晚些时候，就在"港股直通车"计划还尚未完全执行的时候，中国方面暗示无限期搁置该计划。于是，整个计划戛然而止。

中国政府实行资本自由化的第二个步骤显然要安全得多。实际上，我和拉詹在 2008 年发表的另一篇文章中，提出的建议与这项措施不谋而合。我们在文中指出，通过积累储备这种官方渠道循环利用外币流入是无效的。相反，我们认为，通过可控制的方法，如经官方注册登记并设置投资配额的共同基金，允许私人资本流出才是更好的思路。这种方法会减少外汇市场干预的必要性，通过增加对外投资等方式，为私人投资者提供投资组合多样化的机会，并借助强化金融市场的竞争来推动中国银行业改善绩效水平。

实际上，这也是中国政府实行"合格境内机构投资者"（QDII）政策的实质，根据这项在 2010 年推出的计划，资本流出将在可控前提下实现增长。QDII 的范围涵盖证券公司、资产管理公司以及保险公司等其他大型机构投资者。QDII 可以集中散户投资者的资金，并以规模较大的资金投资海外。当然，尽管投资风险是客观存在的，但是和普通的散户投资者相比，QDII 毕竟拥有更完善的信息和更专业的投资管理能力，这些优势有助于改善投资的风险—收益状况。更重要的是，政府每年发放具体的投资配额，因此，QDII 模式让政府对资金的离岸时间和方式拥有更强的控制力。

尽管 QDII 模式运行良好，但考虑到"直通车"带来的经验，中国政府还是对有可能摆脱控制的新投资渠道心有余悸。既然如此，中国怎么循序渐进地放宽控制，允许人民币在国际金融市场中扮演更重要的角色呢？在不开放资本账户并允许人民币自由进出中国的前提下，他们又如何推进以人民币计价的贸易和金融交易呢？同样，中国再次将目光盯住了香港。

艰难的人民币国际化：以香港为基石，以亚洲为立足点

香港不仅拥有高度复杂的现代化金融市场和强大的监管及其他相关机构，而且与中央政府保持高度一致。因此，香港为中国政府进行政策改革提供了最完美的试验场。

香港允许中国政府试验性推行人民币国际化使用，并接受后者监管。这样，当局不仅能维持内地金融市场与香港市场的隔离，而且能随时把握形势发展，一旦改革导致局面可能失控，中央政府就可以轻而易举地中止试验。另一方面，作为国际金融中心，香港可以积极推进人民币的地位，至少可以提高人民币在亚洲地区的重要性。

实际上，中国在很多年前就已开始尝试把香港作为推进人民币国际化的试点地区。早在2004年，中国政府既已允许香港居民开立人民币存款账户。2007年，中国开始进一步采取推进人民币国际化的措施，且大多数政策均以香港为平台。

考虑到中国贸易总量的迅速增长，鼓励在贸易结算中更多地使用人民币，显然是货币国际化进程中符合逻辑的一个步骤。自2009年首次推出人民币国际化措施以来的较短时期内，以人民币结算的跨境贸易持续快速增长。2012年，以人民币结算的贸易总额达到4 650亿美元，相

当于中国商品服务贸易总额的 11% 左右。

　　和中国其他大部分数据一样，贸易数字背后同样隐藏着故事。在最初两年里，进出口贸易的结算数据是可以单独获得的。这些数据表明，以人民币结算的贸易主要针对进口贸易。当中国进口商以人民币支付进口款项时，外国贸易商就可以获得难以通过其他渠道在海外得到的人民币。

　　相比之下，以人民币结算的出口业务相对较少则意味着，对于中国出口商的接受方，要么是持有有限的人民币存量，要么是拒绝减少人民币的持有量。

　　对于贸易结算的这种单边性特征，一种解释是，它反映了国外贸易商笃定人民币必将升值，因而尽可能多地持有人民币。此外，中国的贸易、金融与全球市场一体化程度的提高还有另外一层含义：对人民币的对外价值进行严格管理将变得越来越困难。截至 2012 年下半年，随着人民币升值压力缓解，人民币结算贸易在进出口交易之间的比重趋于均衡。

　　要用人民币进行贸易结算，首先应有权使用人民币。为支持此类交易，香港银行间市场于 2006 年 3 月启动人民币结算系统。该系统可以提供票据交换、汇款处理以及银行卡支付机制等服务。

　　另一个重大变化是增加人民币债券的发行量，这种债券被称为"点心债券"（Dim Sum Bond），即在香港发行的人民币债券。尽管这些举措在规模上很有限，却备受关注。不过，离岸人民币市场出现的各种形态和迅速发展意味着，人民币至少已经在亚洲的贸易和金融交易中找到了立足点。

直接结算，摆脱美元盘剥

除此之外，中国还积极采取措施，通过与主要贸易伙伴签署双边货币互换协议推进人民币国际化。2010 年 12 月 15 日，人民币对卢布的直接交易在莫斯科银行间外汇交易所正式挂牌上市。与此同时，上海也正式开展卢布与人民币的直接交易。2011 年 6 月，中国人民银行与俄罗斯联邦中央银行正式签署双边本币结算协定。

这些措施为两国以本币开展双边贸易结算，摆脱对美元的依赖创造了条件。尽管涉及金额还非常有限，但前景极为光明。中国对能源的如饥似渴以及俄罗斯能源出口的迅速增长，可能会导致两国间的贸易量及本币结算量迅速扩大，从而大幅减少以美元结算的贸易额。2012 年 12 月，中国与韩国达成协议，在双边贸易中扩大人民币与韩元的使用量。2013 年 4 月，中国与澳大利亚签署双边货币直接交易协议，后者也是中国最主要的大宗商品进口国之一。

在这些双边协议中，最有可能重塑亚洲地区金融的协议当数中国与日本在 2011 年 12 月签署的协议，两国央行约定，提高本币在双边贸易和投资中的使用量。两国间的贸易额在 2012 年即已达到 3 300 亿美元，而双边资金流动估计不低于 1 500 亿美元。

不过，从全球总体水平上看，即便假定这些目前以美元结算的交易完全以双方本币进行结算，这种转换带来的影响仍很有限。但随着时间推移，这种影响可能会不断扩大，因为货币交易成本及汇率不确定性下降，必然会促进两国间的贸易和资金流动。

成为主要储备货币，人民币还需长途跋涉

资本账户开放程度的提高，以及人民币在国际金融市场上认同度的提高，人民币成为国际储备货币的预期是否确信无疑呢？部分经济学家始终认为，仅从经济规模和发展趋势看，就足以让人民币最终成为全球主要储备货币。

尽管中国过去 30 年里的增长令人振奋，但有一点还是必须牢记的：在还没有富裕之前，更重要的是，在还没有建立发达的金融市场或是总体上有效的公共机构之前，中国就已经成为有影响力的大国了。毕竟，如果规模是主要标准，那么，对于瑞士这种在 GDP 上仅相当于不到中国 1/10 的小国，其货币就不可能成为世界主要储备货币。毫无疑问，金融市场的发展水平已成为衡量一种货币国际地位的关键性决定因素之一。

从历史上看，每一种储备货币登上国际舞台都有着特殊的历史背景，并因为各种动因而得到加强。然而，这其中都不能缺少一个共同要素：它们的崛起都需要以发达的金融市场为基础。只有这样，才能应对来自外国私人及官方投资者种类繁杂、规模不一的需求。金融市场的发展体现在三个方面：

广度。各种金融工具的可获得性，其中自然包括可用于规避风险的市场；

深度。在特定市场中，金融工具拥有较大的交易量；

流动性。拥有较高的成交量。

若按照上述标准，人民币要成为国际储备货币显然还需假以时日。

扶不起的阿斗：谜一样的中国股市

中国的金融体系依旧以银行为主导，并由政府对银行体系中的大部分机构实施直接控制。中国始终对其他金融市场实施较为严格的监管，而且相对于金融体系其他要素，在政策上也明显倾向于银行业。包括限制银行业竞争和维护银行利润的利率结构在内的措施都阻碍了中国金融市场在广度上的发展。

但不可否认，中国在股票市场上取得的进步令人瞩目。2005 年，中国实施改革，允许中国公司以前不可交易的限售股票上市流通。在此之前，这些公司的大部分股票都是不可流通的，能在市场中活跃交易的股票仅占全部股票的一小部分。这些改革措施带来的影响是非常巨大的。市值和交易量迅速飙升，到目前为止已达到改革前的 6 倍，交易量则增加了 10 倍多。

目前，中国股市的市值和交易量已超过大多数经济体，唯一的例外恐怕就是美国了。理论上，国内外投资者均可以在股市获得以人民币计价的金融工具，但中国依旧对外国投资者投资国内股市实行严格限制。此外，中国的股票市场波动性极大，而且易受到公司治理弱化以及滥用会计政策等因素的干扰。因此，中国股市在深度上严重不足，或许无助于人民币在近期或未来的国际化推广。

政府债券与主要货币发行国相差甚远

中国让人民币成为全球储备货币的愿望能否实现，在很大程度上取决于政府债券市场的发展速度。作为一个储备货币国，首先应拥有高质量、高信用等级的政府债券或是由政府担保的其他债务工具，形成兼具安全性和流动性的资产。

与大多数发达经济体相比，中国目前的政府债券规模还很有限。从正常角度看，这对中国来说应该是一种优势，因为它可以说明这个政府的财政及通胀政策是值得信赖的。就目前这个复杂、多样化的货币体系而言，如果没有兼具安全性和流动性的人民币资产为后盾，人民币成为储备货币的前景必将大打折扣。

如果缺少一个拥有足够规模性和流动性的债券市场，人民币就不可能在国际性交易中得到广泛运用[1]。要提高人民币对外国央行和大型机构投资者的吸引力，就必须让他们能获得大量以人民币计价的政府债券和公司债券，构成其投资组合中的安全性资产。

但按大多数标准，中国债券市场的规模和流动性都远远落后于主要储备货币发行国。尽管国内债务凭证的存量在过去几年里快速增长，但毕竟原有的基础太有限。2005 年之前，中国实际上还不存在由非金融企业发行的企业债券。但是到了 2012 年，金融企业和非金融企业发行的债券凭证总额就已经达到 2.5 万亿美元。2012 年，按各级政府发行的未到期债务凭证的市场价值计算，中国政府债券市场的规模约为 1.3 万亿美元。

因此，中国国内债券市场在 2012 年的市值总额为 3.8 万亿美元，不过，与三大储备货币国（美国、欧元区和日本，见图 12.1）的债券市场相比，这样的规模显然还微不足道。美国的国内债券市场由私人公司发行的可交易债券及各级政府发行的政府债券构成，其市值接近 33 万亿美元。一个有趣的现象是，中国国内未到期债券的数量竟然超

---

[1] 政府债券的周转率（既定年度内债券交易额相对于债券发行量的比率）对中国约为 1，而美国则是 14。除周转率有限之外，中国还对外国投资者参与政府债券市场进行了严格限制，这就有可能影响到本币作为储备货币的使用范围。不过，中国的企业债券市场却拥有相对较高的周转率，这与中国企业债券市场的快速增长密切相关。中国的企业债券市场在规模上约为美国的 1/6。

过了两个主要储备货币发行国：英国和瑞士。这表明，尽管针对外国投资者投资债券市场的限制一直没有放松，但国内债市的规模或许并不妨碍中国货币走向全球。

人民币的地位同样还有赖于它在国际金融交易中的使用情况。外汇市场的交易量反映出一国货币发展成为基准货币的潜力，即用于对交易进行计价和结算的能力。在目前的外汇市场总交易量中，以人民币计价

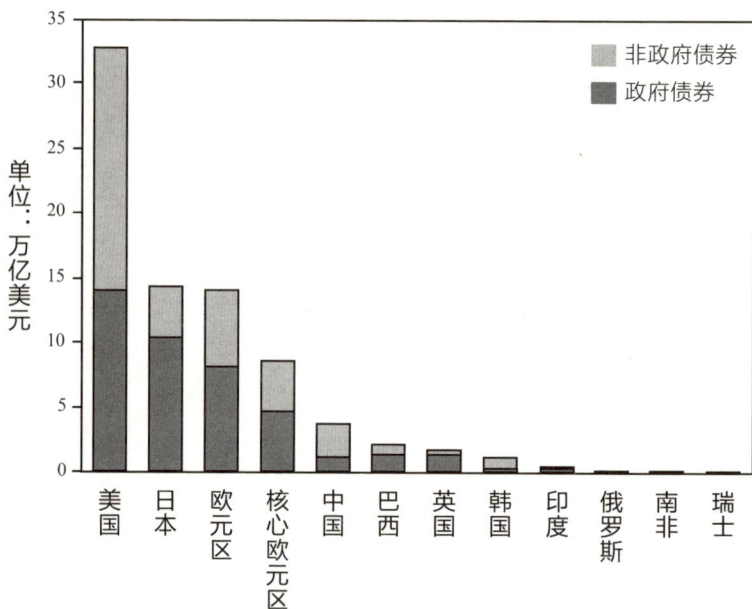

图 12.1　个别经济体的内部债券市场

数据来源：国际清算银行（BIS）。

注释：非政府机构发行的债券包括由金融企业和非金融企业发行的国内债务凭证。政府债券包括由国家、州及地方政府发行的债务凭证。在本图中，核心欧元区包括奥地利、芬兰、法国、德国及荷兰。由于缺少相应的数据，如下国家的数据未纳入欧元区的计算：塞浦路斯、爱沙尼亚、希腊、卢森堡、马耳他、葡萄牙、斯洛伐克和斯洛文尼亚。对于奥地利、芬兰、印度和英国，由于未能获得 2012 年度的数据，因此，采用的是国际清算银行截至 2011 年 12 月的数据。对于荷兰，由于国内数据缺乏一致性，因而以内部非政府债券总额代替内部债券总额。

和结算的交易额还不足 1%。总份额应为 200%，因为每一笔交易均涉及两种货币。但如果按外汇交易额的地区分布衡量，以香港作为外汇交易结算的金融中心，无疑是中国最大的优势。目前，香港在全球外汇市场交易额中占到的比例达到了 5%，而英国和美国则分别为 27% 和 18%，因此，香港这个重要金融中心的存在，最终将有助于人民币在国际储备货币行列中取得一席之地。

因此，上述分析的主要结论可以归结为，尽管中国的金融市场已经有了巨大进步，但它在很多方面上的发展依旧处于落后水平。按照这个关键标准，要赢得储备货币的地位，人民币可能还需经历漫长的跋涉。

在中期内，金融体系的缺陷必将阻碍中国推进其货币国际化的步伐。中国同样不可能逃脱经济规律的束缚，因为某些改革之间是密不可分的。比如说，如果不能在资本账户自由化方面取得实质性突破，中国的外汇市场和衍生品市场就不可能得到充分发展。

金融市场的发展深度成为最大掣肘

迄今为止还不存在一个明确的模板可以规定，一种货币到底需要满足哪些标准才能成为储备货币。但按历史经验，有些标准显然是不可或缺的。基于上述讨论，我们不妨探讨一下人民币在这些标准上的表现到底如何：

经济规模。一国的规模及其在全球贸易和金融体系中的份额，显然是该国货币能否成为储备货币的一个重要决定因素，但还算不上至关重要。目前，中国在全球 GDP 中占有的份额约为 10%，在全球贸易中占有的比重为 9%。如果按购买力平价而不是市场汇率衡量，这个比例可以达到 15%。据估计，2011—1012 年，中国的 GDP 约为全球的 1/4。在全球储备货币的竞争中，规模显然是中国最有力的王牌。

开放资本账户。储备货币必然是一国贸易及金融伙伴可以接受的付款货币，它要求货币本身必须在全球金融市场上易于交易。如果一国对资本流动实行管制，且外汇市场规模有限，易受到政府的直接控制，那么，这个条件就很难满足。中国已开始对资本流入和流出进行循序渐进的选择性开放。不过，尽管资本账户的开放程度确实在不断改善，但资本控制依旧存在。

弹性汇率。储备货币通常是可自由交易的，它们的对外价值由市场决定，但也不排除中央银行在个别情况下对外汇市场实施干预。中国还在执行严格管理的汇率制度，但随着资本账户的开放度逐渐提高，实施这种管理的难度必然会不断提高。

宏观经济政策。要投资于一个国家的主权资产，投资者就必须相信，该国有能力维持低通胀以及公共债务的可持续性，只有这样，其货币才不会招致贬值风险。中国的公共债务与 GDP 之比低于大多数主要储备货币国，而且近年来始终维持较低的通胀率。

金融市场的发展程度。一国必须拥有广泛、深入和高度流动性的金融市场，这样，国际投资者就可以获得一系列以该国货币计价的金融资产。中国的金融市场在广度和深度上始终很有限，在水平上尚欠发达。

尽管中国在第一个标准上占据优势，并且在后三个标准上已经开始迎头追赶，但是在全球储备货币的竞争中，真正决定胜负的还是最后一个标准：金融市场的发展程度。恰恰就是这个领域，中国极为落后。在未来的几年时间里，几乎不可能赶上美国及其他储备货币国。金融发展与一国公共机构及法律制度的质量密切相关，这也是第 15 章将要讨论的主题。尽管金融市场还不够发达，但中国还是一直在努力为人民币谱写一部新剧本。值得关注的是，在提升人民币的国际地位，让人民币在国际金融领域扮演关键性角色方面，中国正在取得进步，尽管这个角色所需要的经济体制还不健全。

势如破竹：正在起飞的人民币

在储备货币之间错综复杂的舞蹈中，人民币已经演绎出令人炫目的舞步，这在一定程度上源于中国政府的政策行为。在这个过程中，中国经济实力的增强，尤其是在国际贸易领域的强势增长，发挥了关键性作用。

欣欣向荣的人民币货币互换业务

2009 年以来，中国人民银行积极采取措施，推进与其他央行之间的双边货币互换额度，为扩大人民币在国际贸易和金融交易中的使用创造了基础。实际上，早在着手开始推动人民币的国际化进程之前，中国就已经与很多亚洲央行设立互换额度。其中大部分为美元与人民币之间的互换，即中国用美元换取对方本币。换句话说，如果交易对方因国际收支失衡或金融危机而出现流动性困难，那么，中国等国家的外汇储备就相当于为他们提供了额外的信贷额度。

与早期的互换协议相比，中国人民银行在 2009 年以后签署的互换协议出现了一个值得关注的变化。目前签署的所有互换对象均为本币，也就是说，中国人民银行承诺将其他央行持有的本币兑换为人民币。2013 年 6 月，已经有 20 家央行与中国人民银行签署这种本币互换协议。按这些协议，人民银行承诺兑换的合计金额约为 2.2 万亿元人民币（相当于 3 600 亿美元）。上述央行的名称以及按相关协议约定的互换额度见附录的表 A.5。在这些国家中，澳大利亚、巴西、韩国和马来西亚等国家均对中国维持着巨大的贸易赤字。对这些从中国进口大量商品的国家，由于可以用人民币进行支付，人民币互换额度或许有助于他们在危机爆发时维持美元储备。尽管金额非常有限，但中国人民银行正在积极努力，试图让更多央行接受并熟悉以人民币计价的金融工具和产品。

不止蓄势待发的新兴市场和较小的发达国家期待人民币互换额度。急于扩大人民币业务，以及让伦敦成为人民币计价交易主要中心的目标，促使英国央行在 2013 年年初开始考虑这种互换额度。英格兰银行高级官员克里斯·萨尔蒙（Chris Salmon）指出：

> 市场普遍认为，如英格兰银行与中国人民银行就互换额度达成协议，市场信心会得到提振。互换原理在于减少市场流动性丧失带来的极端风险，这一点与七国集团及瑞士央行达成的互换协议基本一致。因此，消除思想上残余的不确定性很重要。原则上，英国央行已准备与中国人民银行达成互换额度协议，只待找到双方接受的形式。

这段话在很多方面令人瞩目。它将与中国央行达成互换协议，并提升到与主要发达经济体央行间同类协议的地位。2013 年 6 月，英国央行最终与中国人民银行签署了一份最大金额为 330 亿美元的互换协议，从而成为七国集团中第一家与中国签署互换协议的央行。值得关注的是，法国央行行长克里斯蒂安·诺耶尔（Christian Noyer）也表达了类似意图，法国央行也希望与中国人民银行签署货币互换协议。货币互换协议的激增，绝不是人民币成为国际化货币的唯一路径。

被人民币染红的火箭筒一样能唬人

在理论上，只有以可兑换货币计价的流动性金融资产才能成为一国外汇储备的组成部分。不过，尽管缺乏可兑换性，但人民币已开始出现在个别央行的储备组合中。马来西亚在 2010 年率先掀起了这股潮流，尽管其央行（马来西亚国家银行）从未正式宣布该行已购入人民币资产。其他亚洲央行也在期待着以人民币资产实现外汇储备多样化的一种手段。2012 年，印度尼西亚银行宣布，该行已着手开始通过中国的银行间市场购买债券，以加强其储备资产的多样化。韩国央行和泰国央行也先后宣布，准备通过购买人民币债券实现储备组合多样化的意图。

亚洲之外的几家央行也在购买人民币储备。2011 年，奥地利央行（奥地利国家银行）宣布与中国人民银行达成协议，按协议约定"奥地利国家银行可以通过中国人民银行投资于人民币计价的资产"。为此，媒体发布了一份言辞颇为豪迈的声明："这也是中国人民银行与非亚洲央行签署的第一份此类协议，完全可以将该协议视为中国人民银行与奥地利国家银行建立良好合作关系而迈出的第一步。"不过，就在奥地利央行着手开始购买人民币计价资产时，却被另一家央行先发制人。

2011 年 9 月 5 日，尼日利亚央行发布官方声明，该国"已与中国人民银行最终达成协议，在由美元、欧元和英镑构成的外汇储备基础上，增加人民币为储备货币，以实现储备资产多样化"。当年，人民币债券在尼日利亚外汇储备中的份额约为 0.3%；美元资产的比重依旧高达 90%。在提到购买人民币资产时，尼日利亚央行行长拉米度·萨努西（Sanusi Lamido Sanusi）称"我们设定的最初目标是，人民币资产在外汇储备中的比例达到 5% ~ 10%"。

智利央行投资于人民币资产的时间更早，2011 年中期，人民币资产在其外汇储备中的份额约为 0.3%。2012 年中期，智利央行决定，用外汇储备中的 2% 投资于人民币计价的金融工具。

官方声明及媒体报道披露的信息显示，其他央行也在纷纷考虑在其储备组合中增加人民币资产。有趣的是，在原则上，IMF 并不认为这些国家持有的人民币资产属于外汇储备，因为人民币本身还不属于可兑换货币。但对于这些央行来说，人民币能否自由兑换并不重要，在他们看来，人民币资产与其他货币计价的资产一样，都只是为他们避免国际收支压力提供保险的一种手段。

不妨想想前面提到的"火箭筒"比喻，储备的真正意义在于，它们能够吓跑那些阴谋攻击本国货币的投机者。如果火箭筒的一部分是红边的人民币，而不只是草绿色的美钞，那么，问题的核心就不再是 IMF 认可它是不是构成火箭筒的合法要素，而是在于市场参与者如何看待它。随着经济持续增长，中国正在成为有影响力的国家，人民币储备或许丝毫不逊色于发达经济体发行的硬通货币储备，况且很多发达经济体已今非昔比。

看好人民币，与崛起大国联谊

为什么那么多国家急于和中国签订货币互换额度，甚至在储备组合中直接持有人民币资产呢？我的观点是，与其说这种趋势表明人民币不可避免地走上全球储备货币的圣堂，还不如说，它是基于一种对大概率事件的预期，即人民币实现可自由兑换并在全球范围内得到广泛接受的可能性极高。同样不可否认的是，考虑到中国成为全球经济大国的前景，很多国家有意与中国维持良好的经济关系。

在很多国家与中国签署的互换额度协议中，金额都很小，而且其本身在防御危机能力上没有什么实质性意义。从根本上说，这样的额度应该仅适于贸易结算。

不过，不管金额多少，只要一家央行与中国人民银行达成协议，它就随时可以通过谈判提高互换额度，这样，在互换额度足够大且人民币成为储备货币时，这些人民币资产就可以为他们提供一种额外保护层。即使额度非常有限，但持有一定金额的人民币储备，毕竟是一种向中国寻求庇护的方式。反之，在人民币步入上升期的时候，这种行为也为人民币的国际化提供了动力，中国必然会投桃报李，在他们需要帮助的时候伸出援助之手。

这种与中国人民银行的联谊方式尽管在数量上非常有限，但象征意义却非同凡响，它意味着，对于人民币的稳定性及其在未来国际货币体系中扮演的角色，国际社会的观念已发生了翻天覆地的变化。不管国家大小，也不管是否地处亚洲，如此之多的国家争先恐后地与中国设立双边资金安排，这种现象的确令人瞩目。人民币必将在国际金融领域扮演越来越重要的角色，这似乎已成为共识，而各家央行当然也需要为此做好准备。

人民币向 SDR 发起冲击

2009 年 3 月 23 日，一向睿智而低调的中国人民银行时任行长周小川却掀起了一场轩然大波。尽管二十国集团领导人在货币改革问题上祭出豪言壮语，但在现实中却止步不前，这让周小川感到难以忍受，而他在中国人民银行官网上发表的文章旋即在国际社会引发强烈反响。这篇文章的标题便直指要害"关于改革国际货币体系的思考"。文章指出，特别提款权（SDR）应在全球金融体系中发挥更大作用，并用心良苦地暗示，特别提款权的组成同样需要与时俱进，充分吸纳主要新兴市场的货币。

时任中国人民银行副行长兼国家外汇管理局局长易纲（左）与中国人民银行时任行长周小川（右），2013 年 3 月 13 日（图片来源：李峰，Getty Images）

那么，SDR 到底是什么，人们又为什么会对它斤斤计较呢？SDR 是由 IMF 创造的一种国际储备资产。SDR 并不是一种现实的资产，而是一种仅存在于 IMF 的账面资产，其价值取决于由四种货币构成的一揽子货币：美元、欧元、日元和英镑。SDR 按 IMF 成员国在基金组织中的投票权进行分配。由于分配给成员国的 SDR 可通过 IMF 兑换为上述四种硬通货币，且无须回答任何问题或附带任何条件，因而相当于增加了各国储备。需注意的是，这四种货币均作为可兑换货币进行交易，而人民币则不属于可兑换货币。

提高 SDR 地位的建议，实际上就是毫不留情地对美元发出警报。此外，周小川的观点还被广泛地解读为，将人民币纳入 SDR 货币篮子的诉求。归根到底就是让人民币的国际地位得到普遍认可。实际上，SDR 甚至没有接纳某些规模不大的储备货币，如瑞士法郎。

盖特纳 PK 萨科齐：人民币冲击 SDR 战争打响

有关将人民币纳入 SDR 货币篮子的讨论在 2011 年达到了顶峰。作为当年二十国集团峰会的主办者，法国政府曾在不同场合提出这个建议，并认为这是实现国际货币体系改革的关键一步。

法国提出，推进这个建议最好的办法就是在峰会前的预备会议上对货币问题展开"学术性"讨论。为此，法国政府说服中国在 2011 年春季针对国际货币问题召集了一次国际会议。当年 3 月，由法国政府发起并主办的"二十国集团国际货币体系改革高级别研讨会"在南京紫金山庄正式举办。

本次会议邀请到了二十国集团中大多数国家的最高级别财经官员和诸多学术界名流。由于无须起草会议公报，参与闭门会谈的与会人士更为直言不讳，学术氛围自然也成为本次会议的主基调。会议过程中的一波三折，依旧让媒体津津乐道。整个会议中，仅开幕式对外开放。在开幕式的演说中，法国总统萨科齐直截了当地公开提出将人民币纳入 SDR 货币篮子的问题，在演说开头，萨科齐便委婉地调侃了一下美国财长蒂莫西·盖特纳：

我们必须接受并顺应全球主要货币不可避免的国际化进程。当然，蒂莫西，这肯定不是说要挑战美元的重要地位，没有人想那么做，同样也不会影响欧元，我们必须保证欧元的稳定性。但其他某些货币的国际化已经成为现实……我说的当然是人民币，我很欣赏中国政府在这方面的雄心。

对于扩大 SDR 货币篮子、接纳人民币等新兴市场货币这个问题，难道现在不是确定最终日程表的最佳时机吗？谁会否定人民币在国际货币体系中扮演重要的角色呢？我们必须承认中国的经济实力和政治力量，他同样应成为一个货币大国。

萨科齐的演说持续了半个小时左右，但就在他的演说刚开始几分钟后，媒体记者的黑莓手机便已经开始嗡嗡作响，向各大媒体发送最新的会议消息。不过，登上各大媒体头条的却是盖特纳事先准备好的发言稿，按议程安排，他将在开幕式的后半段发表演说。就在萨科齐发言时，人们就发现，不知是有意还是无意，盖特纳的发言稿几乎就是与萨科齐唱反调。盖特纳直言不讳地指出，某些新兴市场汇率政策的"不足和不一致"，应成为二十国集团成员国的关注焦点：

主要货币均采用灵活的浮动汇率，并且在资本项目上基本实现了完全自由流动……但某些新兴市场依旧对汇率实行严格管理，并且采取了广泛的资本控制，这种状况迄今还未有所改变。这种在汇率政策上的不对称造成很多问题和矛盾……这也是当前国际货币基金中需要解决的首要问题。

随后，他针对将人民币纳入 SDR 货币篮子的问题做出了直接回应，并罗列出人民币进入 SDR 货币篮子需要满足的前提条件：

> 我们当然支持改革 SDR 的结构。随着时间推移，我们坚信，在国际贸易和金融交易中大量使用的货币必将成为 SDR 货币篮子的一部分，但是要实现这个目标，相关国家就应该实行拥有灵活的浮动汇率制，拥有独立的中央银行，并允许资本自由流动。

毫无疑问，这段讲话中提出的这三个条件，必然会导致人民币在很长时间内不会进入 SDR 货币篮子。面对盖特纳的咄咄逼人，中方官员觉得他们必须做出针锋相对的还击。

时任中国人民银行货币委员会委员的夏斌指出，他很希望看到人民币进入 SDR 货币篮子，但他又补充道，对于人民币完全可自由兑换之类的前提条件，他表示"我们决不能接受讨价还价"。

另一位中国人民银行货币委员会委员李稻葵的发言更加犀利，他认为"人民币应被纳入 SDR，这一点是毋庸置疑的；否则，SDR 就会失去意义和权威"。

会议结束后，以美国为首的少数发达经济体对人民币的态度再次倒退，也就是说，目前提升人民币的国际地位还为时尚早。2011 年 11 月，二十国集团戛纳峰会发布的公报中包含这样一段话：

> 我们同意，SDR 货币篮子的构成要素应反映一种货币在全球贸易和金融体系中扮演的角色。对 SDR 构成货币的评价应基于现有标准，我们提请 IMF 进一步澄清这些标准……考虑到各种货币

的角色和特征随时间而发生变化，SDR 货币篮子的构成问题应在
2015 年或更早时候讨论，以确保符合现有标准的货币进入 SDR。

有趣的是，在会议结束后发布的最终版公报中，却没有保留主办方
法国政府在最初草稿中插入的言辞。实际上，这部分内容直到临近发布
的最后一刻才被删除。

当时，对扩大货币篮子会加强 SDR 这种储备资产可信度的观点，
美国和其他两个国家强烈持保留意见。被最终删除的一段话是这样说的：
"扩大后的 SDR 货币篮子将成为决定其吸引力的重要因素，进而影响到
它作为全球储备资产所具有的影响力。这应该成为决定改革适度性的主
要标准。"

在对峰会做出最终总结的新闻发布会上，萨科齐再次明确表达了法
国政府在这个问题上的观点："我曾多次提到过，考虑到中国针对人民币
实行渐进式可兑换而做出的承诺，人民币显然是最合格的候选对象（进
入 SDR 货币篮子）。"

北京的冷静与 IMF 的圆场

实际上，在中方内部，始终对扩大 SDR 货币篮子的前景持谨慎观点。
时任中国人民银行副行长及国家外汇管理局局长的易纲，曾敦促 IMF 对
现状堪忧的 SDR 进行深入研究。他认为：

在 2015 年之前对特别提款权进行下一轮讨论时，IMF 应考虑
接纳"金砖五国"及其他新兴市场货币的问题。

但媒体还援引易纲的话称"中国并不着急，因为迄今为止，SDR 还只是一个象征性的一揽子货币而已"。换句话说，尽管中国希望让人民币成为 SDR 货币篮子中的一员，但中国有自己的条件和步调。

在目前世界各国持有的官方储备资产总额中，SDR 约占有 3% 的比例，因此，将人民币纳入 SDR 货币篮子的直接影响并不大，但它的象征意义却十分深远。因为让人民币成为 SDR 的组成部分，必然会鼓励全球其他央行在其储备中增加人民币资产。

从技术上说，人民币还无法成为 SDR 货币篮子的组成部分，因为人民币还不是可兑换货币。不过，只有可自由使用的货币才有资格成为 SDR 构成货币，这个观点早已备受争议。因为相当一部分人认为，人民币已经满足成为可自由使用货币的标准，因为它已开始在贸易结算及离岸存款账户计价中得到广泛使用。对此，IMF 在 2010 年表达的观点很明确，当年执行董事会讨论的报告中做出如下阐述：

> 董事们注意到，按五年期的平均水平，中国已成为全球商品及服务的第三大出口国，并且已经在采取措施为人民币的国际化使用创造条件，但中国的货币目前显然还没有达到可自由兑换货币的标准，因此，目前还不适于纳入 SDR 货币篮子。

IMF 似乎就是要强化可兑换性标准，因为要成为 SDR 货币篮子中的货币，这种货币就应该无条件地成为公认的官方储备货币。

有了萨科齐的鼓励，IMF 时任执行董事长多米尼克·施特劳斯—卡恩利用规则漏洞改变了 IMF 的基调。严格地说，SDR 货币篮子由四种货币构成，作为 IMF 的成员国，发行这些货币的国家均为世界上最大的出口国，并被 IMF 定义为可自由使用的货币。

后一个条件是在 2000 年升级为确定可兑换货币的正式标准，但具体解释则依据不同情况确定。按 IMF 对可自由使用货币（Freely Usable Currency）采用的定义，货币必须被广泛用于国际交易的支付，并在主要外汇市场大量交易。因此，对于一种货币是否可被纳入到 SDR 货币篮子，可自由兑换标准并不是严格意义上的基本前提。2011 年 11 月，IMF 提议，利用如下指标评价一种货币具有纳入 SDR 货币篮子的可能性：

◆ 在即期外汇市场上的交易量；

◆ 在外汇衍生品市场上的交易量；

◆ 存在适当的以市场为基础的利率工具；

◆ 属于官方外汇储备的货币。

考虑到上述标准始终不存在明确基准，因此，只要达到最低要求就是最终标准。在这种情况下，能否被纳入 SDR 货币篮子，实际上已经变成了一个政治问题。人民币或许已经满足了第一个标准，而且正在向第二个标准大踏步前进。而彻底放开银行存款的利率结构则是满足第三个标准的必要前提。

为了随时调转自己的政治风向标，IMF 也留出了足够的腾挪空间。比如说，在考察 SDR 货币篮子的结构时，IMF 就用心良苦地建议，以拥有一国货币作为外汇储备的国家数量，作为评价该国货币可兑换性的辅助性指标。毫无疑问，这或许就是一个为中国量身定做的指标。本章的前面曾提到过这一点，有些国家已开始在其储备组合中持有人民币资产。尽管到目前为止，实际持有量或是准备持有的数量都非常有限。在人民币是否应被纳入 SDR 货币篮子这个问题上，不管这场辩论的结果如何，其本身就是一个强烈的信号：人民币在当今世界经济中占据了不可忽视的地位。

资本外流也许是市场愈加成熟的信号

尽管中国在金融危机后依旧维持着令人瞠目结舌的增长率，并成为当今世界经济增长的主要驱动力。2012 年 10 月 15 日，《华尔街日报》刊载了一篇名为"大逆转——资本将逃离中国"的文章。文章开头是这样描述的：

> 中国曾经吸引世界资金大量涌入，现在却眼睁睁地看着资金流出。中国富人在塞浦路斯购买海滨公寓，花高昂学费送子女去美国上学，并在新加坡围积奢侈品。
>
> 他们通过一个方兴未艾的汇款中介网络，悄无声息地频繁转移资金。中国企业也没有坐以待毙，它们在海外进行大额收购，大肆采购自然资源，并任由企业无所顾忌地将利润围积于海外。

这篇文章迅速引起各方关注，因为它恰好迎合了坊间的普遍看法：尽管存在各种各样针对资本流出的管制，但资金依旧在大量逃离中国。这篇文章也引用了我的说法，"中国的富人大多开立资本账户。"我想说的是，富人的资本外逃并不是什么新鲜事物。

不过，2012 年的情况确实就是这样的：流入减少和流出增加导致资本流入和流出更趋于平衡，这也包括因出口厂商以外币形式持有收益的增加，造成国内外币存款增加。这些变化似乎与其他很多新兴市场的经

历类似。2012 年上半年，随着欧元区债务危机加剧，全球投资者对安全
性的关心程度已超过了收益性。因此，资本开始纷纷流出中国及其他新
兴市场，并流向安全港，主要是美国，但也有部分资金流入日本和瑞士。

2012 年 7 月 26 日，欧洲央行时任行长马里奥·德拉吉（Mario
Draghi）发表了"不惜一切代价"的著名演说。他说："在我们的能力范围内，
欧洲央行将不惜一切代价维护欧元。请相信我，欧洲央行绝对能承担起
这份职责。" 8 月 2 日，欧洲央行宣布实行"直接货币交易计划"（Outright
Monetary Transactions），为欧元区周边国家的主权债务提供担保。这项
计划多少缓解了欧元区危机带来的溢出效应，资本开始从包括中国在内
的新兴市场回流。

这些反映在资本流动方向和时间上的变化，突出了一个重要问题：
在最终导致资本流入或流出的诸多国内外因素上，中国正在接近其他新
兴市场。当全球金融形势导致资本流出新兴市场时，如果中国接受资本
流入，那么，国际社会几乎不会得到什么事先的预警信号。2012 年的情
况实际上是一种例外。

事实上，在过去 10 年中的大部分时间里，受强势增长前景的诱惑，
外国投资者大量涌入中国，资金流入源源不断，似乎与全球利率及国际
金融市场的大背景毫不相干。

尽管中国的资本流出总量大幅增长，但总体上还是和中国政府放松
资本外流的政策保持同步。随着中国企业纷纷到海外寻找商机，以及金
融市场的发展为家庭通过海外投资实现储蓄多元化提供了渠道，非政府
部门的资本流出很可能会出现进一步增加。迄今为止，我们还没有理由
为中国资本外流的增加而感到担忧，或许这只是一个经济体愈加成熟、
而不是遭遇麻烦的信号。

最后的冲刺：世界需要国际化的人民币

提高一种货币的国际地位，依赖于很多复杂的国内条件和地缘政治因素。尽管中国为此采取了很多措施，但中国依旧坚持多种目标齐头并进的战略。尽管政府不会大动干戈，为推进人民币国际化而出台具体政策，但值得关注的是，这些措施必将以循序渐进和一如既往的方式，逐步实现这些人民币国际化的目标。

大戏上演：人民币国际化带动国内改革

迄今为止，在人民币前景这个问题上，中国政府官员始终不习惯大张旗鼓，这与外界很多评论家的喧嚣形成了鲜明对比。这些官员的确认可，人民币国际地位的提高具有双刃剑效应。短期内，它可能会提高对人民币的需求，加重人民币的升值压力。尽管这些压力不受欢迎，但就像我说过的那样，让人民币成为一种全球储备货币，其背后有着更宏大而微妙的意义。我在 2012 年 2 月发表于《华尔街日报》上的一篇文章中写道：

> 这背后存在着一种极端有趣、耐人寻味的可能性：我们就是在观看一场正在上演的"特洛伊木马"大戏。锐意进取的改革者只是利用让人民币成为国际货币这个目标，推行在他们看来必不可少的各项改革，实现结构性调整，实现中国经济的可持续增长。将国民志向统一为这个国家目标，必将为改革求得广大人民的支持，让更多、更宏伟的目标梦想成真，并拥有更完善的银行体系、更宽泛的金融市场以及更灵活的汇率制度。

一个经济大国应拥有与之在其他方面相匹配的货币，这个命题的确令人神往。围绕这个命题，中国国内各界人士表现出强烈的一致性，这种反映在思想上的收敛，或许有助于实行更宽泛、更宏伟的改革计划。尽管他们对现行国内体制的利弊心知肚明，但他们必须谨小慎微，既不能操之过急，又不能用力过猛，在人民币国际化这个问题上，他们只能循序渐进地缓慢推进，而不能不计后果地贸然突进。

对于人民币成为全球性货币的前景，归根到底取决于一系列国内政策，尤其是与金融市场发展、弹性汇率和资本账户自由化等相关的政策。

总体而言，资本账户自由化的影响可能是利大于弊。比如说，开放资本账户注定会成为推动上海成为国际金融中心的强大催化剂。因此，为实现人民币国际化而进行的各项配套政策改革措施，必将深刻改变中国的经济大局以及资本流入和流出的基本形态。

各大金融中心对"人民币肥肉"虎视眈眈

无论是曼谷、新加坡还是伦敦或东京，面对人民币业务这块不大但却美味的肥肉，这些地区性或国际性金融中心都在虎视眈眈。这种竞争显然有利于中国，因为他可以在避开开放资本账户并提供更多人民币流动性这个前提下，继续推进人民币国际化计划。

当然，要让这些国际金融中心真正对中国俯首帖耳，还需要人民币业务有朝一日实现飞速增长，以及中国最终开放资本账户。一旦那个时候真正到来，每个金融中心都希望自己已经占据了有利位置。

对于资本账户自由化，中国政府采取的对策与其总体目标是完全一致的。在这个问题上，政府不会让步于私人部门，而是要利用其主权财富基金、国有银行和国有企业，继续在资本流出中扮演重要角色。中国的投资始终与国家的经济与政治总体目标保持一致，譬如购买国外先进技术，增加中国在国际社会，尤其是发展中国家当中的影响力等。

"自由资本账户的可交换性"面世

根据自身的经济规模和经济优势，针对人民币在全球货币体系中的地位这个问题，中国采用了一种独特的策略。几乎和其他所有重大改革措施一样，中国实现资本账户自由化的方式同样独具一格。按照这个策略，很可能要取消针对资本流动的"硬控制"，并通过登记注册和信息披露要求等行政性手段，继续维持"软控制"。

在未来几年里，中国的资本账户注定更加开放，但依旧会保留很多名目繁杂的行政控制措施和监管政策。尽管这种方式会让人民币在全球贸易和金融系统中发挥巨大作用，但政府也会以某种方式继续维持对资本流动的控制。

这背后就出现了一个有趣的命题：是否存在一种特殊政策，尽管资本账户缺乏充分的可兑换性，但依旧可以改善经济的收益—风险比。香港金融管理局前总裁任志刚曾多次就这些问题向中国政府献计献策，他在一篇颇有影响力的文章中指出，中国的长期目标应是实现资本账户的完全可兑换，按照其模式，中国政府可以在利用某些行政命令实现监管目标的同时，放松对资本账户的控制。

为此，他还详细地对这种体制与完全不受约束的资本流动进行了区分，并将后者称为"自由资本账户的可兑换性"。这种极为细微但意义重大的区分，在中国方面造成了强烈反响。按这个定义给出的完全可兑换性，为实现开放资本账户但无须将控制权完全交由市场提供了理论依据。

世界必将更紧密地拥抱人民币

中国人民银行时任副行长易纲曾明确表达了中国对人民币国际化问题的看法，他认为，这是一个循序渐进的过程，必须与中国自身发展的改革方面相辅相成：

> 对人民币国际化要有一颗平常心。实际上，这一进程无论快慢都是市场的选择，企业和金融机构认为哪种货币方便，就可以用哪种货币。中国央行并没有刻意支持或提倡。如果市场发展，中国将来的货币政策执行得好，中国的宏观经济稳定，中国的社会稳定，中国的法治建设得更好，人们对人民币有信心，如果市场、企业或其他投资者选择用人民币，我乐见其成。

换句话说，在人民币国际化这个问题上，中国并不着急，而是要按照自己选定的方式和速度逐步实现人民币国际化。易纲这番字斟句酌的谈话，很明确地表达了中国政府的观点，即人民币国际化本身并不是最终目标，它必须与中国国内的政治、经济体制等其他方面的改革保持同步。

尽管中国在金融市场方面的发展是渐进的，但我可以断言，在未来3至5年，人民币必然会进入 IMF 的视野，成为 SDR 货币篮子中的一员。IMF 需要中国的程度，远远超过中国对 IMF 的需要。在 IMF 及其所代表的国际社会的眼里，把人民币纳入 SDR 货币篮子，或许就是一种对中国实施牵制的手段，迫使中国对国内政策产生的溢出效应予以内部化。这背后的逻辑体现为，一旦人民币加入 SDR，就意味着国际社会已经认可中国是一个经济大国，那么，中国政府在实行某项政策时，至少应该在道义上关注该政策给其他国家带来的影响，而这种承诺本身就是一种牵制。在问题早已被摆在桌面上的情况下，或许正是出于对这种牵制的顾虑，导致中国政府在扩大 SDR 货币篮子、吸收其他新兴市场货币的时候，始终采取了极为谨慎的态度。

尽管快速增长的经济和未来发展趋势，为中国推进人民币国际化使用创造了巨大优势，但金融市场发展滞后，必将成为人民币获得国际储备货币地位的绊脚石。此外，在资本账户没有开放以及货币未实现可自由兑换的前提下，人民币最终成为主要储备货币的前景依旧存在极大不确定性，更不用说挑战美元、成为主宰者了。

在政府债券等兼具安全性和流动性的资产供给方面，人民币与美元之间还存在着不可逾越的鸿沟。美国金融市场的深度、广度和流动性，为抵御其他货币对美元霸主地位发起的攻击构筑起一道坚不可摧的堡垒。我可以大胆预言，人民币必将在未来 10 年内成为一种有竞争力的储备货币，尽管人民币会极大削弱美元的统治地位，但还不足以取代美元。

这是否意味着，美元的霸主地位至少在目前还固若金汤呢？实际上，其他很多选项都在觊觎美元的宝座。在第 13 章里，我们将逐一介绍争夺全球储备资产地位的潜在对手。

第 13 章
觊觎美元宝座的其他对手

史特劳塞少校：顺便问一下，

关于杀害信使的凶手，

你们到底做了什么？

雷诺上尉：我们知道案情的重要性，

所以，这次追捕凶手的人员是平时的两倍。

《卡萨布兰卡》（*Casablanca*）台词

尽管人民币蓄势待发，但美元的其他潜在对手同样值得重视。毕竟，还有很多新兴市场正在快速增长，而且其中某些经济体的金融市场远比中国更发达，更开放。在目前的全球十大经济体中，除中国之外还有巴西、印度和俄罗斯。

那么，他们的货币是否可能成为储备资产呢？黄金等其他可用于规避通胀风险的选项，成为储备资产的前景又如何呢？比特币等其他并不是由政府发行的电子货币能否成为未来的潮流，甚至最终取代美元成为美国国内的交换媒介呢？

在深入探讨这些问题之前，我们首先需要解决一个更基本的问题。尽管当前世界已拥有多重储备货币，但仍然因一种货币的唯我独尊而屡屡陷入危机，在某些国家的眼里，这种货币的发行国毫无责任心，肆意滥用自己的特权，酿成了国际金融格局的不稳定性。因此，在我们展望其他货币及储备资产不断升级并对美元展开挑战的未来时，还是要审慎探究这种格局转换的影响。

一个最基本的问题是，其他选项是否一定会比美元更好，或者说，储备货币的多元化是否会让全球经济在危机面前更加飘摇不定。这个问题到目前为止也在研究与讨论中，答案并不明确。

储备货币多样化，未来经济更美好？

在经济学家眼里，竞争必定会提高效率，并带来更美好的经济结果。这种观点同样适用于货币问题。如果一个国家因其货币成为储备资产而变成受益者，那么，各国就会竞相提高其货币的安全性与稳定性，使得竞争带来更优结果。

成为储备货币的"任性权力"

在储备货币的竞争中，声望尤其重要。当一个国家的本币获得储备货币的地位时，就意味着这个国家已经登上了国际舞台，并赢得了国际投资者的信任。此外，取得储备货币的地位还会给一个国家带来很多实实在在的好处。比如说，如果一国货币成为国际储备货币，那么，该国的出口商和进口商可以用本币直接进行国际贸易的结算，从而减少了他们所面对的货币风险。

另一个好处就是可以获得货币铸造税（Seigniorage）形式的收入，即货币购买力及货币制造成本之间的差额。任何一个发行货币的央行都可以得到这种收入。一个与此相关但略有差异的概念是利用"通胀税"（Inflation Tax）实现的收入。一国政府为购买商品和服务进行融资时，如果依赖的是发行债券而不是利用当期税收，那么，货币供给的增加往往就会推高通胀率。在这种情况下，在按通货膨胀调整后，政府债券的价值就会大打折扣。换句话说，只需通过增发货币，政府就可以用更少的代价偿付原有债务。

遗憾的是，严重依赖铸币税为政府开支进行融资，有可能变成一种反生产力的行为，它必然会加剧通货膨胀。在某些极端情况下，只要政府增发钞票，人们就会想方设法花钱，从而导致通货膨胀陷入螺旋式上升的失控状态，并使得货币大幅贬值。发生在20世纪20年代初的德国恶性通胀，月通胀率最高达到29 000%，这就是说，商品价格每隔4天就会上涨1倍。2008年秋季，津巴布韦曾创下高达100%的日通胀率，这意味着，价格每天都会上涨1倍。2009年1月初，一块面包的价格甚至达到令人瞠目结舌的3 000亿津巴布韦元。在彻底废弃津巴布韦元，并允许以外币用于本国交易结算之前，津巴布韦储备银行印发的钞票已高达100万亿津巴布韦元，但这笔"巨资"仅相当于2009年1月中旬时的300美元。

这些极端事例表明，必须审慎对待铸币税收入。对通胀税的依赖同样是危险的，因为它可能会引发恶性通货膨胀。

对储备货币而言，如果从货币创造能力的角度考虑这两种收入来源，则会引出另一个难以解决的问题。以通胀税为例，一国央行发行的大部分货币都是在国内流通的。在这种情况下，通胀税由本国居民承担。但对储备货币来说，就会有部分通胀税由外国居民来承担。

截至2013年3月，美国拥有1.18万亿美元在外流通的货币。其中，1.13万亿美元为纸币，其余为硬币。据估计，约2/3的美元纸币在国外流通，大约相当于7 500亿美元。如果按2%的通胀率计算，那么，其他国家每年就需要向美国支付150亿美元左右的通胀税。2012年年底，流通中的欧元总额约为1.24万亿美元，据估计，20% ~ 25%的欧元纸币由欧元区以外的居民持有。因此，2%的通胀率就意味着欧元区外的居民可以为欧元区带来 60 亿美元的收入。尽管总额不大，但铸币税和通胀税却是再简单不过的收入来源，而且对储备货币发行国来说更有诱惑力，因为在这两种收入中，有相当一部分来自外国居民。

既然有这么多的好处，因而在理论上，任何一个发行储备货币的国家都会有强烈动机，通过稳健的货币及财政政策维护这种货币的安全性和可靠性，因为只有这样，投资者才会相信，这种货币的价值不会因高通胀或其他不利经济形势而出现贬值。现实却始终与此背道而驰，正是凭借美元的储备货币地位，美国才得以在其私人及政府开支方面肆无忌惮，而其他国家却不得不受制于利率的提高，因为这会增加他们的借款成本。尽管美元不得不面对来自欧元和日元等其他货币的挑战，但它的统治地位依旧可以让美国从其他国家获得廉价借款，从而为他们无以复加的消费狂提供资金。凭借在市场上拥有的统治地位，美元似乎可以获得足够的经济"租金"。因此，它的对手们显然不缺少进入这个货币市场的动力，在这份可以轻易得来的租金中分得一份羹。

不过，长期维持的经济租金往往意味着，这个市场上存在着阻碍潜在竞争对手轻易进入的壁垒。毋庸置疑，进入壁垒是显而易见的。譬如，一国货币成为储备货币必须满足的先决条件就是进入壁垒。因此，美元创造的租金是其他竞争对手难以企及的。我们可以用一个有趣的比喻描述这样一种情况：对于一个壁垒森严、根深蒂固的强大在位者，可以通过向市场倾销廉价产品，驱赶新的进入者，而后者则缺乏以低价格对抗在位者的资金实力。

这也可以解释美联储自金融危机以来实行的策略：借助向全球金融市场大量注入美元，让竞争对手望而却步。理论上，如果一种货币的供给迅速扩张，这种货币就会贬值，但货币市场似乎服从于不同规则，至少对美元来说是这样的。由于有了美联储信用的支撑，尽管美元唾手可得，但它依旧可以维持自己的市场份额原封不动。然而，全球货币格局正在酝酿一场惊天巨变，这场惊变必定给美元创造出更多的竞争对手。

挥之不去的"特里芬困境"

那么，一国货币成为储备货币又会带来什么弊端呢？最明显的一个问题就是，它会增加市场对以这种货币计价的资产的需求量，从而给这种货币带来升值压力。如第 7 章所述，2012 年，寻找安全性资产的外国投资者大量买进日元和瑞士法郎，导致日本和瑞士遭遇了难得一见的升值压力。

20 世纪 70 年代，由于各国大量增加德国马克作为外汇储备，于是，德国被迫通过资本控制，主动减少本币的国际化使用。1977—1979 年担任德意志银行总裁的奥特玛（Otmar Emminger）曾公开表达过这样的顾虑，如果德国马克赢得储备货币的地位，马克升值必然会引发大规模的投机性资本流入。这种顾虑同样存在于中国。人民币的国际地位逐步提高，因此，随着人民币在国际贸易中的广泛使用，必将推高对这种货币的需求。需求的上涨自然会降低人民币相对于其他货币的价值。

储备货币带来的另一个弊端在于，储备货币的发行国必须承担起为全球提供流动性的义务。但这个逻辑又会受制于"特里芬困境"的概念：为创造世界所需要的净流动性，处于全球货币体系中央的国家就必然要承担经常账户赤字。

按照这个观点，美国的经常账户赤字是源于肩负重任者的义务，而不是因为他的奢侈浪费。20 世纪 60 年代的情况确实如此，当时，经济学家罗伯特·特里芬（Robert Triffin）提出了这个重要命题，并被后人冠以他本人的名字。全球资本流动在当时是受到限制的。在金本位制度下，美国必须为全球提供净储备，以满足各国对储备的需求。

尽管时代发生了变化，但在谈论储备货币时，人们依旧会错误地搬用"特里芬困境"。必须澄清的是，一国货币获得储备货币地位，并不一定要以发行国存在经常账户赤字为前提。比如说，"特里芬困境"就不适用于日元和瑞士法郎。在过去 25 年里，这两个国家均维持着经常账户顺差，但他们的货币依旧维持着主要储备货币的地位。同样，尽管欧元在全球储备货币组合中的地位与日俱增，但相对于其他国家，欧元区基本维持收支相当的经常账户。

或许"特里芬困境"依然存在，但也仅存在于全球流动性的主要供给国（美国）。不过，随着跨境资本流动的加强，全球金融市场的一体化已达到相当高的水平，因此，即便是这样一个限制性的命题同样也是值得怀疑的。

理论上，在一个资本大规模流动的世界里，只要资本流入与外来投资的规模相互匹配，那么，一国就可以在维持经常账户收支相抵的情况下，为外国投资者提供多种多样的安全性资产。对储备货币发行国来说，能否获得高质量安全性资产远比经常账户的头寸更重要，这种安全性资产通常表现为以这种货币计价的政府债券及高信用等级公司债券。

这个逻辑背后的含义在于，如果让更多货币成为储备货币，可以减轻由一种统治性货币为全球金融体系提供流动性的压力。随着金融市场的发展，会有更多国家提出让本币成为储备货币的合理诉求，只要这些国家无须承担经常账户赤字的附属性义务，这种预期无疑是令人期待的。

然而，发展有深度、监管良好的金融市场显然需要一定的时间，因此，任何一种新储备货币的出现，注定都会是一个长期性命题。也曾有人提出以更激进的手段遏制币值波动。在很多人看来，这种波动是当前储备货币格局带来的一种不可避免、同时也是不受欢迎的副作用。

单一型世界货币是否靠谱？

有些人曾主张，世界上应拥有一种单一型全球货币。这样，币值的波动性就不再是问题。此外，只拥有一种货币还会带来另外一个好处，即降低跨境贸易的交易成本，进而促进商品、服务和货币的自由流动。这种观点又会招致一系列更棘手的实践问题。譬如，谁负责这种货币的发行？谁通过发行这种货币并获得相应的铸币税收入？

哥伦比亚大学的罗伯特·蒙代尔（Robert Mundell）教授就曾提出建立一种世界性货币，世界上的其他所有货币均盯住这个货币。在这种情况下，尽管存在多种货币，却不会出现汇率的波动性问题。这样的格局可以追溯到布雷顿森林体系时期。只不过在这种制度安排下，其他主要货币均盯住一个国家的货币：美元（美元又可以按固定价格兑换黄金）。无论是单一货币，还是世界货币，两种结构都将剥夺个别国家独立执行货币政策的权力，而货币政策的独立性恰是各国应对外界冲击、维持增长的强大工具之一。现实情况是，由于每个国家都拥有不同的经济结构，因此，各国都要面对不同类型的经济干扰。在遭遇危机时，不同国家货币间的汇率不仅可以发挥缓冲器的作用，还有助于稀释过度增长造成的震荡。在经济向好时期，资本流入的增加往往会形成货币升值压力，进而减少出口增长，并最终因经济增速减缓而抑制流入。在经济衰退时期，货币甚至会促进一国的出口，并且至少会部分地抵消国内需求的降低。

当然，汇率波动在某些时候也会加剧危机。如前所述，2007—2008年亚洲金融危机期间，由于以美元贷款形式向外国投资者借入了过多负债，韩国与泰国等国家经受了巨大灾难。当资金流出这些国家时，他们的货币便出现贬值，导致以美元计价的债务负担更为沉重。在这些国家，企业的收入和资产以本币计价，而负债却以美元计价。这种币种上的不匹配给企业带来了灾难性打击，很多企业因流动性耗尽而丧失偿债能力，因而，这些企业实际上已陷入了破产境地。这种表象背后深层次的问题并不在于货币价值本身的波动，而是在于政策。它们让这些国家在投资者情绪发生巨变时难以招架。

虽然说单一货币或许不是最明智的答案，但人们依旧在思考，到底多少种储备货币才最有利于实现全球金融的稳定性。

多重储备货币相互竞争的理想状态

在当前日趋一体化的世界经济中，关于到底应该有多少种储备货币最理想这个问题，经济理论显然无法给出清晰可鉴的结论。同时拥有多重储备货币，但只有一种居于统治地位的现实，的确带来了很多问题和纷争。特别需要关注的是，这种安排造成全球经常账户的失衡得以持续，这说明，从推进全球金融体系稳定的角度看，目前的安排或许还算不上最优解。假如世界经济能洗心革面、从头开始，让多重储备货币在相互竞争中保持均衡的状态下共存，显然是一种更令人期待的格局。但考虑到全球金融市场的现状以及国际金融一体化的发展水平，这种新格局的理由还远非无懈可击。

金融危机时期的一系列事件表明，实现储备货币多元化似乎是一个更好的选择。正是由于美元的统治地位，才让美联储成为全世界值得信赖的最后贷款人，为其他央行提供流动性，进而向全世界的金融机构提供流动性，此角色显然不是其他央行所能扮演的。若没有这样一个机构，为世界各国提供他们所需要的流动性，危机或许会更惨烈。无论是在金融市场的规模上，还是金融体制的发展水平上，我们都很难设想其他任何经济体能在这方面与美国相提并论，因为任何一个竞争对手要在创造安全性资产的能力上与美国分庭抗礼，显然需要在这两个方面有所建树。

不过，在这个问题上也存在着混淆因果的风险。当今世界在危机期间迫切需要美元流动性的一个原因在于，为支撑其跨国业务，很多跨国银行都拥有大量的廉价美元。美国的低利率激励着很多跨国银行通过金融创新寻求更多盈利，而美国金融市场则为他们实现目标提供了肥沃的土壤，两个因素相结合，必然会促使这些银行越来越依赖美元的流动性。

当下的现实是，美国依旧是唯一值得信赖的流动性提供者，而且也只有美国才有能力提供无穷无尽的流动性。在这个过程中，美国通过大规模的货币创造活动为购买各种有价证券提供融资，而这些活动本身却不会马上引发金融危机。也就是说，如果现在放弃美元，就有可能导致全球经济陷入金融危机。这意味着，美元已不再是主宰者，而美联储也不再是全世界的最后贷款人。

尽管在短期内还找不到可以取代美元的选项，但在长期内，当前这个拥有多重储备货币的世界似乎还算是一个理想的结果，它至少可以减少对美元融资的依赖性。的确，人民币正在一步步走上全球金融舞台的中央，但那些迄今为止始终隐身幕后的其他货币，有朝一日是否会直面美元，发起挑战呢？

金砖五国 "货币起义" 无疾而终

如果这个命题是上天注定的归宿，那么，最有可能必将成为未来全球货币的候选对象就应该包括巴西里尔、俄罗斯卢布、印度卢比、中国人民币以及南非的兰特。这些货币也恰恰属于当今最大的五个新兴市场国家"金砖五国"。考虑到规模（以在全球 GDP 中占有的份额以及对全球 GDP 增长率的贡献率为准）似乎是决定人民币能否成为主导性货币的关键要素。因此，我们完全有必要考虑其他货币对美元及其相互之间的实力对比。

"金砖五国"的总体经济规模在数量上极为可观，不仅在某些方面完全可以挑战美国的地位，在其他方面上甚至有过之而无不及。自金融危机以来，他们的 GDP 总量已超过美国，而对全球 GDP 增长的贡献率更是将美国远远抛在后面。实际上，在 2011—2012 年的全球增长中，约一半的贡献来自这五个国家。此外，他们在全球贸易总量中的比例也达到了 16%，而美国的份额只有 11%。表 13.1 显示，即便是在这个由主要新兴市场构成的小群体内，经济模式也存在着显著的差异性。巴西和俄罗斯明显比其他三个国家更富裕，人均收入超过 12 万美元。印度则处于人均收入的另一个极端上，按市场汇率计算约为 1 500 美元，如按购买力平价汇率计算则为 3 800 美元左右。不过，即使他们当中最富裕的国家，也与美国存在着天壤之别。尽管这些国家的人均收入与他们的总体水平不匹配，但有一点是毋庸置疑的，他们在经济实力上绝对是异常强大的群体。

按 GDP 水平衡量，中国显然是这个群体中的佼佼者，但其他成员也绝对不是无名小卒，巴西、印度和俄罗斯在全球 GDP 中的份额均在 3% ~ 6%，具体比例取决于本国 GDP 的计算是采用市场汇率还是购买力平价汇率。南非早已成为这个群体的名誉成员，只不过与其他国家相比，其经济体量相对较小，在全球 GDP 中占有的比例还不到 1%。

表 13.1　新兴市场与美国的对比

2012 年	巴西	中国	印度	俄罗斯	南非	BRICS 合计	美国
占全球 GDP 的比例（%）							
市场汇率 [a]	3.3	11.5	2.5	2.8	0.5	20.7	21.9
PPP 汇率 [b]	2.8	14.9	5.6	3	0.7	27.1	18.9
对全球真实 GDP 增长的贡献比例（%）							
市场汇率	0.03	0.81	0.08	0.09	0.01	1.03	0.47
PPP 汇率	0.03	1.11	0.18	0.1	0.02	1.44	0.42
人均收入（美元）							
市场汇率	12 079	6 076	1 492	14 247	7 507	4 963	49 922
PPP 汇率	11 875	9 162	3 830	17 709	11 375	7 531	49 922
占全球贸易量的比例（%）							
商品及服务 [c]	1.4	9.7	2.3	2.2	0.5	16.2	10.8
商品	1.3	10.6	2.2	2.3	0.6	17.0	10.7
政府债务占 GDP 的比例（%）							
债务净额	35.2	—	—	—	35.6	—	71.6
债务总额	68.5	22.8	66.8	10.9	42.3	34.5	101.2
资本账户的开放度							
Chinn-Ito 指数 [d]	0.2	−1.2	−1.2	0.4	−1.2		2.4
调整后的 Schindler 指数 [e]	0.8	0	0	0	0.4	—	0.8

数据来源：IMF《世界经济展望》；美国财政部；IMF《贸易统计目录》；世界银行发展指数；Chinn and Ito（2008）；Schindler（2009）。

注释：

GDP 为国内生产总值。购买力平价（PPP）汇率是对本国货币的国内购买力进行调整之后得到的等价汇率。"BRICS"代表巴西、俄罗斯、印度、中国和南非。

a. 2012 年的全球真实 GDP 增长（按市场汇率计算）=2.48%。

b. 2012 年的全球真实 GDP 增长（按购买力平价汇率计算）=2.94%

c. 为 2011 年的数据。

d. 为 2009—2011 年的平均值。指数的完整区间为 −2.5（代表完成封闭）到 2.5（代表完全开放）。

e. 为 2005 年的数据。该指数的计算公式为：1- 初始 Schindler 指数，因此，"0"代表完全封闭的资本账户，"1"代表完全开放的资本账户。

巴西和印度的公共债务总额远远超过"金砖五国"中的其他几个国家。不过，对现有储备货币发行国而言的有利因素：庞大的政府预算赤字和经常账户赤字，在新兴市场看来则是疲软无力的信号。印度就存在居高不下的双赤字问题，这也给他的增长前景笼罩了一层阴影。除此之外，印度还对外国投资者购买本国政府及公司债券实行严格管制，这一点与中国和其他一些新兴市场相似。自巴西银行在 1999 年实行通胀目标制以来，巴西的恶性通胀历史似乎只存于尘封的记忆中。但在外界眼里，巴西依旧是一个政治、经济极不稳定的国家。

按照衡量金融开放度的理论指标，即一国法律对资本自由流动的限制程度，巴西和俄罗斯均拥有相同开放程度的资本账户。但按实际开放度（对外资产和负债占 GDP 的比例）考察，巴西的开放程度显然更高。中国、印度和南非则对资本流动实行较为严格的限制。

除巴西之外，其他经济体的金融市场发展程度都十分有限。尽管这些经济体的金融市场在近年内均实现了不同程度的发展，但在总体上还是以银行为主导。企业获取资金的主要来源依旧是银行，而不是股票市场或企业债券市场。最近几年，在"金砖五国"中，部分国家的股票市场在深度和流动性上已经有了很大改善，为企业在银行之外开辟了一种新的融资渠道（对储蓄者来说同样是银行的替代者）。相比之下，在这些国家里，政府债券和高信用等级的公司债券均对外国投资者实行严格限制。而仅美国一国，其流通中的国内债务凭证金额就已经接近"金砖五国"总和的 5 倍。

根据国际清算银行的统计数据，美国 2012 年的债务流通总额为 33 万亿美元，而"金砖五国"的总和仅为 7 万亿美元。规模极为有限的债券市场，再加上政治上的不稳定以及法律制度的不完善，使得新兴市场有可能被视为追求高风险、高收益者的理想投资目的地，与安全港的概念还相去甚远。

基于第 12 章的分析，在主要新兴市场中，中国似乎最有可能将其货币升级为国际金融主导性货币的地位。如果从第 12 章提出的标准出发看待其他主要新兴市场，那么，他们的货币若想在未来 10 年内在国际金融领域扮演重要角色，其可能性似乎微乎其微。那么，主要新兴市场是否会联手创造一种新储备资产，并由各国政府共同提供支持呢？毫无疑问，创造这样一种新储备资产，在现实中还存在很多障碍，它要求相关各国必须达到相当程度的政策协调。实际上，欧元区的经历足以表明，要在政治相互独立的国家之间达成这样的合作，绝非轻而易举的事情。

这 5 个新兴市场经济体要在某些问题上采取跨越机会主义性质的共同行为，真正实现经济上的紧密联合和政策上的协调，其可能性极为有限。毕竟，他们的根本利益是不同的，甚至是相互冲突的。除了规模和机制上的差异之外，连其共同利益的纽带同样不够坚强，在危机面前更有可能变得弱不禁风。至于"金砖五国"共同建立金砖国家开发银行和"应急储备安排"的计划，尽管具有重大战略意义，但这些新机构似乎还难以形成真正的规模和实力，更谈不上撼动现有国际货币机构的地位。

"金砖五国"峰会很有可能只是一个具有象征意义的论坛，而且这些国家为摆脱国际金融现有结构束缚而采取的措施也极为有限。

百花齐放：其他信用支撑的储备资产崛起

由于涉及巨大风险，能成为国际储备货币的绝不仅是传统意义上的货币。在这个部分里，我们将介绍一种历史悠久的储备资产，尽管它很早就已经赢得了安全性资产的美誉，但作为交易媒介，它却始终表现不佳；我们还将介绍两种特殊形式的"货币"，在理论上，它们完全有可能在一定程度上替代美元等现有法定货币发挥的交换功能。法定货币，也就是由一国央行发行的货币，它的优势就是不仅可以用作记账单位和交换媒介，还具有价值储藏功能。理论上，这些职能并不一定要相互联系，互为条件。价值储藏功能对储备资产而言更为重要，如果不具备属性的话，它在金融市场的作用就非常有限了。事实表明，如果一种交换媒介不能成为可靠的价值储存手段，其吸引力同样会大打折扣。

黄金，各国央行的弃儿

金融市场中，每次危机都无一例外地引发一场黄金热。有些投资者认为黄金是唯一可视为名副其实的安全性资产。还有一些投资者认为，货币必须以黄金为基础。因为只有这样，才能约束货币政策的严肃性。作为一种不可再生资源，黄金的供给是有限的，这种稀缺性消除了肆意扩大供给的可能性，因此，供给的有限性不仅维持了黄金本身的价值，也有助于维持黄金所支撑的货币价值。

在价值功能方面，黄金有着漫长的历史。在引发"二战"的"大萧条"爆发之前，黄金始终是一种重要储备资产。巴里·艾肯格林（Barry Eichengreen）等经济史学家曾认为，金本位让"大萧条"变成一场旷日持久的灾难，因为它限制了美联储以扩大货币供给解决银行破产和刺激经济的能力。事实逐渐表明，金本位制严重制约了经济复苏，因此，到 20 世纪 30 年代中期，所有主要国家均清空了黄金储备，并纷纷脱离金本位制。

"二战"后，黄金的重要性再次强力反弹。主要国家均以本币盯住美元，而美元则将黄金的价格固定为每盎司黄金兑换 35 美元。因此，所有盯住美元的货币也都有了针对黄金的固定价格。然而，进入 20 世纪 60 年代末，全球贸易失衡的不断加剧，主要货币与黄金的固定联系也变得越来越不可持续，并最终在 70 年代初遭到废弃。

尽管显性或隐性的金本位制似乎早已经失去立足之地，但中央银行能否以黄金接替美元的储备资产功能呢？显然，对于黄金成为储备资产，进而满足国际金融需求的前景，人们有足够的理由持怀疑态度。不过，黄金显然不是一种媒介贸易或金融交易的便捷工具，而且又不具备美元等储备货币的流动性。

对于那些主张黄金发挥更大作用的人，他们看到的现实显然不够乐观：供给不充足，而且供给的增速也无法满足经济增长及国际金融体系扩大带来的需求。黄金的流动性归根到底要受制于产量，即已开采存量与未开采储量之和。据估计，目前全球现有的已开采黄金存量约为 165 000 吨，2013 年的市场价值总额约为 7.5 万亿美元①。对此，世界黄金协会做出了一个有趣的形象化类比：自人类文明出现以来，如果将全球已开采的黄金铸造成一个立方体，这个立方体的边长可以达到 20 米。在目前的全球黄金存量中，约一半是以珠宝首饰的形式保存的。

以各国央行为主的官方机构持有 17% 的黄金，市场价值约为 1.3 万亿美元。相比之下，2012 年年底，全球外汇储备的总额已达到 11 万亿美元。换句话说，按当前价格换算，即使用全世界所有已开采的黄金存量去替换外汇储备，也不足以满足各国央行对储备资产的需求。此外，

---

① 本节中的数据来自世界黄金协会（World Gold Council），网址：www.gold.org，其中包括由世界黄金协会提供但并未在其官方网站上公开披露的部分数字。

在过去 10 年里，黄金存量始终维持着 1.5% 左右的增长率。据说，目前未开采的黄金储量约为 50 000 吨，但由于存在开采、物流等方面制约，目前每年开采的黄金被限制在 2 500 ~ 3 000 吨。若未来继续维持目前的开采速度，黄金产量的增速显然跟不上对非黄金储备的需求，后者自 2000 年以来始终维持着 16% 的增速。考虑到供给的非弹性，如果市场出现针对高流动性资产的需求时，黄金不太可能为国际货币体系提供新的流动性来源。

由于黄金的供给不能随着需求转换而快速调整，因此，黄金的价格必然存在较高的波动性。2012 年秋季，1 盎司黄金飞涨至近 1 800 美元。而到了 2013 年 5 月，便一路狂跌到不足 1 400 美元。黄金价格的高波动性及其未来走势的不确定性，也是各国央行不愿意在储备资产大量持有黄金的另一个原因。

在 20 世纪最后 10 年和 21 世纪第一个 10 年中的大部分时间里，中央银行对黄金的总体操作方式是卖出，而不是买入，但金融危机改变了这种格局。一向作为黄金市场供给方的中央银行，在 2010 年终于成为黄金的净买家，当年买进的黄金总量达到 77 吨。在 2011 年和 2012 年这两年内，中央银行的净买入量已接近 1 000 吨。2012 年，黄金作为官方储备的总量比 2000 年低 2 000 吨。2000 年的官方储备为 33 000 吨。目前，美国、欧元区（包括欧洲央行）、IMF、瑞士和日本合计持有的黄金约为 23 000 吨，大约相当于全球官方持有量的 3/4 左右。

在过去 10 年里，新兴市场的央行一直在积累黄金，这表明，他们正试图以新的选择代替其外汇储备中的美元。在金融危机爆发之后，这些国家积累黄金的步伐开始加速，目前持有的黄金总量已达到全球存量的 15%。尤其是中国，已将官方储备中的黄金持有量提高到 450 吨。在目前的新兴市场中，官方黄金持有量最大的三个国家分别为中国、俄罗斯和印度。其中，中国和俄罗斯的拥有量分别为 1 000 吨左右，印度为 550吨。尽管这些数字令人瞩目，但还是应该从这些国家国际储备总量的角度去分析。2013 年 3 月，中国的黄金储备量市场价值达到了 550 亿美元，数字的确非常可观，但是在相对量上还不到国际储备总额的 2%。就新兴市场整体而言，黄金储备量市场价值占国际储备总量的比例仅为 3% 左右。

中央银行将大量储备转换为黄金的能力是有限的，它取决于黄金市场相对于政府债券市场的深度。2013 年 1 月，媒体曾就中国是否会在外汇储备中大量增加黄金的可能性，对中国国家外汇管理局时任局长易纲进行了采访。他并不认同这种说法：

> 我们需要兼顾市场的稳定性和黄金价格……与中国目前 3.3 万亿美元的外汇储备相比，黄金市场的规模实在是太小了。尽管增加黄金储备量是一种选项，但这显然还需要审慎的判断。

黄金存量中的很大一部分表现为珠宝首饰，这部分黄金缺乏活跃的市场交易，因此，中央银行根本就不可能大量买入黄金。这极有可能会引发黄金价格的暴涨，随后，随着价格回归正轨，黄金储备必然会大幅贬值。总而言之，在过去几十年里，黄金或许已开始在中央银行的储备组合中承担起更重要的角色。黄金的流动性及其有限的供给，还将继续阻碍其成为一种重要的储备资产。

谁在为电子货币背书？

电子技术的发展，创造出多种多样的数字型货币，它们不仅是更为便捷的法定货币替代者，也是一种绕开"系统"的方式。通常，这些货币没有任何"真实"价值，也不以任何主权政府的税收为基础。

考虑到电子货币在理论和技术上存在的问题，很难预期它们会受到的关注，更不用说对现有货币构成威胁了。利用电子货币网络进行匿名交易始终被奉为该系统的主要优势之一，但这个特征在最近也频遭打击。针对利用该网络洗钱和逃税的担心，让这种电子货币名誉扫地。

曾有部分学者提议引入电子版法定货币。和纸质货币一样，由中央银行发行的电子货币虽然没有内在价值，但同样可以给发行者带来更多的铸币税收入，因为与纸质货币相比，电子货币的制造成本低得多。支持者称，更重要的是，它解决了利率的零下限问题，让中央银行可以将短期名义利率下降到低于零的水平。但事实证明，中央银行要真正实行低于零的名义利率并不容易，因为人们会转而持有纸币，以保证至少可以获得零名义利率。有了电子货币之后，中央银行只需削减现有的货币持有量，即可避开这种束缚。如果实行负名义利率能将通胀率调整后的真实利率打压到足够低的水平，从而达到刺激经济增长的目标，那么，这个可绕开"零下限"利率的特征就可以大发神威了。

即使电子货币流行起来。从技术上说，这种情况完全有可能在未来几年内成为现实，但它既不会影响到货币作为价值储藏手段的基本思想，也无法改变各种储备货币之间的均衡。

社区货币，尝试打破法律的空想家

在创作本书时，曾有一个寒冬的早晨，我在稍事休息时抽空到位于伊萨卡社区大街的"秋叶"书店浏览了一番，这条步行街位于康奈尔大学所在的街区。随后，我走上位于书店二层的"猫头鹰"咖啡馆，要了一份大杯卡布奇诺咖啡。当泡沫满满的咖啡送到我面前时，我用一种特殊的货币支付了费用，如果你不是碰巧住在纽约市伊萨卡的话，或许根本就没有听说过这种货币。

1991 年，社区活动家保罗·格罗夫（Paul Glover）推出了一种名为"伊萨卡时光"（Ithaca Hours）的新型货币。他创立这种货币的目标在于：

> 创造一种仅限于当地使用的货币体系，用以促进地区经济的发展并加强社区的独立性，并希望以这种方式维护纽约伊萨卡及其周边地区的经济与社会的公正、生态环境、社区参与度和人文精神。"伊萨卡时光"有助于实现货币的本地化，巩固伊萨卡的社区经济。此外，它还具有培育社区荣誉感、加强社区居民团结意识的作用。

其他社区货币也具有相似的目标：鼓励本地居民在社区内消费，推进社区的自豪感。目前已有的社区货币包括 BerkShares（马萨诸塞州伯克夏尔地区南部）、Bay Bucks（密歇根州的特拉弗斯城）以及"麦迪逊时光"（威斯康星州的麦迪逊）。使用者可以用美元购买这种记账单位，并在当地的商家购买商品或服务。加拿大 1998 年推出的多伦多元与加元等价交易，目前，多伦多市已有 100 多个商家接受这种货币。在每 1 多伦多元中，需要将 90 分存入储备基金，用以支持这种货币的价值，剩余的 10 分则用于为社区活动和项目提供资金。

那么，这样的货币是否合法呢？实际上，只要在外观上与美元相区分，且属于应纳税收入，这种地区性货币就不属于非法货币。换句话说，在一个商家接受"伊萨卡时光"购买其商品或服务时，就必须向买家代收营业税并上缴政府。显而易见，社区货币的规模不可能达到足以抗衡主要货币的程度，但有一点还是值得深思的：这些创建者的目标与主要货币的创造者在某些方面是相同的，即利用货币实现特定的总体战略目标。

信用永远是货币的根基

大宗商品，或者"真实"物品，显然比纸币更值得信赖，尤其是考虑到货币的价值储存功能时，纸币就令人心有余悸了。黄金确实含有一定的内在价值，但其市场价值往往和它在工业或其他用途中所创造的内在价值相去甚远。黄金的支持者经常会说，黄金是规避市场信心下降及国际储备货币贬值的有效保值工具。但也有人认为，尽管没有黄金那样的光泽，但白银等其他大宗商品却拥有更强大的内在价值。

这里的关键在于，和一国中央银行发行的纸币相比，上述所有选项都缺乏信用支撑。真正维系它们价值的根基在于，对每个接受这种特殊货币作为支付手段的人，他们也都怀有一个相同的预期：其他人也愿意接受这种特殊货币。这个道理在社区货币身上反映得淋漓尽致，它们没有政府或税收机构的支持，而是完全建立在相互信任的基础上。黄金及其他大宗商品确实可以提供一定程度的信用保证，因为它们毕竟属于有形资产。归根到底，作为一种价值储藏手段，黄金的价值同样建立在信用基础之上。

全球储备货币备选：SDR 能否撼动美元"王者之位"？

在这个问题上，最重要的或许是一种广泛性的合作，这种合作绝不是某个国家可以实现的。按照这个要求，我们自然而然地想到另一个候选对象，第 12 章讨论的 SDR。根据 IMF 的说法：

> SDR 是一种国际储备资产，它是 IMF 在 1969 年为弥补各成
> 员国官方储备不足而设立的。其价值依赖于由四个主要国际货币构
> 成的货币篮子，SDR 可以与其他可自由使用的货币实行兑换。

这四种主要货币为美元、欧元、日元和英镑。2013 年 4 月，SDR
的存量价值约为 3 000 亿美元，占目前全球储备资产的 3%。

原则上，SDR 可以兑换为"自由使用"的货币，却不能直接用于私
人交易。因此，增加 SDR 的存量并不能提高全球货币体系的整体流动性。
当一个国家将其持有的 SDR 转换为某种储备货币时，IMF 实际上只发
挥了一种媒介作用。

IMF 可以平白无故地创造 SDR，但这种情况极为罕见。因为只有在
获得 IMF 绝大多数成员国同意的情况下，IMF 才能这么做。随后，IMF
需要将新创造的 SDR 在各成员国之间进行分配，具体分配方式在一定
程度上是依据一个综合各项因素的公式，如 GDP 和贸易开放度。实际上，
这些因素也决定了各成员国在 IMF 中享有的投票权。

SDR 仅以虚拟形式存在于 IMF 的账面上，而且只能用作担保，并
最终由借取美元等"真实"货币的国家政府给予担保。利用其 SDR 配
额向 IMF 借款的国家，需要支付一定利息，出借这笔资金的国家则向借
款国收取利息。与 IMF 其他贷款形式不同的是，以 SDR 获得的借款不
附带任何条件，因为借款国只是在出现紧急情况时，将手中持有的 SDR
暂时转换为另一种货币，并将这种货币作为救急之用。

IMF 始终强调，SDR 不是传统意义上的真实货币。在很大程度上，

它只是一种记账单位。尽管不能将 SDR 本身当作储备货币，但可以将它纳入储备资产的计算，因为"持有 SDR 就代表着无条件向 IMF 其他成员国获取外汇或其他储备资产的权利"。除此之外，让 SDR 成为储备货币还会带来其他问题。

来自加州大学伯克利分校的莫里斯·奥布斯菲尔德（Maurice Obstfeld）曾指出，在 SDR 的背后，还缺少一个可通过行使征税权而获取收入的中央财政当局为支撑。再者，SDR 在各成员国之间的分配必然是一个政治事件，因为它最终还是由 IMF 执行董事会来决定，而不是依赖于某个固定不变的公式。

尽管存在各种各样的缺陷，但关于 SDR 将成为全球储备资产，并最终挑战美元统治地位的观点，从来就没有销声匿迹。曾有人提议，可以通过一个替代账户（Substitution Account）将 SDR 升级为国际储备货币。具体的操作原理是，成员国可以通过这个替代账户，将部分硬通货币储备转换为 SDR，这样就减少了储备资产对美元的需求，进而提高了全球金融体系的稳定性。

每当美元遇到麻烦时，这个话题就会被人们重新拾起来。毕竟，中国和其他新兴市场都要面对一个令人不悦的现实：他们找不到更好的地方存放自己的外汇储备。不过，将 SDR 变成全球储备资产，必然会让 IMF 面临巨大风险，因为它必须对 SDR 相对于美元的任何贬值进行补偿。这些损失最终还是要由 IMF 的成员国来承担，归根到底，需要由每个成员国的纳税人埋单。显而易见，这是一个无解的政治问题。不管在什么情况下，这种替代账户都不会创造出新的全球流动性。

尽管存在种种问题和顾虑，但如果采取集体行为的方式，（如"金砖五国"）为推进 SDR 地位而共同发力，必将形成不可忽视的影响力。

不过，当世界需要一个可靠的，值得信赖的流动性提供者时，IMF 很可能只是美联储的一个不合格的替补。总之，即便是声名显赫的 SDR，也不可能撼动美元作为全球储备资产所享有的王者风范。

"安全性资产"弹性供给，稳定性转瞬即逝

理论上，当针对一种资产的需求增加时，如果供给不能轻易扩大，或者可以认为这是一种非弹性供给的资产，那么，这种资产就适合扮演储备资产的角色。资产的有限供给意味着，这种资产不太可能出现贬值。近期全球金融市场发生的种种事件都对这一命题做出了印证："安全性资产"的安全性与这种资产的非弹性供给相互对应。实际上，在当前形势下，很多安全性资产恰恰属于可实现弹性供给的资产。只要国际金融市场需要流动性时，美元的供给即可轻而易举地予以扩张，仅仅是这一事实，便足以提高美元作为储备资产所享有的统治地位。尽管寻觅安全港的各国央行及投资者急于摆脱对美元的依赖，但他们的选择范围相当有限，而且在可预见的未来依旧如此。摆在他们面前的现实仍旧残酷无比。眼下，除了美元，他们还找不到任何显而易见、确实可行的选项。

稳定性很可能是转瞬即逝的。历史已经不止一次地告诉我们。即便是某个不起眼的事件，也有可能触发撼动人类文明的大规模变革，因此，我们必须为此而做好充分准备。比如说，一个世纪之前，奥匈帝国弗朗茨·斐迪南大公遭遇的暗杀事件，就是引发第一次世界大战的导火索。实际上，要寻找这样的例子根本就无须探究那么久远的历史。在突尼斯南部城市西迪布吉德，26 岁青年穆罕默德·布瓦吉吉（Mohamed Bouazizi）因抗议警察部门的粗暴执法，在 2010 年 12 月试图自焚，就

是这个街头小贩的举动，引发了一系列连锁反应，掀起了一场社会骚乱，并最终改变了中东地区的政治格局。

在第 14 章里，我们将看到，世界金融同样存在这样一种可能性：在某些情况下，不经意间发生的小事件也有可能触发翻天覆地的变革。

THE
DOLLAR
TRAP

第 14 章
谁将引爆美债核弹?

———

在一场潮流中,

一切事物都在瞬间发生。

剧变的那一刹那,

就是引爆点。

《引爆点》(*The Tipping Point*)

"加拿大总督功勋奖"获得者

马尔科姆·格拉德威尔(Malcolm Gladwell)

1987 年，普·巴克（Per Bak）、唐超（Chao Tang）及科特·威森费尔（Kurt Weisenfeld）在《物理评论快报》（*Physical Review Letters*）发表了一篇关于自然界自组织临界状态的文章。按照他们的模型，一个系统会自发地被诱导至临界状态。一旦达到临界状态，即便是最微小的变化也会带来意想不到的效应。

他们在文中讲述了一个非常有说服力的例子：以无序的方式向沙堆上撒沙子。当沙堆达到临界状态时，如果向沙堆上撒上一粒沙子，既有可能不会带来任何后果，也有可能引发流沙效应，导致整个沙堆彻底坍塌。

这其中原理完全不同于相变，后者表现为通过精确调节某一特定参数而达到临界点。比如说，只要压力和温度达到某个特定的组合时，水就会转化为冰或蒸汽。这些都属于重大而可预测的变化，而且在某种程度上都是可控的。在 1987 年这篇具有划时代意义的论文中，核心的结论在于找到一种特殊的机制，即简单的局部作用可以自发创造出复杂事物，而无须精确调节系统的任何一个变量。对沙堆上的一只蚂蚁来说，无论是临界状态之前，还是在达到临界状态之后，甚至就在沙堆即将崩溃的一刹那，这个系统似乎都是稳定的。

而对于那些站在全球货币体系这个沙堆上的人来说，最有挑战性的问题在于，这个沙堆是否已经处于临界状态。只需要最轻微的震颤，这个沙堆就会轰然坍塌。不祥之兆总是存在的。宏观经济数据会在我们面前展现出一幅大厦将倾的图景：**发达经济体的公共债务状况持续恶化，债务压力陡然增加，并且严重依赖急切寻求避风港的外国投资者，美国就是这样一个发达经济体**。这些经济体一直在受益于以本币发行的主权债务。实际上，这可以让他们将货币风险转嫁给购买其主权债务的外国投资者。

尽管发达经济体从来没有因为"原罪"（只发行外币债券）而遭到指责，但"累罪"依旧有可能让他们遭到惩罚。面对低水平的人口增长率、持续加速的老龄化人口、医疗及其他权益计划成本的不断上涨，如果不能对公共财政进行有效控制的话，美国及其他发达经济体极有可能遭遇更惨烈的危机。

在发达经济体中，持续增长的高水平债务严重威胁到全球宏观经济的稳定性。当前，国际社会对储备货币发行国的政府债券需求强烈，但这显然是一种极其脆弱的平衡。欧元区近期的遭遇足以表明，无论是本国的债券投资者，还是外国的债券投资者，都会转眼间抛弃一个深陷危机且债务水平居高不下的经济体，导致这个经济体几乎没有紧缩财政的喘息空间，便跌入危机的深渊。尽管美国是一个特殊的大国，是全球金融的中心，但债券投资者的忍耐总是有限的。既然如此，他们的限度又在哪里呢？

引爆美元暴跌的 "黑天鹅" 何时出现?

来自哈佛大学的卡曼·雷恩哈特（Carmen Reinhart）和肯尼斯·罗格夫对债务危机进行了广泛的具有开创性的研究。他们认为，只要一国的公共债务超过 GDP 的 90%，继续累加的债务就有可能降低增长率。目前，美国的公共债务总额已超过 GDP 的 100%。按照上述标准，如此高的公共债务将导致美国滑入增长的危险区。在他们的学术论文中，雷恩哈特和罗格夫极为谨慎地指出，他们也只是研究了高负债和低增长率之间的相关性，并不表明两者之间确实存在因果关系。回到现实世界中的公共政策，这种微妙的关系就更加模糊不清了。美国和欧洲针对财政紧缩政策展开激烈辩论，恰恰就是对上述研究的印证。但这个命题随后便遭到了攻击，部分原因在于某些概念和数据问题。还有一部分原因则在于，某些决策者和技术论者始终在利用这些结论为财政紧缩政策辩解。在他们看来，高负债必然会导致低增长。不过，也不能一概否定这些结论，因为其他研究也发现，高水平的政府债务与低增长之间的确存在某种程度的关联性。

从表面上看，这项研究确实不支持债务水平是经济增长引爆点[1] 的结论。也就是说，一旦债务水平超过这个引爆点，债券市场就会面对公共债务借款成本大幅上涨的局面，进而危及一个国家的偿债能力。近期，有关是否存在此类引爆点的其他研究显示，政府债务占 GDP 的比例超

---

[1]实际上，相变的物理学原理远比本文介绍的情况更为复杂。不同相位之间存在着一条边界线（由温度和压力的不同组合决定），在这个临界线位置，同一种物质会以两种甚至是三种状态共存：固体和液体、液体和气体，或是固体和气体。此外，还会存在一个特定的压力和温度组合，在这个组合的作用下，一种物质达到热力学平衡状态，使得该物质以三种状态并存。这个平衡点，或者说不同相位相互交叉的边界线，就被称为"引爆点"。

过 80%，且长期维持经常账户赤字的国家，很容易遭受财政危机。当投资者对这个国家的债务水平感到担忧时，这种情况就会出现，并推高市场利率，导致债务问题进一步恶化。

显然，美国还一直没有遇到过这个问题，尽管上述研究所提出的危险信号均已亮起红灯。至于这个温和的结果是否只是人为造成的，完全来自美联储的非常规货币政策行为，譬如直接购买大量政府债券和压低长期利率，至少在目前还不得而知。

高企的债务意味着，美国还可以为世界源源不断地提供债务凭证。再加上政府债券市场的稳定性和流动性，给美国带来了其他经济体难以企及的巨大优势。不过，一旦投资者开始怀疑美国能否履约这些债务，而且不会借助通胀政策，那么，这个债务引爆点或许就会如期而至。这当然不是说，美国一定要用真金白银偿还全部未偿还的债务存量，而是说，随着债务总量增加，美国政府借新债还旧债的能力将逐渐萎缩。今天，其他国家的投资者确实被锁定于美国债券，但随着时间推移，当其他经济体，尤其是新兴市场的金融市场不断完善，并开始为投资者提供更多"安全性资产"时，这种状态就会有所改变。尽管债务水平高企，但美国债券市场迄今为止尚未爆发过任何灾难性事件，然而，这本身并不值得欣慰，而且也不应该成为美国人自鸣得意的理由。

尽管这个道理似乎很有说服力，但实际情况却全然相反。让人好奇的是，现实中零散的证据（部分证据见第 1 章）却表明，值得欣慰的理由似乎多于令人担忧的理由。此外，全球对安全性资产的需求依旧强劲，而且新兴市场也出现了大规模的官方资本流出，因此，这些显示高水平政府债务与低增长相关性的研究，或许更适于其他经济体，而对美国却未必适用。

那么，美元是否永远都不会遭遇断崖式贬值呢？历史告诉我们，金融市场酝酿危机的方式是多种多样的。以往危机带给我们最重要的一个教训就是，如果某些事物显得过于美好，过于新奇，导致无法长久维系，那么，它就极有可能不会长久。更多情况下，某些貌似不可避免的事件被推迟得越久，它就越有可能以爆炸性方式在瞬间成为现实，而不是带来短暂而轻微的痛苦。

那么，到底什么会成为触发美国债券价格遭遇骤跌的引爆点呢？未知因素很多，但大多数似乎都属于小概率事件。全球金融危机带来的教训应该很清楚了，"黑天鹅"并不是想象中的幻影，而是代表了我们忽视发生概率极低，却具有超强破坏性事件带来的风险。

中国引爆美债核弹的假设

有一个潜在的引爆力量是不容忽视的，那就是中国。在美国政府债券的国外买家中，中国始终是最让美国心有余悸的势力。据中国官方发布的数据，中国在2008—2012年购买的美国政府债券约为7 500亿美元，而同期世界各国购买的美国政府债券总额为3.2万亿美元。也就是说，中国的购买量占全球购买量的近1/4。

在此期间，坊间纷纷传言，中国或将采取措施，强化外汇储备货币结构的多样化，减少美元持有量，这足以引发货币市场的骚动。即便是在此之前，从中国的官方声明中，外界就已经揣测出中国可能对美元储备心存疑虑的证据。

毕业于牛津大学的中国著名经济学家余永定，始终积极主张推进中国汇率的自由化改革。2004—2006年，余永定曾担任中国人民银行货币政策委员会委员。在此期间，在他的努力下，中国在汇率自由化方面确有进步。

援引媒体报道，2004 年 11 月 25 日在上海举办的一次活动中，余永定曾透露，中国一直在采取措施减少美国国债的持有量。就在这篇报道发表之后，美元对其他主要货币的汇率便全线下跌。见报次日，余永定便出面澄清，他的观点被媒体误读，他本人对外汇储备情况并不知情。随后，美元再次反弹。尽管推动货币价值逐日变动的因素不得而知，但各种为外界广为传播的中国官方声明频频扰动货币市场，这一事实足以表明，市场参与者的心理是何等脆弱。

最大债权国以暴制暴的核武器

中国是否会考虑利用其持有的美债以暴制暴呢？在 2011 年官方网站发布的新一期"政策热点问答"中，国家外汇管理局做出澄清，中国的投资决策依赖理性的经济因素，其外汇储备不会被用作国际外交政策的武器：

问：中国是否会将外汇储备作为"杀手锏"或"原子武器"？

答：我们一直强调外汇储备是负责任的长期投资者，外汇储备在投资经营过程中，将严格按照市场规则和所在国的法律法规运作。外汇储备同时还是一个财务投资者，不追求对投资对象的控制权。外汇储备投资经营必须是一个互利双赢的过程，通常采取"顺其自然"的态度。也就是说，如果我们的投资受到所在国的欢迎和认可，我们就积极加深合作；反之，如果所在国还有某些疑虑，我们就会放缓节奏，加强沟通，争取达成一致。

这样的回应或许只是对其他国家的一种保证，而不针对任何中国居民。按传统观念，对中国来说，大量减持美元储备无异于玩火。即使中国只抛出其美债持有量的 10%。在绝对量上至少不低于 1 300 亿美元，如此巨大的减持规模也足以引发债券和货币市场恐慌。考虑到市场的深度与流动性，如果是在正常情况下，这样的规模似乎还不至于引发市场地震，但现在显然不属于正常情况。债券投资者已对持续攀高的美债感到焦虑不安，因此，这种做法可能会成为导火索，导致负面市场情绪积聚，尤其是其他经济体央行有可能步中国后尘。

此时，美国政府的借款成本上涨，美元贬值，这必定会损害美国利益。但中国同样不能幸免于难，本身也会遭受严重损失。如果美国政府债券价格下跌，必然会导致中方持有的美国国债遭遇大幅贬值。此外，如果美元对人民币贬值，那么，这些债券的人民币价值会下降得更多。

总而言之，从很多方面看，这对中国也不是一笔好买卖。当然，如何处理抛出美国政府债券回笼货币，对中国来说也不是一件容易的事情。中国的主权财富基金迫切需要良好的投资机会，但黄金市场规模有限，而全球其他债券市场根本就没有能力吸纳数千亿美元的资金。

上述分析表明，中国要在不伤及自己的情况下对美国金融市场发起攻击，几乎是不现实的。这背后的道理不难用经济学加以解释。在很多情况下，政治是超越经济的，而且政治绝对是不折不扣的未知数。

自信的美国人：抛售美债无法报复美国

对于任何针对抛售美国国债发出的威胁，其可信度完全取决于这种报复措施可能给债券市场带来的破坏程度有多大。据美联储研究人员估计，在任何一个月份内，如果外国官方买进相当于 1 000 亿美元的美国国债，那么，这种购买行为可能会将 5 年期国债的利率推高 40 ~ 60 个基点（100 个基点相当于 1%）。但如债券收益率出现类似幅度的上升，也有可能吸引更多外国投资者，从而抵消最初的收益率上涨，将最终的影响减少到 20 个基点左右，使得收益率上涨幅度更为温和。在理论上，这些数字可以表明，要让国债收益率提高一个完整的百分点，还需要国外的官方资本流入做出重大调整。需要指出的是，由于研究人员采集的数据截止于 2007 年，并未包含本次金融危机。因此，上述估计完全基于国外资本流入在正常情况下对国债收益率的影响。

考虑到金融危机还在投资者的脑海里记忆犹新，官方资本流入的重大变化可能会对其他投资者及债券市场带来不可预料的影响。中国及其他新兴市场央行大举抛售美国国债的行为，不仅会吓跑私人投资者，甚至会引发整个市场大地震。但这毕竟是一个没有人经历过的未知领地，有关投资者在金融市场经受巨大压力时将如何应对的任何预测，都可能与正常情况下的行为模式相去甚远。

尽管我们根据金融危机期间的遭遇做出种种推测，但这些推测不应排除其他可能性，即美国债券市场的溢出效应在其他经济体的金融市场上引发更大波澜。在这种情况下，为寻求安全港效应，受影响的经济体还是把资金转移到美国的债券市场，最终的影响可能不仅仅是完全抵消债券收益率的最初上涨。

此外，美联储绝对不会犹豫，它还会插手干预，采取一切必要措施维护美国金融体系的稳定。美联储可以轻而易举地笑纳外国官方投资者抛售的美国国债，只要它认为这是不可避免的措施，美联储就宁愿以回购国债来扩大其资产负债率。有了这种意愿，即使其他经济体以倾销持有的部分国债来威胁美国债券市场，这种威胁的可信度也会大打折扣。

在 2012 年 7 月提交给美国国会的报告中，美国国防部就中国持有美国国债进行了分析。报告的结论相对较为乐观：

> 以美国国债为报复性手段的企图，注定只会带来有限的影响，而且中国因此而遭受的破坏有可能超过美国。此种威胁并不可靠，而且实施效果会相对有限，因此，无论是在外交、军事还是经济领域，它都不会成为中国的威慑性武器，而且无论是和平时期，还是危机或战争状态下，这种假设都是成立的。

显然，美国并不认为中国持有美国国债会对美国构成威胁，或是增添中国在双方谈判中进行讨价还价的砝码。

危险的乌龙球：美债核弹极有可能由美国引爆

美国的国债市场相当脆弱，因此，我们根本就没有必要指望由外部力量充当它的引爆点。实际上，甚至美国国内投资者也会重新考虑，是否还要继续把美国国债作为他们的安全港，或在投资国债时，至少应要求得到更高的投资回报率。毕竟，过高的公共债务是一种风险，因为利率的微小波动就有可能给债券融资成本带来重大影响。美国的国会预算办公室也曾提出警告：

> 联邦债务持续增加……必将导致突发性财政危机的概率大为增加，一旦出现此类情况，投资者就会对政府预算管理能力丧失信心，继而，政府则会丧失以可靠成本筹集资金的能力。

考虑到美国公共债务的规模已达到年度 GDP 的 3/4，因此，如果总体利率上升 1 个百分点，就意味着需要在政府开支中增加 GDP 的 0.75% 用于债务融资。而这个增量马上会挤占其他政府开支。

实际上，融资成本的增加量很可能会更低，因为它最终依赖于政府债券的期限结构，即偿还到期债券或是为已到期债券进行再融资的时间安排。长期债券无须进行经常性的再融资，而短期债券对利率上调更为敏感。2001 年，美国国债的平均到期期限达到了最高点，为 71 个月，但到了 2008 年底便缩短至 48 个月。这意味着，美国每两年就需要完成相当于债券存量一半的再融资规模。

危机袭来，尽管美国公共债务的净存量大幅膨胀，但债务的到期结构却出现了实际上的改善。之所以会出现这种情况，就在于全球对长期美国国债需求出现了增长。2013 年 3 月，美国国债平均到期期限延长到 64 个月，远远超过 1980—2010 年的 58 个月平均值。平均到期期限延长的部分原因，可归结为美联储将回购中期国债和长期国债（到期日超过 1 年的证券）作为量化宽松政策的部分手段。从 2008 年年底到 2013 年年底，由政府机构（包括美联储）持有的未到期中长期国债增加 5.5 至万亿美元。其中美联储购买的国债达到了 1.4 万亿美元，占全部回购量的 25% 左右。因此，私人投资者所持国债的平均到期期限相对较短。

国债平均到期期限的延长提供了一种保护层，因为利率上调不会马上带来债务融资成本的提高。不过，考虑到债务的庞大规模、抛物线式的未来债务走势以及市场动荡导致利率大幅飙升的可能性，美国人显然还没有心安理得的理由。根据美国预算管理办公室（OMB）预测，公共部门债务的净增加额在 2013—2017 年即超过 4 万亿美元，在随后 5 年内又将持续增加 3 万亿美元，甚至更多。

通胀率与收益率，傻傻分不清

各种力量在美国国债市场上犬牙交错，形成一种复杂的均衡。但债务收益率的正常提高肯定不是一件坏事，比如，经济形势的复苏，劳动力市场的收缩以及工资与价格通胀预期的适度上涨。通常情况下，利率的涨跌与商业周期保持同步，因此，债券收益率在整个 2012 年及 2013 年上半年的相对提高，应该是一个回归常态的信号。它会给固定收益投资者创造合理的动机，或创造一个回归债券市场的传统理由：以较低的风险获得适当的预期收益率。

在当前高度不稳定的环境下，为了实现风险最小化，投资者甘愿接受实际上已经为零的回报率。和这种驱赶投资者进入市场的力量相比，上述理由无疑健康得多。相比之下，由于市场对债务水平继续膨胀的担心，通胀率在缺乏强势复苏基础上的高企，必然会推高债券收益率，这显然不是人们期待的结果。随着投资者的大举逃离，市场极有可能迅速失控。

问题在于，从形式上看，这两个结果在短期内并无区别。如果投资者不能对它们做出区分，就有可能混淆两者，引发市场对美国国债和美元的恐慌性抛售。不过，我们还很难设想美元大幅贬值的可能性。实际上，这种情境多少会给市场带来一丝无端的慰藉：这样的市场恐慌或许又是一次自我修正。私人投资者或许会发现，市场上还存在少许新的高质量的资产供给，譬如投资级公司债券，从而为他们的储蓄找到新的安身之地。大型机构投资者和整体市场则会发现，无论是在美国还是其他国家或地区，可选择的投资对象已寥寥无几。因此，类似事件引发的恐慌，最终还会导致资金回归美元，这无疑又是一次自我嘲讽式的轮回。

海外融资力挺美元的历史插曲

几十年来，尽管美元一直在国际货币体系舞台的中央屹立不倒，但毋庸置疑的是，在很多情况下，它都会时不时地遭遇威胁，而且依赖海外融资力挺美元对外价值的例子也不止一次。这些插曲似乎就是给后人演绎了一堂公正客观的教学课：美元危机是如何爆发的。但事实并非如此，因为在这些插曲的背后，我们看到了这个美元陷阱是多么地难以跨越。

外币计价的罗莎债券诞生

1961 年，当国际货币体系还在以金本位为基础的时候，人们就有了一种顾虑，如果其他经济体打算将手中持有的美元兑换为黄金，美元是否会出现挤兑危机。很多经济体的央行均积累了大量的美元储备，远远超过为确保本币兑换美元所需要的数量。1950 年，美国的黄金保有量数倍于其他国家央行的美元持有量。到了 1960 年，就已减少到与国外央行持有的美元勉强相当的水平了。

为此，时任美国财政部货币事务副部长罗伯特·罗莎（Robert Roosa）力排众议，调集各方力量，极力维护美元在国际货币体系中的统治地位。他首先提出建立"黄金库"的想法，汇聚各主要经济体央行的黄金储备，阻止投机活动，并协助 IMF 创建一个名为"一般性借款安排"（General Arrangements to Borrow）的新型贷款机制，借助德国和日本等顺差国的信用，达到刺激经济增长、推动国内需求的目的。

罗莎的最后一招就是创建罗莎债券。这些不可转让的美国政府债券以外币标明面值，并对外国央行发售。它们可以将外国央行持有的一部分美元储备转换为长期债券。由于债券本身可以规避美元贬值的风险，因而可减少国外央行将美元储备兑换黄金的需求。虽然有些央行不愿意购买罗莎债券。对其他央行来说，这种债券为他们大量持有美元找到了借口。1962—1974 年，美国总共发行了价值 47 亿美元的罗莎债券，由奥地利、比利时、德国、意大利、荷兰及瑞士央行买进。

罗莎债券以及 20 世纪 60 年代采用的货币互换额度曾一度被视为具有"贿赂"特征。它以有价证券形式取代了美国提供给其他经济体央行的黄金。在危机时期，这些金融工具成为美元换黄金的替代形式。美国财政部和美联储采取的这些措施，其目的在于稳定国际货币体系。但更重要的是，维持了美元的统治地位。

值得注意的是，尽管其他经济体不情愿，但最终还是接受了这样的安排。因为一旦美元大幅贬值，必然会招致全球金融市场混乱。如果那样，任何经济体都不可能幸免于难。在美国近代史中，美国发行以外币标明面值的政府债券不止一次。

"美元保值计划"下的卡特债券

1978 年秋季，随着通胀率直线上升，美国宏观经济政策的疲软开始引发越来越多的担忧。货币市场陷入混乱，美元遭遇严重下行压力，对德国马克和日元等货币大幅贬值。

1978 年 11 月 1 日，卡特政府宣布了一项多重美元保值计划。该计划包括将基准利率（美联储的贴现率）大幅上调 1 个百分点，创建 300 亿美元的外币资产包，用于干预外汇市场。在这 300 亿美元的外币资产包中，150 亿美元来自美联储与其他国家央行的货币互换，50 亿美元由 IMF 提供，还有 100 亿美元以"卡特债券"进行融资。这些债券以外币计价发行，实际上，美国财政部就是想通过这种方式鼓励外国央行购买债券，大胆承担美元贬值带来的货币风险。此外，在外界看来，美国发行这种债券也是为支持美元价值所做出的一种承诺。

1980 年 1 月，美国已发行了 65 亿美元以德国马克和瑞士法郎计价的国债。"美元保值计划"备受关注。事实证明，由于这种债券拥有强大的货币体系支持及其他宏观经济政策调整为后盾，因而取得了巨大成功。该计划迅速稳定了美元币值。

在随后几年里，美元甚至一度升值，当这批"卡特债券"在 1983 年 7 月全部到期兑现时，让美国政府着实大赚了一笔。由于美元相对于这些债券的标值货币出现升值，因此，美国就可以用较少的美元偿付这些债券。于是，利润就产生了。

"奥巴马债券"会不会出现？

原则上，如果目前全球对美元计价资产的需求预计将减少，且美国经济需要为其庞大的经常账户赤字提供融资，那么，美国就可以发行类似的债务工具。这种措施可能会暂时性地抬高美元价值，并相应减少经常账户赤字。当然，美国政府不太可能采取这样的措施，因为美国更需要通过美元贬值来提振出口。毕竟，当下货币战争的焦点在于，其他经济体都在不遗余力地防止本币对美元升值，因为本币升值必定会伤及他们的出口竞争力。

在两种条件下，美国都将处于有利位置，即使发行此类债券，也无碍大局。如果美元继续维持强势，那么，美国就可以从其他经济体获得源源不断的廉价资金。如果美元贬值，并且通胀率上升，美国在新发行的外币债券上会遭受损失，但外国央行及其他外国投资者持有的美元债券在数量上更为庞大，因此，他们必将遭受更大损失。总之，在当前以美元为核心的体系中，对其他经济体来说，任何剧烈的变化都是一个"双输"命题，并且只会让现状更加持久、稳固。

撕掉"安全"面纱，继续加固沙堆根基

全球金融危机给我们留下了一份宝贵的遗产：它彻底撕掉了各种金融资产的所谓"安全"的面纱，尽管这些资产曾创造出对安全性资产的更大需求。本章的分析，结合第 13 章讨论的观点，共同引导我们回到了最初的出发点：如果不是美元，如果不是美国政府债券，那会是什么呢？全球金融稳定性的庞大身躯似乎就建立在这个弱不禁风的根基之上。尽管全世界都知道，全球金融体系恰恰就搭建在这个不稳定的沙堆上，但它唯一的选项似乎就是继续加固这个沙堆的基础，逃避这个沙堆坍塌带来的灾难。

THE
DOLLAR
TRAP

第 15 章
终极悖论
脆弱的货币体系孕育美元的稳定

———

对国际货币体系实施根本性变革的任务被一再拖延。
今天，一向目中无人的美元正面临巨大挑战，
这进一步强调了变革的必要性和紧迫性。

罗伯特·特里芬（Robert Triffin），1960 年 11 月

今天，美国的经济太庞大了，也太重要了，以至于世界上的所有国家都会因他的闪失而惨遭伤害。如果美国遭受财政危机或金融危机，它的余波必然会殃及世界上每一个国家。仅凭借这个末日灾难带来的恐惧感，就足以让美国经济优哉游哉地矗立在全球金融系统的中央。尽管美国对规避灾难性后果的承诺不足为信，但就是这份口头承诺创造出来的安全感，就能让美元陷阱拥有无法抗拒的诱惑力。

　　眼前的形势充斥着形形色色的悖论。当下，全球货币体系要想实现自我修复，首先必须要求美国理顺国内经济政策。重中之重的任务就是要管好美国的长期公共财政，而不只是一味依赖会加剧未来金额不稳定性的宽松货币政策。在此之前，其他国家只能委身于陷阱之中，为美国人的挥霍无度继续埋单。值得关注的是，美国的回馈方式是为其他国家分担成本，而不是为他们的支持支付对价。

　　当前国际货币体系的形势表明，美元依旧独占鳌头。50年前，特里芬就曾指出，美元霸主地位遭受到的威胁已经迫在眉睫，但迄今为止依旧如此，只不过威胁的本质已经随时间推移而发生了变化。历史表明，这些威胁或许符合逻辑，而且令人信服，但最终还是昙花一现。在战后的每个 10 年里，预示美元即将崩溃的事件都会出现，权威专家也都会站出来，发出"美元即将走到尽头"的预言。但全世界都偏爱的这种伤痕累累的价值储藏手段，却从未遭遇过真正的挑战；尽管屡经磨难，但美元始终站在全球货币舞台的制高点，屹立不倒。

嚣张的债务人也会与全世界分担痛苦

至于中国或其他国家将美国公共财政推入危急的可能性的确存在，不管这种可能性有多大，也不管这种可能性变成现实的时间有多么遥远，但都有足够的理由让美国的决策者感到担心。毋庸置疑，这种危机必然会在经济与金融上造成巨大破坏，但是与其他任何国家相比，美国显然更有能力应对这场危机。作为迄今为止全世界最重要的储备货币，美元的嚣张特权为美国提供了独一无二的承受力。

最具有讽刺意义的是，美元危机实际上还有可能让美国在某些方面成为受益者。因为它最终迫使美国制定更完善的政策，并缓冲政策短期错位带来的冲击。

首先，美元贬值应该有利于美国经济，因为这会让美国的出口商品更便宜；其次，美国利用其对外资产负债表的头寸赚得一大笔利润。

正如在第 6 章讨论的，美国的大部分债务均以美元计价，即使美元贬值，美国的对外资产负债表也不会发生任何变化。相比之下，美国持有的大部分外国资产以外币计价。因此，如按美元计算，在美元贬值时，这些资产的价值反而会上涨，因为每一单位外币可以兑换更多的美元。

当然，美国同样要分担其他国家的痛苦。因为在这种情况下，美国政府债务的融资成本会更高，这就进一步增加了政府预算的压力。如果其他国家不愿意持有更多美元，就会推高美国的通胀率。

不过，其他国家承受的痛苦注定要大于美国。如果美国经济增速放缓，美元大幅贬值，那么，其他国家就必须通过增加国内需求而进行重大调整。正如全球金融危机所昭示的那样，任何国家都无法逃避美国破产带来的负面效应。

美国统治世界的逻辑

既然债台高筑的美国如此脆弱，他为什么还能继续担当全球流动性的最后提供者呢？为什么全球投资者还会天真地笃信美国政府一定会以有序方式履行其偿债义务呢？在很大程度上，这些问题的答案依赖于美国拥有强大而充满活力的制度。在某些方面，这些制度甚至远比经济实力更重要。

法制，美国威慑世界的隐秘核武

经济、法律和政治体制以及社会道德规范是一个国家实现长期经济繁荣的决定性因素，这早已成为经济理论界公认的一个信条。诺贝尔经济学奖得主、华盛顿大学教授道格拉斯·诺斯（Douglass North）在其主持的讲座上，曾反复强调制度对经济增长的推动作用。他认为，完善的制度不仅有助于保证私人的契约性安排，也可以减少被政府或其他政治组织征用的可能性。

麻省理工学院的达伦·艾斯莫格鲁（Daron Acemoglu）、西蒙·约翰逊（Simon Johnson）和詹姆斯·罗宾逊（James Robinson）进行了大

量的实证研究，为验证制度的重要性提供依据。他们在部分研究中尝试
对不同类型制度的作用进行了分类。对此，他们的结论是，保护普通居
民财产免于被政府或政治精英阶层征用的产权制度是实现长期经济增长
和金融发展的基本前提。他们发现，保证私人契约得以实现的契约制度，
对金融媒介的影响大于对经济增长的影响。其他研究也发现，在解释国
家在经济和社会发展程度上的差异时，参与权和民主责任比产权制度更
重要。

正是这些制度因素，构成了其他国家信任美国的基础。美国最强大
的武器，当数对立法、司法和执法机构之间监督与制衡的制度化。强调
公共制度的透明度同样是构建这种信心不可或缺的基石。在执行这些制
度时，美国不仅强调制度本身的优势，也不避讳它们的弱点和缺陷，将
民主程序与自我纠正机制有机结合起来。

当前政治体制的失灵当然会促使人们思考，以上逻辑是否只是在诱
使人们盲目地信任美国。回顾历史总会让我们看到，政治碎片化绝非什
么新事物，在这个相对还很年轻的国家里，这样的例子更是不胜枚举。
主要政治派别间的仇恨与冲突，两党之间合作的匮乏等问题始终让美国
的决策缺乏效率。幸运的是，美国及其国内各政党最终还是克服了这些
艰难，而且几乎没留下什么疤痕。尽管政党之间矛盾不断，冲突不止，
但实现平稳政治过渡已成为既定惯例。

其他央行和投资者之所以笃定美国不会以任何直接或间接方式对其
债务违约，譬如暂时性地允许通胀率高企，就是因为美国拥有开放而透
明的民主体制。美国投资者持有的国债约为 4.5 万亿美元，其中就包括
退休者在内的很多投资群体，他们构成了一个强大的投票人群，对外国
投资者来说，这个事实本身就是一种担保。此外，美国国债的持有者极

为分散，因此，以某个国家为目标进行选择性违约的观点是不现实的，而且在法律上也很难说得过去。

实际上，美国的司法体系同样是造就这种信任的一个支柱，它不仅独立于立法和执法机构，而且还被视为一个始终坚持公正的规则解释者。尽管有人会以美国法律规范过于复杂为由提出质疑，但以始终如一的方式运用和执行法律，才是培育国内外投资者信心的关键。

美国的很多优势是相辅相成，相互促进的。强大的监管和司法体制让很多外国公司在美国的证券交易所公开上市，以期将他们与美国的制度框架捆绑到一起。在美国证券交易委员会登记注册的外国公司必须接受更严格的企业治理标准和信息披露要求。作为回报，他们可以享受更有利的市场估值、成本更低的融资和更优异的长期财务成果，相比之下，那些不接受美国市场约束和监管的类似企业，往往要逊色得多。

投资者追逐的本质：流动性和市场深度

除了公共制度的质量和活力之外，金融市场的深度是定义美国的另一个关键特征。因此，对美国政府债券的投资至少可以保证流动性和交易的便利性。在某些方面，当全球金融陷入混乱时期，投资者之所以大举买入美国国债，其目的更多是为了追求流动性和市场深度，而不是寻求安全性。因此，在全球金融市场风起云涌的危急时刻，即使美元贬值预期让外国投资者损失掉一部分本金，他们还是会不假思索地涌向美国国债。因为这些投资者很清楚，当乌云散去，蓝天再现时，他们可以不费吹灰之力地卖出这些国债

与其他很多资产市场一样，美国的债券市场同样遵循博傻游戏的规则。这个概念在 21 世纪初的美国房地产市场牛市期间流行开来，即使

资产的价格已经被高估，只要你有信心能找到愿意出高价钱的下一个买家，买进这笔资产就是合理的。在很多投资者的心目中，这个游戏背后的逻辑是，由于美国国债市场的交易量极为庞大，因此，要找到其他傻瓜应该不是什么难事。不管出于何种原因，至少在目前看来，美元依旧是最终极的安全避风港。在全球金融系统中，一切都是相对的。美元的持续统治地位只能说明，其他国家的制度和金融市场还无法与美国相提并论。尽管存在这样那样的缺陷，但美国的体制和市场始终是全球投资者衡量其他国家的标杆。对于当前的状况，斯坦福大学的罗纳德·麦克金农的总结极为精辟透彻：

> 尽管没有一个人喜欢美元本位，但自 1945 年以来，无论是政府还是外汇市场的私人参与者，都一直使用美元……毫无疑问，美元是最成功的生存者，它太宝贵了，因此我们不能失去美元；它也太艰难了，导致我们找不到可以替代美元的其他货币。

至于美元的未来是令人振奋还是沮丧，这完全取决于你的位置。

货币的未来：继续乱战还是一统天下？

以货币为媒介的交换将人类从无效的物物交换中解脱出来。它极大地推进了国内贸易与国际贸易，并为全世界的经济增长铺平了道路。在这个方面，法定货币的价值依然不减，尽管存在种种缺陷，但迄今为止，人类显然还没有找到比它更好的替代品。

虽然法定货币具有种种好处，但它也逐渐演化为国家内部以及国家之间的不安定根源。如果说全球货币体系的当前结构进一步加剧了这种不稳定性，那么我们就必须回答这样一个问题：尽管这个系统的核心不尽人意，尽管它只有屈指可数的几种储备货币，但是它为什么会得以维系并延续呢？随着全球经济实力分配的分散化以及全球金融市场的共同发展，展望未来，必将有越来越多的货币被运用于国际贸易和金融交易。

然而，当货币实现了跨境流动时，其本身就会成为制造宏观经济和金融不稳定的一种根源。尤其是对新兴市场而言，他们还没有能力依赖自身财政、货币和金融政策，来完全规避这些资本流动带来的灾患。因此，除了积累某些法定货币作为护身的储备资产之外，这些经济体几乎别无选择。

第 11 章讲述了国家保险的概念，它肯定有助于减少一国大量积累储备资产的必要性，但是仍然不能免除主要经济体央行的一个重要角色——在全球金融系统需要的时候，创造足够数量的流动性。但全球金融固有的惯性，再加上缺乏有效的全球监管体制，导致这种保险方案在短时间内还无法得到采纳。因此，以美元为核心的储备货币结构还不可能在短期内发生变化。

硬实力悄然变迁，软实力依旧如故

目前，新兴市场已经在全球经济中占据了举足轻重的地位，并为全球经济增长做出了相当大的贡献，但他们的金融市场依旧发展滞后。反之，虽然发达经济体已经建立起完善的金融市场，却债务缠身，而且丝毫看不到解脱的希望，人口老龄化更是让全球经济雪上加霜。在未来 10 年里，发达经济体还将面对一触即发的债务危机和金融危机，给本已暗淡无光的增长前景蒙上了一层阴影。新兴市场还要应对脆弱无力的国内体制与政策，这种先天性缺陷或许会减缓他们的增长动力，但还不至于拖累经济增长的大趋势。

美国及其他发达经济体依旧享受着新兴市场无法体验的很多优势。主要发达经济体拥有更完善的制度和政治稳定性，当然，他们还有更具深度和更发达的金融市场。即便是在遭受政治掣肘时，他们往往也能实现平稳的政治过渡。公共制度的优势始终是实现政治和经济稳定的关键要素。主要发达经济体的中央银行仍然拥有足够的独立性和可信度，而这两个特性恰恰是在不会引发通胀预期的前提下推行何种常规及非常规货币政策的基础。很多发达经济体的政治碎片化，再加上对其公共制度的信任缺失，让这些经济体如履薄冰。此外，职责的无限膨胀以及来自政治势力的重压，正在让中央银行承担着越来越大的压力。

美国为我们提供了一个绝世无伦的典范：一方面，他是一个拥有巨大制度优势的富裕国家；另一方面，他又是一个挥霍无度、恣意享用嚣张特权的国家。但美国不可能无休止地依赖这些优势去弥补它的政策瑕疵。此外，美国政治机制的失调程度及其对金融稳定性带来的影响，已经在全世界面前昭然若揭。然而，其他国家还无力逃出美元陷阱，很多国家实际上已经深陷其中。

2011 年，在二十国集团在南京召开的国际货币体系改革高级别研讨会上，来自花旗集团的独立分析师斯蒂芬·英格兰德对当前形势做出了精辟总结，我们曾在第 12 章介绍过本次会议的详情。他认为，除了一个国家，所有国家都在绞尽脑汁地思考，如何摆脱以美元为全球头号储备货币的现状；只有这一个国家始终在不遗余力地挣扎。一方面，它试图让自己的货币继续作为全世界最重要的储备货币；另一方面，它还想让这种货币对其他所有货币都出现贬值。而且也只有这个国家，才希望自己的货币成为储备货币，但却不希望其他任何国家在不经允许的情况下购买这种储备货币。毫无疑问，最理想的结局就是改革现有的国际货币体系。

弱不禁风的平衡，无可奈何的美元陷阱

世界经济正处于弱不禁风的不稳定均衡状态中。尽管设想的思路肯定无助于我们想象出将理想化为现实的那番场景，但有一点是可以肯定的，我们很可能已经站在一个只须挪动几粒沙子即可让沙堆坍塌的临界状态。有朝一日，美元陷阱或许止步于美元崩溃。然而，尽管这样的场景诱惑无限，但肯定不会轻而易举地展现在我们面前。

本书的观点恰恰与这个命题背道而驰。一方面，美元将继续作为统治全世界的储备货币，尽管这只是一种次优均衡，但它却是一种异常稳定，而且具有自我强化作用的均衡。这个命题似乎有悖常规，而且难以理解。另一方面，任何建立在全球货币和金融体系现有状态基础上的设想都不可能逃脱这个结论。

美元陷阱既是一种令人痛苦的束缚，又是一种无可奈何的保护。对我们这个多灾多难的世界来说，如果不把手里的钞票和心中的信任托付给美国，境遇或许会更加悲惨。

致 谢

可以说，本书是我在过去几年与其他一些知名学者共同研究的成果汇编，正是在他们的帮助下，我对本书所讨论的问题才有了更深刻、更全面的理解。在这里，我尤其要感谢如下几位著名学者：马科斯·查门（Marcos Chamon）、秦孟席、马尔文·古德菲尔德（Marvin Goodfriend）、阿依汗·科斯（Ayhan Kose）、拉格拉迈·拉詹（Raghuram Rajan）、阿文德·萨伯拉曼尼安（Arvind Subramanian）、肯尼斯·罗格夫（Kenneth Rogoff）、马克·托伦斯（Marco Terrones）和魏尚进，他们当中的部分人还对本书引用的材料提出有益的评论。朱利安·伯伦加特（Julian Berengaut）、佐尔特·达沃斯（Zsolt Darvas）、贝西亚·卡米斯卡（Basia Kamiń ska）、阿依汗·科斯以及阿洛克·谢尔（Alok Sheel）通篇阅读了本书的书稿，并提出了很多宝贵的评论和建议。

康奈尔大学和布鲁金斯研究院始终是最适合做研究的地方。在我研究的这个问题上，这两个机构的同仁提出了很多观点，加深并细化了我对问题的理解。对此，我特别要感谢以下几位学者在过去几年里给我的鼓励和支持：康奈尔大学的苏珊·亨利（Susan Henry）院长及凯瑟琳·波尔（Kathryn Boor）；布鲁金斯研究院的里尔·布雷纳德（Lael Brainard）、卡麦尔·德威斯（Kemal Dervis）和斯特罗布·塔尔波特（Strobe Talbott）。

在我的职业生涯中，第一个阶段就是作为 IMF 的经济学家（17 年）。没有什么地方比这里更有挑战性，因为在这里，我有幸参与到最高水平的研究中，解决当下世界最紧迫、最重要的政策事务。因此，我在 IMF 同事身上学到了很多东西，这让我觉得对他们愧疚太多，尤其是始终站在研究最前沿的研究部诸位理事，与他们的相识是我最大的幸运：雅各布·弗兰克尔（Jacob Frenkel）、米切尔·穆萨（Michael Mussa）、肯尼斯·罗格夫和拉格拉迈·拉詹。他们始终不缺少灵感，并且始终以严谨治学的态度从事政策建议的研究和翻译工作。

还有很多学生和研究助理为本书提供了巨大的智力支持。他们度过了不眠的夜晚，勤勤恳恳地帮助我整理数据，进行背景研究：劳拉·阿迪拉（Laura Ardila）、丁梦婕（Mengjie Ding）、卡里姆·福达（Karim Foda）、江雨慧（Yuhui Jiang）、埃依柯·库莎格娃（Aniket Kushagra）、拉提斯·马尔霍特拉（Ratish Malhotra）、玛丽安娜·奥莱索拉（Mariana Olaizola）、阿尔纳伍·萨胡（Arnav Sahu）、帕茹·沙玛（Parul Sharma）、阿比盖尔·沃伦（Abigail Warren）、基拉特·辛格（Kirat Singh）、雷·叶 [Lei (Sandy) Ye] 和张博洋。他们中的某些人通读了本书的各个部分，并提出了很多宝贵意见。卡罗尔·汤姆森（Carol Thomson）和奎因·汤努（Quynh Tonnu）对我的研究工作在行政事务方面提供了巨大支持。

最后但也是最重要的，我要感谢我的家人——妻子贝莎（Basia）和我的两个女儿碧丽妮卡（Berenika）和余微卡（Yuvika）。她们无私地为我奉献着，不仅忍耐了我因为创作本书而对她们的忽视，还时时刻刻地给予我支持和鼓励。

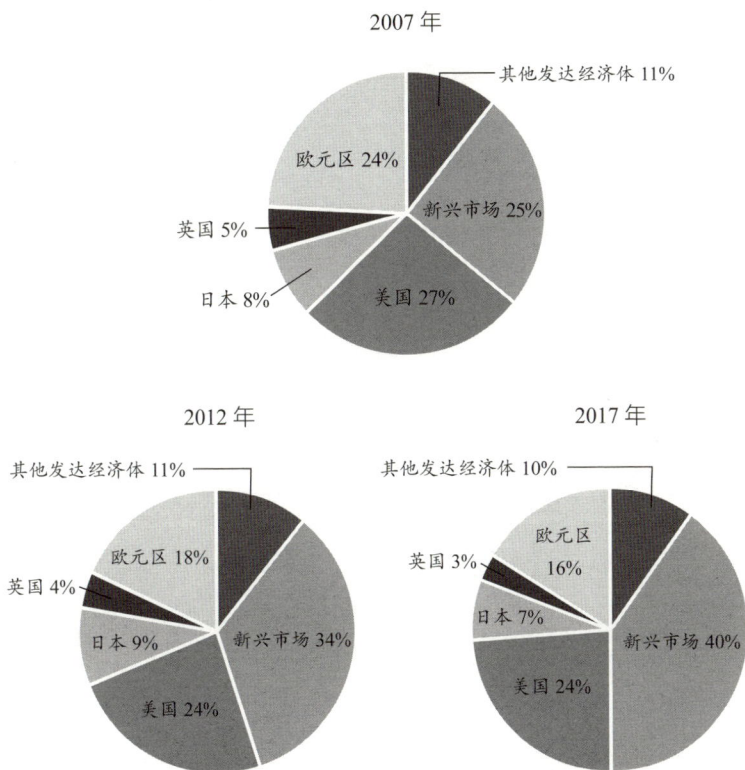

2007 年

其他发达经济体 11%

欧元区 24%

英国 5%

日本 8%

新兴市场 25%

美国 27%

2012 年

其他发达经济体 11%

欧元区 18%

英国 4%

日本 9%

新兴市场 34%

美国 24%

2017 年

其他发达经济体 10%

欧元区 16%

英国 3%

日本 7%

新兴市场 40%

美国 24%

图 A.1　国内生产总值的全球分布状况

数据来源：IMF《国际金融统计》（*IMF International Financial Statistics*）。

注释：国内生产总值（GDP）按当前价格计算，并按市场汇率转换统一为一种货币。2017 年的数据为 IMF 的预测值。附录中有关数字的计算以第 3 章列示的 29 个发达经济体和 29 个新兴市场为基础。

2007 年

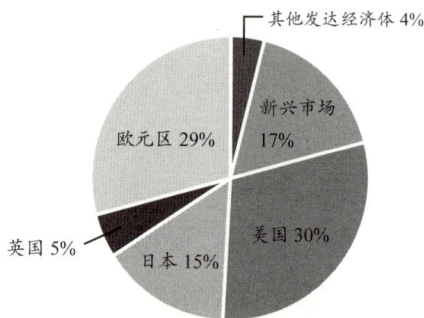

2012 年   2017 年

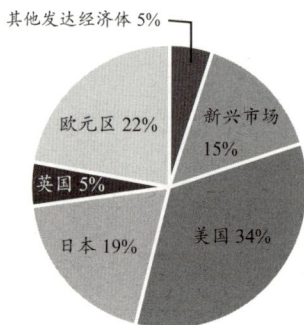   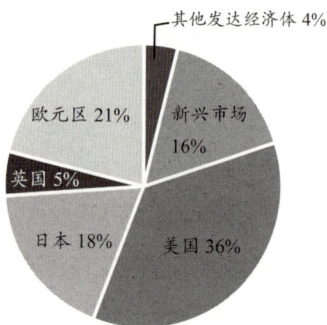

图 A.2　政府债券的全球分布情况

数据来源：2013 年 4 月，《国际金融统计》（*IMF International Financial Statistics*）。
注释：上述计算中采用的是政府债务净值的总额。总债务数据适用于如下未提供净债务的国家和地区；发达经济体包括捷克共和国、希腊、中国香港地区、新加坡、斯洛伐克共和国和斯洛文尼亚；新兴市场包括阿根廷、中国、印度、印度尼西亚、马来西亚、菲律宾、罗马尼亚、俄罗斯和泰国。2017 年的数据为 IMF 的预测值。所有债务数据在计算之前均按市场汇率转换统一为一种货币。

A. 全球政府债务净额变化的构成

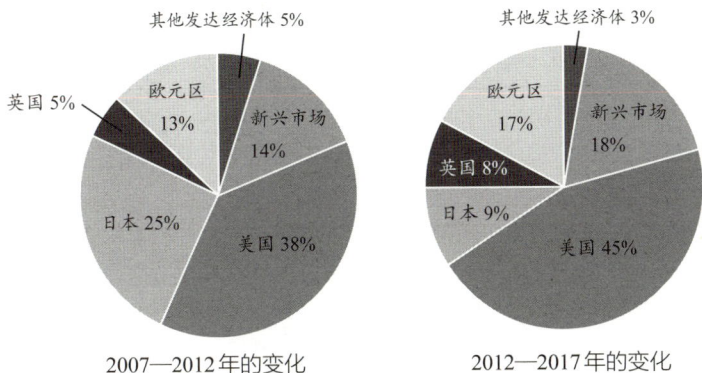

2007—2012 年的变化

2012—2017 年的变化

B. 全球国内生产总值变化的构成

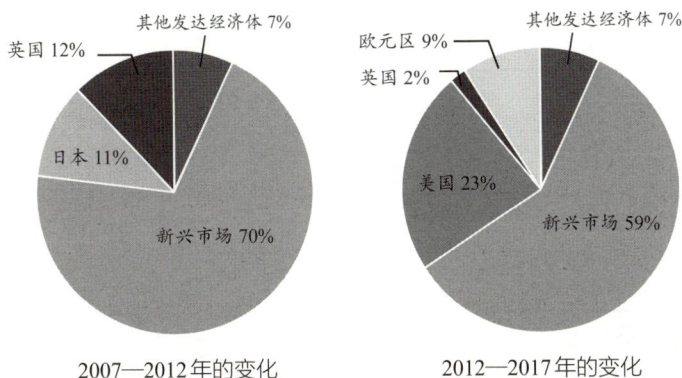

2007—2012 年的变化

2012—2017 年的变化

图 A.3　全球政府债务及国内生产总值变化的构成

数据来源：2013 年 4 月；《国际金融统计》（*IMF International Financial Statistics*）。

注释：A 中的两个饼形图显示了全球政府债务净额的绝对变化值在各经济体（按大类划分）中的分布（按市场汇率转换后的统一货币计算）。B 中的两个饼形图为名义国内生产总值绝对变化量在各经济体（按大类划分）中的分布（按市场汇率转换统一为一种货币计算）。

上述计算中采用的是政府债务的净值总额。总债务数据适用于如下未提供净债务的经济体：发达经济体包括捷克共和国、希腊、中国香港地区、新加坡、斯洛伐克共和国和斯洛文尼亚；新兴市场国家包括阿根廷、中国、印度、印度尼西亚、马来西亚、菲律宾、罗马尼亚、俄罗斯和泰国。2017 年的数据为 IMF 的预测值。所有债务数据在计算之前均按市场汇率转换为一种货币。2007—2012 年，按美元计算，欧元区没有对全球 GDP 增长做出正的贡献。2012—2017 年，按美元计算，尽管日本经济的 GDP 增长为正数，但由于日元对美元在 2012 年年底和 2013 年年初大幅贬值，因而对全球 GDP 增长做出的贡献预期为负数。

表 A.1　对外负债的结构（%）

年　份	FDI / 债务总额			证券组合 / 债务总额			(FDI + PE)/ 债务总额		
	2000	2007	2011	2000	2007	2011	2000	2007	2011
发达经济体									
中　值	20.0	20.8	22.4	15.0	12.7	7.4	40.3	38.1	29.5
加权平均值	17.5	17.0	16.7	21.6	15.9	11.9	39.1	32.9	28.7
新兴市场									
中　值	31.8	39.3	41.5	3.1	8.1	7.5	34.4	56.7	57.5
加权平均值	34.8	42.8	47.5	7.2	18.6	12.8	42	61.4	60.3
选定的发达经济体									
欧元区均值	17.7	19.2	18.3	20.2	15.5	10.7	37.9	34.6	29.0
德　国	17.9	18.7	15.9	11.7	13.6	7.4	29.6	32.3	23.3
日　本	2.8	4.3	5.7	30.4	39.3	19.9	33.1	43.7	25.6
英　国	10.2	7.6	6.9	22.2	10.4	7.5	32.5	18.0	14.4
美　国	18.8	14.1	13.9	21.7	15.6	13.9	40.4	29.6	27.9
选定的新兴市场									
巴　西	32.8	33.8	45.8	9.9	39.7	24.7	42.7	73.6	70.5
中　国	66.5	57.3	61.3	3.1	10.5	7.2	69.6	67.8	68.5
印　度	14.7	25.8	31.7	12.6	24.8	16.8	27.2	50.5	48.5
俄罗斯	17.5	39.5	41.5	6.0	24.9	16.1	23.5	64.4	57.5
南　非	43.5	38.9	40.9	22.6	38.8	31.6	66.1	77.8	72.5

数据来源:《国际金融统计》(*IMF International Financial Statistics*);Lane and Milesi-Ferretti (2007),采用菲利普·莱恩(Philip R. Lane)和米里西-弗莱迪(Milesi-Ferretti)在 2012 年经过更新的数据。

注释:FDI 代表外国直接投资,PE 代表私募股权基金。表中显示了一国 FDI 债务和 PE 债务相对于对外债务总额的比率。中值指组内各国间相对比率的横截面均值。加权平均值指组内所有国家分子变量之和除以这些国家的分母变量之和。欧元区不包括塞浦路斯、卢森堡和马耳他。对于某些经济体,如没有 2000 年的数据,则以 2001 年或 2002 年的数据取代。肯尼亚和沙特阿拉伯无 2011 年的数据。第三栏的中值不等于前两栏中值之和。

表 A.2　选定经济体的国际提供者头寸（单位：10 亿美元）

	德国	日本	英国	美国	巴西	中国	印度	俄罗斯
净头寸	1 394	3 554	−873	−4 416	−690	1 736	−282	138
A. 资　产								
合　计	9 543	7 705	16 115	21 489	788	5 175	442	1 241
1. FDI	1 790	1 055	1 808	5 673	231	503	118	362
2. 证券投资	2 760	3 620	3 556	7 211	24	241	2	44
股　票	747	723	1 220	4 920	15	130	2	6
债　券	2 013	2 898	2 336	2 292	9	111	0	38
3. 其他投资	3 627	1 765	5 823	4 414	153	1 044	27	331
4. 储备资产	249	1 265	98	571	379	3 388	296	499
外汇储备	38	1 193	67	50	362	3 312	262	472
5. 金融衍生品	1 118	0	4 829	3 620	1	0	0	6
B. 负　债								
合　计	8 150	4 151	16 988	25 905	1 477	3 439	724	1 103
1. FDI	1 307	205	1 321	3 799	676	2 160	226	457
2. 证券投资	3 505	2 065	4 201	13 653	606	336	170	226
股　票	707	927	1 435	4 178	345	262	129	178
债　券	2 798	1 138	2 766	9 475	261	74	41	49
3. 其他投资	2 227	1 881	6 680	4 891	192	943	328	414
4. 金融衍生工具	1 110	0	4 785	3 562	4	0	0	6

注释：印度的 2012 年数据（除外汇储备之外）来自印度银行。巴西和俄罗斯的数据分别为 2012 年第三季度和 2011 年第四季度数据。其他国家的数据均为 2012 年第四季度数据。净头寸为对外资产总额减去对外债务总额后的差额。FDI 代表外国直接投资。

表 A.3　新兴市场对外资产负债表的结构变化（2000—2011 年）

经济体	A. 负 债		B. 资 产	
	FDI 负债的变化 / 债务总额的变化	PE 负债的变化 / 债务总额的变化	FDI 负债与 PE 负债的变化之和 / 债务总额的变化	外汇储备的变化 / 债务总额的变化
阿根廷	—	—	—	19.4
巴　西	51.3	29.3	80.5	53.7
保加利亚	73.3	0.8	74.1	46.7
智　利	58.7	8.5	67.2	13.4
中　国	60.3	8.0	68.3	70.9
哥伦比亚	64.7	3.5	68.2	30.8
匈牙利	67.6	1.9	69.5	12.9
印　度	36.4	18.0	54.4	62.5
印度尼西亚	57.8	26.5	84.3	64.6
约　旦	73.2	5.7	78.9	61.8
哈萨克斯坦	58.6	1.8	60.4	17.0
拉脱维亚	26.4	0.6	27.0	21.0
立陶宛	35.4	0.7	36.1	35.0
马来西亚	34.7	22.5	57.2	38.2
墨西哥	44.5	19.1	63.6	34.1
摩洛哥	73.9	5.0	78.9	92.9
尼日利亚	82.6	19.3	101.9	32.6
巴基斯坦	34.4	2.7	37.0	66.0
秘　鲁	45.0	29.4	74.5	59.2
菲律宾	29.7	40.2	69.8	66.2

（续　表）

经济体	A．负　债		B．资　产	
	FDI 负债的变化 / 债务总额的变化	PE 负债的变化 / 债务总额的变化	FDI 负债与 PE 负债的变化之和 / 债务总额的变化	外汇储备的变化 / 债务总额的变化
波　兰	45.1	5.0	50.1	40.5
罗马尼亚	40.8	1.0	41.7	65.5
俄罗斯	47.2	18.5	65.7	43.1
南　非	39.8	35.6	75.3	17.4
泰　国	59.4	30.2	89.6	59.0
土耳其	34.8	9.1	43.9	44.9
乌克兰	37.1	1.8	38.9	22.3
中　值	45.1	8.0	67.2	43.1
加权平均值	52.2	14.7	66.9	55.1
加权平均值（不含中国）	49.0	17.3	66.4	40.9

数据来源：《国际金融统计》（*IMF International Financial Statistics*）；Lane and Milesi-Ferretti (2007)，采用菲利普·莱恩（Philip R. Lane）和米里西-弗莱迪（Milesi-Ferretti）在 2012 年经过更新的数据。

注释：FDI 代表外国直接投资，PE 代表私募股权基金。表中 A 栏中的第一列为一国 FDI 负债在 2000—2011 年的存量变化占该国同期债务总额变化的比率。最后一列（B 栏）为一国外汇储备在 2000—2011 年的存量变化占该国同期债务总额变化的比率。加权平均值指组内所有国家分子变量之和除以这些国家的分母变量之和。由于阿根廷的对外债务总额在 2000—2011 年出现下降，因而 A 栏中的相关计算不包括阿根廷。

表 A.4　外汇储备在金融危机期间的损失

经济体	外汇储备规模（10 亿美元）		达到最高点的时间	达到最低点的时间	下降比例（%）	从最高点到最低点经过的月份数	2013 年 3 月的外汇储规模（10 亿美元）
	最高点	最低点					
巴　西	206	186	2008 年 7 月	2009 年 2 月	9.6	5	366
保加利亚	20	14	2008 年 8 月	2009 年 2 月	30.4	6	16
印　度	305	239	2008 年 5 月	2008 年 11 月	21.7	6	260
印度尼西亚	58	48	2008 年 7 月	2009 年 2 月	17.3	7	98
马来西亚	125	87	2008 年 8 月	2009 年 4 月	30.6	10	135
墨西哥	98	79	2008 年 8 月	2009 年 8 月	19	11	158
尼日利亚	62	42	2008 年 8 月	2009 年 8 月	32.7	11	48
秘　鲁	35	28	2008 年 8 月	2009 年 2 月	17.9	8	65
波　兰	82	56	2008 年 7 月	2009 年 1 月	31.6	6	101
俄罗斯	582	367	2008 年 7 月	2009 年 3 月	37	4	464
韩　国	264	200	2008 年 3 月	2009 年 11 月	24.3	8	317
土耳其	76	64	2008 年 9 月	2009 年 4 月	16	7	104
乌克兰	37	24	2008 年 7 月	2009 年 4 月	36.2	9	23
外汇储备损失的均值					24.9	8	

数据来源:《国际金融统计》(*IMF International Financial Statistics*)。

注释: 表中为各国在全球金融危机达到最高峰之前持有的外汇储备最大额，以及在金融危机之后持有的外汇储备最低值。表中选择的经济体，全部是在危机中外汇储备遭受严重损失且规模相对较大的新兴市场国家（只有一个发达经济体: 韩国）。

表 A.5　与中国人民银行签署双边货币互换协定的中央银行
（2008 年 12 月—2013 年 6 月）

银行名称	日　期	金　额 （10 亿元）	金　额 （10 亿美元）
1. 韩国银行	2008 年 12 月 12 日	180	26.3
	2011 年 10 月 26 日	360	56.5
2. 香港货币管理局	2009 年 1 月 20 日	200	29.2
	2011 年 11 月 22 日	400	62.9
3. 马来西亚国家银行	2009 年 2 月 8 日	80	11.7
	2012 年 2 月 8 日	180	28.6
4. 白俄罗斯共和国国家银行	2009 年 3 月 11 日	20	2.9
5. 印度尼西亚银行	2009 年 3 月 23 日	100	14.6
6. 阿根廷中央银行	2009 年 4 月 2 日	70	10.2
7. 冰岛中央银行	2010 年 6 月 9 日	4	0.5
8. 新加坡货币管理局	2010 年 7 月 23 日	150	22.1
	2013 年 3 月 7 日	300	48.2
9. 新西兰储备银行	2011 年 4 月 18 日	25	3.8
10. 乌兹别克斯坦共和国中央银行	2011 年 4 月 19 日	1	0.1
11. 蒙古银行	2011 年 4 月 19 日	5	0.8
	2012 年 3 月 20 日	10	1.6
12. 哈萨克斯坦国家银行	2011 年 6 月 13 日	7	1.1
13. 泰国银行	2011 年 12 月 22 日	70	11.1

14. 巴基斯坦国家银行	2011 年 12 月 23 日	10	1.6
15. 阿拉伯联合酋长国中央银行	2012 年 1 月 17 日	35	5.5
16. 土耳其共和国中央银行	2012 年 2 月 21 日	10	1.6
17. 澳大利亚储备银行	2012 年 3 月 22 日	200	31.7
18. 乌克兰国家银行	2012 年 6 月 26 日	15	2.4
19. 巴西中央银行	2013 年 3 月 26 日	190	30.6
20. 英格兰银行	2013 年 6 月 22 日	200	32.6

数据来源：中国人民银行。

注释：表中列示了 2008 年以来与中国签署的地区性双边货币互换协议。表中黑体字代表的数字表示已由中国与相关国家新签署的协议所替代。美元表示的金额按各协议签署当日的市场汇率换算。截至 2013 年 6 月签署的协议，总额约为 2.2 万亿元人民币，按 2013 年 6 月 1 美元兑换 6.13 元人民币的汇率计算，约相当于 3 600 亿美元。2008 年之前按《清迈约定》签署的双方协议未包括在本表内，而且很多协议均未采用相关国家的本币。

海派阅读
GRAND CHINA

READING YOUR LIFE

人与知识的美好链接

20 年来，中资海派陪伴数百万读者在阅读中收获更好的事业、更多的财富、更美满的生活和更和谐的人际关系，拓展读者的视界，见证读者的成长和进步。

现在，我们可以通过电子书（Kindle、掌阅、阅文、得到等平台）、有声书、视频解读和线上线下读书会等更多方式，满足不同场景的读者体验。

关注微信公众号"**海派阅读**"，随时了解更多更全的图书及活动资讯，获取更多优惠惊喜。读者们还可以把阅读需求和建议告诉我们，认识更多志同道合的书友。让派酱陪伴读者们一起成长。

了解更多图书资讯，请扫描封底下方二维码。　　微信搜一搜　🔍 海派阅读

也可以通过以下方式与我们取得联系：

📱 采购热线：18926056206 / 18926056062　　📞 服务热线：0755-25970306

✉ 投稿请至：szmiss@126.com　　🌐 新浪微博：中资海派图书

更多精彩请访问中资海派官网　　www.hpbook.com.cn